上海社会科学院文学研究所学术研究文丛
上海社科院城市文化创新研究院智库文丛

城市软实力研究系列

主编 徐锦江 执行主编 包亚明

文化产业
创意经济与中国阐释

上海社会科学院文学研究所文化产业研究室 编

上海人民出版社   上海远东出版社

图书在版编目(CIP)数据

文化产业：创意经济与中国阐释 / 徐锦江,包亚明,上海社会科学院文学研究所文化产业研究室主编. —上海：上海远东出版社,2021

(城市软实力研究系列/徐锦江主编)

ISBN 978 - 7 - 5476 - 1743 - 4

Ⅰ.①文… Ⅱ.①徐… ②包… ③上… Ⅲ.①文化产业—产业发展—研究—中国 Ⅳ.①G124

中国版本图书馆 CIP 数据核字(2021)第 174427 号

责任编辑 程云琦 刘思敏
封面设计 徐羽情

上海社会科学院文学研究所学术研究文丛
上海社科院城市文化创新研究院智库文丛

城市软实力研究系列

主编 徐锦江 执行主编 包亚明

文化产业：创意经济与中国阐释

上海社会科学院文学研究所文化产业研究室 编

出 版 **上海远东出版社**
 (201101 上海市闵行区号景路 159 弄 C 座)
发 行 上海人民出版社发行中心
印 刷 上海中华印刷有限公司
开 本 635×965 1/16
印 张 22.5
插 页 2
字 数 282,000
版 次 2021 年 10 月第 1 版
印 次 2021 年 10 月第 1 次印刷
ISBN 978 - 7 - 5476 - 1743 - 4/G · 1116
定 价 89.00 元

上海社会科学院文学研究所学术研究文丛
上海社科院城市文化创新研究院智库文丛

指导委员会

致谢与编写说明

特别感谢本书各位作者在城市软实力研究方面贡献的卓识,特别感谢各位作者慷慨授权支持。

本书的编撰工作主要由文化产业研究室的科研人员负责。其中,助理研究员杜梁博士负责了全书的策划和具体落实、联系作者版权授予、篇目拟定,与出版社联系及编辑小组成员工作的协调等事宜。花建研究员、刘春副研究员、陈亚亚助理研究员、刘轶研究员参与了本书策划、篇目拟定、联系作者的版权授予等工作,助理研究员戴伊璇博士撰写了综述及翻译了有关内容,并参与相关编辑工作。

上海社会科学院文学研究所文化产业研究室

2021 年 10 月

总 序

《毛诗序》中最早出现"城市"二字:"文公徙居楚丘,始建城市而营宫室。得其时制,百姓说之,国家殷富焉。"《共产党宣言》说:"资产阶级使农村屈服于城市的统治。它创立了巨大的城市,使城市人口比农村人口大大增加起来,因而使很大一部分居民脱离了农村生活的愚昧状态。"城市社会学家亨利·列斐伏尔说:"离开了城市生活和城市社会的实现,人类社会的进步,将不可想象。"城市规划理论家刘易斯·芒福德说:"这城市,象征地看,就是整个世界。这个世界,从许多实际内容来看,已变为一座城市。"

今天,全世界已有超过一半人口生活在城市。在中国,城镇化率也已在 2020 年达到了 63.89%,尽管城市起源仍然众说纷纭,尽管中国一些原始城邑遗址仍被含混地称为"文化城",但这并不妨碍我们进行深入的城市研究。作为解开这个世界和我们自身之谜的一个途径,为了让城市更美好,为了实现人的全面发展,城市文化研究已然成为拥有智慧的人类必须承担的使命。

创建于 1979 年的上海社会科学院文学研究所(以下简称"文学所")一直以文学研究为己任,但随着社会发展和学科发展,以及所属的上海社会科学院在 2015 年成为首批国家高端智库试点单位,文化研究也逐渐成为文学所的重要科研方向,并形成了学者辈出的研究团队。而身处全球超大城市上海的区位优势，也自然而然地使城市文化研究成为历任文学所决策层的心之所属，成为文化研究的一个重要方向。2005年，文学所确认"城市文化研究"为重点学科，以此为基础，将城市文化理论研究、城市文化应用研究、文化产业研究、国际文化比较研究互相结合，互通有无，互相促进，使其既具有基础学科的厚实，又具有现实关怀的敏锐，学科建设得以较全面地发展。2006年，在上海社会科学院新一轮重点学科建设中，文学所的"城市文化研究"名列其中，并确立了城市文化理论研究、城市文化现实问题研究、城市文化史研究、城市文化国际比较研究四个研究方向。为了更好地整合研究力量，在文学所中国文学、科技人文、公共文化、城市文化、文化产业、国际文化交流和比较文学、民俗和非遗保护开发七个研究室科研成果的基础上，在国家对外文化交流研究基地、上海文化研究中心等派生机构的先导下，2020年文学所自主增设二级学科"城市文化"申报成功，2021年3月，经上海社会科学院党政联席会议批准，以文学所作为运行主体，正式成立了院属城市文化创新研究院，旨在将文学所多年来积累的包括城市文学、城市科技人文、城市公共文化、城市文化创意产业、国际城市文化交流、城市民俗等学科领域在内的研究力量进一步聚焦整合。用志不分，乃凝于神，持之以恒，期有所成。

　　城市文化研究在世界范围内的展开历史虽然不是很长，但在西方学界已具备了基本的学术规范和学科体系，并出现了格奥尔格·齐美尔、瓦尔特·本雅明、刘易斯·芒福德、亨利·列斐伏尔、曼纽尔·卡斯特尔、大卫·哈维、简·雅各布斯、莎伦·佐金等一批学界先驱。时至今日，随着中国城镇化和以超大城市为中心的都市圈的高歌猛进，丰富而生动的中国城市创新实践必然呼唤中国特色的城市文化理论。借2021年世界城市文化论坛举办之际推出的《海派文化新论》、"城市软实力研究系列"、"海外亚洲汉学中的上海文学研究系列"，以及"文学所青年学者研究丛书",体现了近年来文学所和新成立的城市文化创新研究院在城市文化方面的初步研究成果,与历年出版的《上海文化发展蓝皮书》《上海文化》(文化研究版)一起成为所院学术成果的展示平台。在此请益行家里手,并接受社会各界检验,恳请不吝指教,批评匡正。

衷心祈愿城市让生活更美好。

上海社会科学院文学研究所所长、研究员
上海社会科学院城市文化创新研究院院长

2021 年 8 月 1 日于砥石斋

文化为魂的城市软实力

　　城市软实力,是软实力概念在城市研究中的具体运用,是指区域文化、价值观念、制度机制、城市形象、市民素质等方面所具有的感召力、吸引力、凝聚力和影响力。城市软实力是建立在城市文化、城市环境、人口素质、社会和谐等非物质要素之上的一种合力,这一力量最终通过内部公众(市民)对城市的认可和城市对外部公众(其他地区居民)的吸引而产生作用。城市软实力为城市发展提供了"无形有质"的动力,对城市竞争力具有极为重要的协调、扩张和倍增效应。如果说城市的发展速度和规模是由城市的经济水平决定的,那么城市发展的高度和质量则是由城市软实力决定的。

　　迈克尔·波特(Michael E. Porter)在《国家竞争优势》一书中认为:初级生产要素主要包括自然资源、气候、地理位置、非技术人工及资金等,高级生产要素包括通讯、信息、交通等基础设施,以及受过高等教育的人力、科研机构等。迈克尔·波特认为初级生产要素可以继承或者从外部获得,而高级生产要素很难从外部获得,须通过投资创造而得。随着社会的发展与进步,对初级生产要素的需求逐渐降低,初级生产要素的重要性也因此减弱,而高级生产要素对于获得竞争优势的重要程度日渐彰显。延伸到城市竞争力领域,迈克尔·波特所说的初级生产要素和高级生产要素,分别对应城市竞争力中的硬实力和软实力。在城市竞争力形成和提升的前半程,硬实力的驱动是软实力无法替代的,但在城市竞争力基本成型,特别是向外辐射之时,城市软实力就开始明显发力了,而城市竞争力发展到更高阶段时,硬实力的功效反而较难发挥,城市软实力则能够显著促进城市竞争力的可持续发展。城市软实力服务于城市发展的两个目标:一是推动城市经济社会可持续发展,这就要求形成以创新及其服务、应用等为核心的软实力增长模式;二是助推城市全面融入全球城市网络,在全球竞争中走向繁荣。

英国文化协会在 2013 年的《影响力与吸引力:21 世纪的文化和软实力竞赛》报告中明确了"软实力"与"文化"之间的关联,并涉及传播、教育、企业和政府组织。就城市发展而言,文化本身就是一种资本性的城市竞争力,与经济资源、关系网络一样,是决定一个城市创造力的各种潜力和可能性。文化是一座城市的灵魂和根基,城市文化影响着本地居民的精神面貌与价值取向,城市文化的影响力既有对外的辐射作用,也有向内的凝聚作用。文化既是城市的创造基因,也是城市可持续发展的重要指标和组成部分。英国国家品牌研究学者西蒙·安浩特(Simon Anholt)在其著作《竞争性身份认同:国家、城市与地区品牌创新管理》认为,一个国家、城市或地区形象的改变及品牌竞争力的提升,80% 靠创新,15% 靠协调一致,5% 靠传播。尽管对于具体权重可能有争议,但这至少说明:创新是重中之重,而文化则是城市软实力中最能体现创造能力和创新特色的组成部分。文化堪称城市软实力当之无愧的灵魂。

本丛书是一套以文化为魂的城市软实力读本,是由上海社会科学院城市文化创新研究院和文学研究所共同策划,由文学研究所下属六个研究室通力合作完成的。本丛书共分为六个主题:"创意城市:空间生产与城市活力""全球城市：文化维度与国际经验""文学城市：文化想象与本土实践""城市民俗：时空转向与文化记忆""公共文化：城市实践与文化服务"和"文化产业：创意经济与中国阐释"。本丛书的编选框架是：每个主题基本按照理论视野、城市实践、上海经验和全球前沿四个板块进行编选。本丛书确立这一编选思路，是希望从文化的视角审视城市软实力中的重要资源、潜能和活力，并通过理论阐释、城市实践、上海经验和全球前沿四个方面来讨论城市软实力，特别是城市文化软实力提升的重要路径和动力来源。上海实践的板块是对独具地方经验的城市软实力的考察，之所以列入这一相对特别的板块是基于如下的考量：上海作为移民城市，本身并没有现成的完整形态的文化传统，许多文化现象都是随着移民文化逐渐形成的，这在后发展国家的城市发展进程中颇具代表性。上海城市文化是在江南传统文化的基础上，融合开埠后源于欧美的近现代工业文明而逐步形成，这使得上海城市文化既有江南文化的古典与雅致，又有国际大都市的现代与时尚，明显区别于中国其他区域文化。开放性与创新性，既是上海城市文化与生俱来的鲜明特质，又是自成一体的独特品味与精神气质。上海城市文化的创造"力度"，正在缔造富有活力的城市生活和精彩纷呈的创意城市。

城市文化软实力是城市直面挑战、干预复杂社会结构、重新配置社会网络、创建可持续发展社区、推动社区参与、推广文化创意的内在驱动力。城市文化软实力为经济社会和文化创新发展注入了城市活力，不仅关系到城市空间的变迁、城市面貌的焕新和GDP发展水平及增速，也关系到对城市现代化程度的认同度和城市发展生命力的认同度，"生机"和"活力"已经成为全球新增长城市的共同特征。文化与创新合璧是城市未来发展的双引擎。独特的创新精神和强大的文化力量，代表着城市独特的软实力，将持续驱动城市未来的发展；文化特色的认知水平、文创类产品与服务的购买、世界文化遗产的认知水平、居民参与文化活动的程度等构成的文化实力，塑造了强大的城市软实力，彰显着城市最卓越和最充满魅力的一面。

上海社会科学院城市文化创新研究院执行院长

包亚明

目　录

第三部分 上海经验

第四部分 全球前沿

第 一 部 分

理 论 视 野

当代中国文化产业 70 年史纲[*]

李向民　杨　昆^{**}

　　中华人民共和国成立 70 多年来,中国共产党领导全国人民不懈探索社会主义先进文化建设道路,凝聚中国力量,构筑了中国精神、中国价值,丰富了广大人民精神文化生活,满足了人民对美好生活中精神文化的需求,取得了重要的文化建设经验和成果。文化产业的发展是我国经济建设的重要体现,也是社会变革、思想变化的折射。由于文化产业本身的意识形态属性,中华人民共和国成立 70 多年来,我国文化产业经历了曲折的发展道路,这从一个侧面也反映了中国政治生态的变迁和社会生活的变革。总体来看,随着社会不断进步,人民生活水平不断提升,产业环境不断完善,文化产业呈现了从小到大、从弱到强、从单一到融合的特点,内涵不断延伸,新业态不断涌现,在国民经济中占有重要地位。

　　我国政府调动一切积极因素,从政策指引、制度建设、基础设施建设等方面为文化产业发展提供了保障,奠定了社会主义文化基础。制度是资源配置的实际决定因素,制度的短缺或制度供给滞后

　　* 基金项目:国家社会科学基金艺术学重大项目"中国特色艺术智库研究"(17ZD09)阶段性成果。本文原载于《福建论坛(人文社会科学版)》2019 年第 10 期。

　　** 作者简介:李向民,南京艺术学院副院长,紫金文创研究院院长,教授,博士生导师,研究方向:文化产业;杨昆,南京艺术学院文化产业学院博士研究生,紫金文创研究院助理研究员,研究方向:文化产业。

会制约经济发展。文化产业兼具意识形态载体和经济建设功能,在1949年之后一直是国家和政府重点关注的对象。国家通过制度和政策影响文化产业发展,从宏观的政治、经济、文化背景到微观的企业生产、经营、销售等方面,指导文化产业发展方向,制定文化体制,规范文化市场,激励文化消费,促进文化生产力的提升和文化产业社会效益、经济效益的协同发展。

70多年来文化产业经历的曲折但又昂扬的发展过程,可以说是中华人民共和国成长史的一个缩影,也从另一方面呼应了国际形势、技术进步、金融创新等外部环境。总体上看,这一历程可以分为7个阶段:一是中华人民共和国成立初期的17年(1949—1966),社会主义公有制计划经济迅速确立,文化产业逐步事业化;二是徘徊中的前进期(1966—1978),文化产业被边缘化;三是改革开放初期(1978—1992),文化体制改革相对滞后,文化产业艰难复苏;四是全面建设市场经济时期(1992—2002),文化市场逐步繁荣,文化体制改革逐步破题;五是完善市场经济体制时期(2002—2009),积极做强、做大文化产业市场主体,完善市场体系,文化产业的经济,功能日益凸显;六是大国崛起期(2009—2017),文化产业作为战略支柱性产业受到重视,文化产业在产业融合、业态创新中地位突出;七是新时代(2017—),文化产业在满足人民对美好生活需要中发挥重要作用,文化的引领作用进一步彰显。这7个阶段,都有一些标志性的重大事件。

一、中华人民共和国成立初期(1949—1966):文化产业的公有化和事业化

中华人民共和国成立初期,我国以"一化三改造"为核心全面推进公有化改造:一是逐步实现社会主义工业化;二是逐步实现对农业、手工业和资本主义工商业的社会主义改造。在此过程中,中国旧文化

产业通过社会主义改造被纳入计划经济体制。文化单位规划生产、统销统分，直接导致资源高度集中、统一调配。许多原来的文化企业不再是一个独立的经济实体，不能自由支配其运营收入，运营所需设备资产等需要专门的拨款，所取得的利润全部上缴财政。由于政治、文化体制的变革，文化供给、市场价格体系都被纳入计划与公有体制，这种变革对党和国家的政策宣传、文化建设有积极推动作用。

(一) 文化及产业政策

中华人民共和国成立初期，社会主义基本制度确立，为当代中国各方面的发展进步奠定了根本的政治前提和制度基础，文化产业面临新的政治环境与经济环境，文化的意识形态属性更加突出，文化产业的主要特征表现在：一是基本完成工商业的社会主义改造，文化产业的产权制度和管理制度发生深刻变化，文化生产活动均以文化事业的形式面向社会；二是国家对文化人、艺术家实行工薪制，面向市场的文化艺术家从自由职业者等市场主体转变为文化艺术工作者，成为文化艺术单位的一分子。

文化产业既具有意识形态的特点，也具有经济属性特征。无锡泥人、景德镇瓷器、苏州刺绣等手工艺品的商品化特点比较明显，依然具有一定的市场流通度。但另一部分精神产品如戏剧、电影等主要强调意识形态的承载功能。1949 年 8 月，中宣部在《关于加强电影事业的决定》中指出："电影艺术具有最广大的群众性和普遍的宣传效果，必须加强这一事业，以利于在全国范围内及在国际上更有力地进行我党及新民主主义革命和建设事业的宣传工作"。国家电影工业主要服务于政治宣传与新社会的文化建设，传统电影产业链迎来了根本性变革。电影在形象传播上具有大众化、通俗化的特点，因而成为国家传播意识形态、构建文化主导权的重要方式。1951 年 5 月 5 日，政务院发布了《关于戏曲改革工作的指示》（五五指示），明确了戏剧演出的意识形态宣传作用，提出剧团和剧场管理制度等"改戏、改人、改制"的改革基本方针。1958 年的"三并举"和 1963 年的"大写十三年"，把现代戏的创作和演出提到了首要位置。

针对文艺创作中出现的教条主义现象，中央提出了"百家争鸣""百花齐放"的"双百"方针。1951 年 4 月 3 日，毛泽东为新成立的中国戏曲研究院题写"百花齐放，推陈出新"，这成为建国初期戏曲工作的指导方针。1953 年，毛泽东就中国历史研究问题提出了"百家争鸣"的主张。1956 年 4 月，中央政治局扩大会议上"双百"方针被正式提出，这是新中国成立以来党的文化政策的重大转折。

（二）文化经营主体

新中国成立后迅速开展社会主义改造，以期实现生产关系的飞跃，私有制改造成为此阶段的主要政治任务。因此，文化产业也出现了两个变化：一是大型文化企业如上海的电影公司、景德镇的陶瓷厂及一些民间手工业企业等开始通过公私合营等方式转变为公有经济；二是以个体劳动和自由职业为基础的文化产业也开始逐步转变为文化事业，如北京天桥的杂技艺人、民间剧团、书画家等开始成为各类文化事业单位的工作人员。

1949—1952 年间，公有经济和私营经济并存，电影事业迅速恢复发展，国营电影制片厂和十几家私营电影企业共生产故事片 101 部，其中仅 1950 年就生产了 60 部（国营 29 部，私营 31 部），形成了中华人民共和国成立后电影创作的第一次高潮。1949 年、1950 年的两次电影局扩大行政会议中提出，国营电影事业必须实行企业化，并在企业化过程中奠定了人民电影的经济基础。国有电影体制迅速成长。1949 年 11 月建立的上海电影制片厂、1946 年 10 月成立的东北电影制片厂和 1948 年接收的北京电影制片厂，成为新中国成立后三大国家电影制片厂，为社会主义电影事业的发展奠定了组织、物力、人力基础。

1949 年后，手工业作为新民主主义国家 5 种经济成分之一，被写入《中国人民政治协商会议共同纲领》。政府对手工业的社会主义改造采取积极领导、稳步前进的方针，承诺在经营范围、原料供给、销售市场、劳动条件、财政政策和金融政策等方面加以扶持。工艺品的生产公司是属于计划经济体制，个人无法进行生产资料的组织和销售，只有调拨，没有市场。一些带有贸易性质的交易则主要面向国外。1953 年，中华全国手工业合作总社召开会议，提出经过合作化道路，把手工业分散的个体小生产变为集体生产，逐步实现半机械化或机械化，从而开始了手工业合作化的变革。1956 年，上海工艺美术行业先后建立 118 家生产合作社，当年完成工业总产值 2 259.7 万元，其中出口 1 079.8 万元，占 47.78%。

在劳动报酬方面，建国初期一定程度上继承了民国时期的出版制度，作家通过稿酬、版税等收入保持着较高的收入水平。1950 年 9 月，第一届全国出版会议初步拟定了新中国的稿酬制度。1953 年，中国新闻出版总署统一口径，制定了"按基本稿酬加印数定额付酬"的付酬标准，拉开了降低稿酬的序幕。1958 年，随着国家政策的调整，稿酬大幅度下降。1966 年 6 月，各出版单位自动取消稿酬，稿酬制度实际上被停止。戏剧影视行业的演员薪酬也出现了类似变化。1951 年的"五五指示"规定戏剧团体的经营权和所有权相分离，对演员的薪酬分配制度也进行了变革，著名演员和普通演员之间的薪酬差异缩小，不再出现几十倍、上百倍的差距。1957 年，电影从业人员的酬劳制度改革为基薪、酬金的按劳取酬制度，一时间刺激了影片的生产。但 1960 年困难时期，全国各地开始采取撤并剧团、精简演员的紧缩政策。1962 年国营剧团进行改制，对合作经营的专业剧团给予更广阔的市场空间。

（三）文化市场和消费

这一时期文化市场的政治化倾向明显，发展经费主要来源于国家赞助。1953—1957 年间,国家文化事业费总投入 4.97 亿元,占基本建设投入的 1%。"重视创作,轻视演出"是这一时期的特点,把剧团当作一个创作部门而不是一个演出团体,戏剧的商业化、市场化和娱乐性被忽视。艺术家成为国有演出团体的专业文艺工作者,1950 年,北京人民艺术剧院(即"北京人艺")成立,组建了一支包括话剧队、歌剧队、舞蹈队和乐队的综合性表演艺术团体,制作的话剧《龙须沟》获得了巨大成功。

随着东西方阵营的对立和"冷战"的开始,中国在政治上实行立场鲜明的政策,对以美国文化为代表的资本主义文化持批判态度。国内文化市场主要对社会主义国家及亚非拉等国家开放,与欧美国家文化交流几乎中断,对外文化市场处于半封闭状态。因此,以好莱坞为首的商业电影在中国失去了生存空间,国内放映的主要是苏联、东欧和朝鲜等国家和地区的影片,且数量较少。

由于消费惯性和观众黏性,20 世纪 50 年代初期的文化消费并没有大幅度波动。但随着国家对文化产业的主动性加强,人们的消费意识和思想认识逐渐改变,文化消费需求产生变化。起初,传统戏剧仍有很大的市场,剧团为保证票房持续营业,《梁山伯与祝英台》和《白蛇传》两部剧反复上演,这一时期也创作出了话剧《茶馆》和豫剧《朝阳沟》这样的一批经典作品。这个时期,政府鼓励演员和剧团在经济上降低对国家的依赖,文化部号召所有国营剧团争取在 1958 年实现自给自足甚至有盈余。

电影业方面,当时负责制片厂开支、电影院和放映队开支以及全国发行收入、代理中外影片发行佣金收入等事宜的,均为各大行政(或军政)委员会文教部。20 世纪 50 年代初期,各大城市的电影票价逐渐降低。1954 年出台政策,将电影院划分为 3 个等级,并将电影票调整为 6 个等级,全国平均 0.2 元。这个价格从 50 年代持续到 80 年代,一直没有改变。农村地区的电影放映发展迅速,观影人次在 1952 年达到 1.8 亿人次,放映机构达到 696 个。1957 年后电影事业有了突破性发展,电影事业整体发展向上(如图 1 所示)。

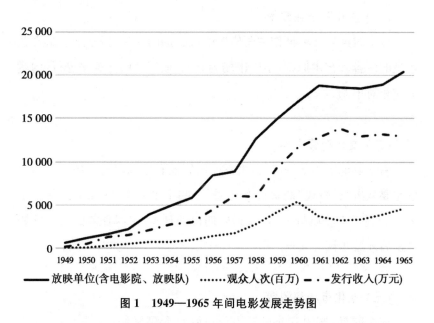

图 1 1949—1965 年间电影发展走势图

1949 年后,我国创造性地完成了新民主主义革命向社会主义革命的转变,建立起独立的、较完整的工业体系和国民经济体系,形成了"文化单位事业化、文化事业管理高度集中、文化资源统一调配"的崭新的社会主义文化体制,"双百"方针逐步成为社会主义文化发展的核心思想。在社会生产力水平相对落后的情况下,文化产业的发展积累了重要经验。

二、徘徊中的前进(1966—1978):文化产业的边缘化

这个时期,在特殊的政治环境下,无论是文化供给还是文化消费都处于匮乏状态,文化产业除了工艺品出口贸易外,主要以文化事业的形式存在。文艺作品内容趋于单调,创作有着严格的指导和分配。

文化消费单一，以"样板戏"为代表的主流文化成为主要的文化供给。

（一）文化及产业政策

这个时期的文艺创作主要依据中央下达的文件、指示来确定文艺作品的内容和艺术原则，不以市场为导向，而以政治任务来进行，内容形式相对单调。

（二）文化经营主体

由于取消了稿酬制度，自由职业已经没有生存空间。各类剧团单位主要从事"样板戏"的移植和传播，一些手工艺企业，如宜兴紫砂工艺厂的制壶工艺质量下滑，直到后期得到日本、中国香港的大宗外销订单后才逐步恢复元气。

（三）文化市场和消费

这个时期，剧团和演员演出传统剧目受到限制，全部上演"样板戏"的八九个剧目。"样板戏"产生了很多文化衍生品，比如根据"样板戏"制成的彩色电影、电视纪录片、广播剧、唱片、连环画、中小学语文课本，甚至发行剧本、曲谱、挂图、年历、明信片、字帖、画片等，还有各种无偿的特许经营权内容，如各类相关标志和人物形象都出现在簿本、面盆、瓷器、烟标、玩偶、年历片、家具上。尽管缺乏营利动机，但事实上却打造了有史以来最大的文化生产链，其影响力绝不低于米老鼠、唐老鸭。大量相关"样板戏"衍生产品的开发和销售十分红火。

此阶段的电影也主要以"样板戏"为主，1966—1976年间共发行了70部长片，其中6部是重拍片，12部是"样板戏"和移植"样板戏"的舞台纪录片，外国影片36部，《新闻简报》是当时的热门电影。中影公司在此阶段只向阿尔巴尼亚、朝鲜、越南和罗马尼亚等少数国家输出一

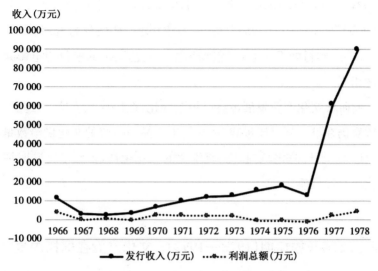

图 2　1966—1978 年间电影产业发展走势图

部分"样板戏",同时也只准以上 4 国的影片进口。1976 年后,由于解禁了一些影片,文化消费出现反弹性激增(如图 2 所示)。高需求、无成本、高回报是这一时期的典型特征。越剧电影《红楼梦》解禁后,反响巨大。

此阶段艺术类图书的出版数量明显多于其他类型的图书,小人书(连环画)如《地雷战》《地道战》《白毛女》等,价格为 1 角左右。1966 年出版的《大海航行靠舵手》歌曲集,价格为 2 分钱。1967 年出版的单幅月历为 6 分钱一幅,1973 年 12 月上海人民出版社的《1974 年摄影月历》,价格高达2.5 元。

至 1971 年,国有出版社仅存 46 家。广大人民群众读书的需求无法满足。此后,在毛泽东、周恩来等领导人的过问下,图书出版得到一定程度的恢复。广播事业发展较快,成为人们日常的主要文化娱乐方式。城镇居民观影大多是由单位包场买下所有电影票发给单位职工。农村居民观影则依靠公社的流动放映队,费用由"公家"统一支付。

1970 年 6 月降低了电影票价。新的标准是:大、中城市分为 4 级,即 0.3 元、0.25 元、0.2 元、0.15 元;小城市(镇)、县城分为两级,即 0.15 元、0.1 元;农村则不售票,以包场为主。文艺演出的票价与电影票价大体相当。

此阶段文化产业发展虽然已被边缘化,但民族工艺品手工业的生产贸易仍在继续,以"样板戏"及其衍生产品为主流的文化供给数量极高,且产生了规模化、复制化、流水化的文化生产,形成了特殊时期的文化产业发展模式。

三、改革开放初期(1978—1992):文化产业在摇摆中复苏

国家在文化领域开始自上而下进行改革试点。东南沿海地区和少数大城市成为文化市场和文化产业化的中心。此阶段的政策仍有明显的"双轨制"特征,计划经济的惯性不断牵绊着文化事业的改革步伐,反复、摇摆成为文化产业制度变迁前期的重要特点。

(一) 文化及产业政策

改革开放为文化发展带来新的契机,文化建设迈入了新的历史时期。政府对文化产业发展方面的政策处于探索阶段,主导思想仍然是坚持管制为主,允许文化产业在一定范围内发展并给予有力的支持。

此时电影业市场化运作的要求与发行权统购模式产生冲突。1979 年国务院批转了文化部、财政部的《关于改革电影放映管理体制的请示报告》,其中明确规定,中影公司所留利润"不得用于电影制片厂的基本建设"。制片部门和发行放映部门利润倒挂。一部影片只要文化部电影局通过即可,国家实行售价统购包销,彩色片每部 70 万元,黑白片 60 万元。1982 年中央和地方财政投入约 13 亿元资金用于发展电影业,推动了电影发行放映事业以空前的速度发展。全国

电影放映单位 3 年间共增长了 17.63%。1984 年中央颁布《中共中央关于经济体制改革的决定》,进一步扩大企业经营自主权,电影业具有了企业性质,开始了事业单位企业化经营的模式,独立核算,自负盈亏,通过银行借贷筹资生产,实现盈利。

这一阶段,国家越来越认识到文化的经济属性。1985 年 4 月国家统计局《关于建立第三产业统计的报告》中首次把文化艺术作为"第三产业"的一个组成部分列入国民生产统计的项目,说明已经承认了文化艺术的产业属性。1988 年 3 月国务院批转《文化部关于加快和深化艺术表演团体体制改革的意见》,1989 年 1 月财政部出台《关于事业单位财务管理的若干规定》。改革政策的相继出台,保障了文化单位经营形式的多样化和灵活性,推动了文化市场各行业的逐步开放。1991 年 6 月 10 日国务院批转的文化部《关于文化事业若干经济政策意见的报告》中,在肯定"以文补文"活动的同时正式提出"文化经济政策"的概念。

(二) 文化经营主体

文化事业单位开始企业化转型。1978 年党的十一届三中全会开始了以经济建设为中心的转向,开始了改革开放新时期的探索。改革开放成为我国加快发展建设的主要途径。在计划经济向市场经济过渡的社会背景下,最突出的矛盾在于文化市场对开放的迫切需要和意识形态控制的强度。1978 年,《人民日报》等首都 8 家报社要求试行"事业单位属性,企业化管理"。1979 年,财政部颁发《关于报社试行企业基金的管理办法》,着重明确报社是党的宣传事业单位,但在财务管理上实行企业管理办法。1982 年 2 月文化部、财政部、国家工商局发布《文化事业单位开展有偿服务和经营活动的暂行办法》。1983 年开始,全国文化事业单位开始试行以经营承包责任制为主要形式的体制改革。一些文化事业单位为了获取收益,缓解经费不足的矛盾,开展

"以文补文"活动。

1978 年之后，全国各地的剧团迅速恢复上演传统剧目，江苏省从 1965 年的 51 个剧团恢复到 1979 年底的 155 个剧团。文化部于 1983 年发文"严禁私自组织演员进行营业性演出"，政策对剧团及演员的加强管理一定程度上减缓了剧团经营市场化的步伐。1984 年 4 月，中国戏剧家协会组织了首届中国戏剧梅花奖的评选，戏剧演出日渐活跃，剧团数量从 1975 年的 2 836 个一度增长到 1980 年的 3 533 个，但 80 年代之后，电视机逐步进入家庭，很大程度上冲击了戏剧市场，戏剧演艺业面临巨大的发展危机，剧团数量、演出场次和收入水平均呈下降趋势。

稿酬制度逐步恢复。1980 年 7 月恢复了印数稿酬。1981 年 12 月，国家出版局发布《关于对"文革"前遗留稿费问题的处理意见》。意见指出虽然关于"文革"前遗留的稿费问题尚无明文规定，"但针对不同情况，原则上都应予以解决"。1984 年 12 月国家又增加了基本稿酬的种类，印数稿酬增加一项支付标准。1990 年 7 月印数稿酬大幅度提高，也提高了若干种类的基本稿酬。与此同时，一些艺人的天价出场费引起社会公众的关注，并且引发了最早一波"偷税风波"。

（三）文化市场和消费

改革开放以后，经济体制改革的重点是将高度集中的计划经济体制转变为社会主义市场经济体制。但文化体制的改革速度与强度相对滞后于经济体制改革，对市场的敏感度略低。我国不断探索和发展社会主义商品经济，激发了文化生产力，文化市场逐步复苏，出现了一些具有时代意义的文化艺术精品。电影几乎成为中国人最热爱的文化消费品。著名的电影刊物《大众电影》复刊，1981 年单期发行量就从起步的 50 万份一路攀升到创纪录的 965 万份。文化部和财政部出台了《国发 1979（198）号文件及其实施细则》，规定了票房的分账模式。

1980 年起,生产故事片的版权归制片厂所有,改单拷贝按 9 000 元累积总拷贝量结算。1981 年上海电影制片厂摄制的戏曲电影《白蛇传》发行 500 多个拷贝,创单片发行的最高纪录,引发了观影热潮,总观众达到 7 亿人次。

1978 年 12 月,国家出版事业管理局在全国报纸经理会议上正式宣布了报社企业化经营的决定。1979 年我国出现了第一条报纸商业广告、电视广告、外国商业广告。1979 年,广州东方宾馆开设了国内第一家音乐茶座,这是我国艺术市场、文化市场逐步开放的一个重要信号。随即,营业性舞厅等经营性文化活动场所在各大城市争相开业,我国开始出现了具有现代意义和形态的文化市场。1981 年,著名京剧表演艺术家赵燕侠承包了北京京剧团,这是第一个实行承包制的演艺院团。1984 年,上海开办了第一家营业性舞厅。随着政策调控和媒介技术的发展,中国的传统音乐产业逐渐崛起。随着香港、台湾音乐文化的渗透和影响,以邓丽君为代表的港台流行音乐成为一种时尚标志。音像业逐渐起步,形成了最早的一批流行歌手,带动了演艺业和卡带复制业的迅速发展。1984 年、1985 年,流行歌手张蔷的专辑《东京之夜》和《害羞的女孩》的磁带发行量都超过 250 万张,不仅救活了亏损多年的云南音像出版社,也使中国流行音乐产业迅速崛起。

1978—1985 年,中国图书市场总量经历了"井喷式"超常规增长。巨大的购书需求得到释放,图书出版业的供给能力也得到极大提升。但 1985 年之后图书总印张数和总印数都有所下滑。1977 年,中国共有 114 家图书出版社,到 1988 年增加到 506 家,增长了 3.43 倍。

1988 年文化部、国家工商局联合发布《关于加强文化市场管理工作的通知》,首次在政府文件中使用"文化市场"这一概念。文化市场的兴起成为改革开放初期的一种独特社会现象,为文化的发展繁荣起到积极推动作用。

改革开放以来,党和政府出于"放开搞活"的需要,开始探索文化的多样性,思想文化领域迎来了历史性变革。文化的经济属性和产业属性作为其社会属性的附庸逐步被人们知晓,但文化体制深层次的改革尚未开始,文化市场尚未形成规模,文化产品的供给尚无法满足社会需要,文化产业处于"复苏期"。

四、全面建设市场经济时期(1992—2002)：文化市场体系 逐步建立,文化产业化持续推进

随着 1992 年邓小平同志南方谈话的发表,以"三个有利于"为代表的新的"思想大解放"的共识成为 20 世纪 90 年代后中国社会主义经济发展的重要价值取向,全社会充溢着自由创新的气象。改革开放进入快车道,各领域改革全面推进,文化体制改革开始启动,从文化事业单位的创收到民营文化企业的启动,再到文化市场的乱象和整治,国家开始意识到文化市场不仅要开放,而且要有序规范和管理。文化商品和劳动的价格体系开始形成,人民文化消费逐步增长,形成一些新的文化热点和市场热点,如贺岁影片、流行音乐等。

(一) 文化及产业政策

国家逐步认识到文化产业发展的重要性,指导政策上从"以政府管制为主"向"尊重市场规律、发挥市场作用为主"的方向调整,逐步运用产业政策推动文化产业健康发展。

1992 年邓小平南方谈话是中国文化产业发展的一个重要节点。党的十四大提出"物质文明和精神文明都搞好,才是有中国特色的社会主义",首次强调"发展文化经济、完善文化经济政策"。这给文化产业的发展提供了充分的经济环境和政策环境。1992 年 7 月国务院办公厅编著的《重大战略决策——加快发展第三产业》首次使用了"文化产业"的概念。此阶段,我国出台了一系列指导文化体制改革的相关

政策。1996 年的十四届六中全会《关于加强社会主义精神文明建设若干重要问题的决议》中指出："要遵循文化发展的内在规律，发挥市场机制的积极作用，理顺国家、单位、个人之间的关系，逐步形成国家保证重点、鼓励社会兴办文化事业的发展格局。"1998 年文化部文化产业司成立，这是我国政府部门第一次设立文化产业专门管理机构。2000 年十五届五中全会通过《中共中央关于制定国民经济和社会发展第十个五年计划的建议》，第一次在中央正式文件中使用了"文化产业"的概念。此时，文化与产业、文化与经济开始了"合法化"的融合发展，标志着文化经济化和产业化发展的探索，自此文化产业与文化事业并驾齐驱。从中央到地方出台了一系列政策鼓励文化产业发展，文化产业进入发展快车道。

电影的市场化改革主要是由计划分配转向市场分配、由管理与经营一体化转向管理权与经营权相分离、引进世界通行的分账发行方式等。1993 年 1 月 5 日颁布的《关于当前深化电影行业机制改革的若干意见》及其《实施细则》明确指出，"电影制片、发行、放映等企业必须适应党的十四大确立的社会主义市场经济体制"，"要看社会、经济两个效益"，同时打破中影公司长达 40 年的发行垄断，电影业开始触及体制核心的改革。

因应中国即将加入 WTO 组织，文化产业可能面临前所未有的机遇与挑战，国家从 1999 年起大力推动国有文化企业集团化发展，传统文化企业相继合并组成大型集团公司。2000 年，广电总局、文化部联合下发《关于进一步深化电影业改革的若干意见》，电影局随后出台《关于加强宏观调控发行放映国产影片的实施细则》和《关于建立 35 毫米影片交易中心和单拷贝销售的实施细则》，重点提出电影制片发行放映一条龙改革试点，组建电影集团，进行集约化发展。2001 年，国家广电总局、文化部发布《关于改革电影发行放映机制的实施细则》，打破了中国电影市场的行政分割和地域界限，推动了影院之间的联合，促进了资源的流动。2001年中办、国办转发《关于深化新闻出版广播影视业改革的若干意见》，组建70多家文化团体，文化市场进入整合发展和结构调整时期。

(三) 文化经营主体

经过十多年的改革开放，社会主义市场经济体制不断发展完善，市场在资源配置中的基础性作用得到了认可，人们的物质需求不断得到满足。党的十五届五中全会提出将文化产业列入国家发展战略，区分公益性文化事业与经营性文化产业、深化对文化属性的认识。国有经营性文化单位转企改制为文化市场主体，转变政府职能，实行管办分离、政企分开、政事分开，极大地解放了文化生产力。1997年非国有文化部门创办的文化经营单位占整个文化经营单位的88.6%。

20世纪90年代初，演艺市场的灵活需求和国营剧团的僵化体制之间存在矛盾，演出成本不断提高，剧团盈利困难，由此促生民营剧团的复兴，不少国营剧团内部演员以个人身份参加民营剧团演出。各级政府对演艺市场的控制逐渐放宽。1994—1996年间，演艺团体的体制改革成为文化部的重点工作，1997年出台《关于继续深化艺术表演团体体制改革的意见》。出版业市场化改革逐渐步入正轨，1992年10月，全国首个具有独立法人资格的编辑出版学术团体中国编辑学会成立。同年，文化行业第一家股份制有限公司上海东方明珠股份有限公司成立，并于1994年2月在上海证券交易所率先上市，迈出了国有文化企业借助资本市场发展壮大的第一步。其后，无锡中视影视、湖南电广传媒、成都博瑞传播、北京赛迪传媒、北京歌华有线、陕西广电网络等企业先后直接或间接上市，成为国有上市文化企业的"第一梯队"。这一时期对国有文化企业上市尚未形成统一、明确的政策，已上市企业均具有探索性的"个案"色彩。文化企业逐步出现集团化发展趋势。随着1997年广州日报报业集团成立，1999年上海世纪出版集团成立,自此开始了我国出版企业集团化、规模化发展的阶段。2001年,证监会在新颁布的《上市公司行业分类指引》中将传媒与文化产业列为上市公司 13 个基本产业门类之一,其下含出版、声像、广播电影电视、艺术、信息传播服务业 5 大类,这表明文化上市公司的行业地位已获得资本市场的初步认可。一些民营文化企业也开始崭露头角,如华谊兄弟公司从一个广告公司涉足电影业,借鉴港台经验,推出了以《甲方乙方》为代表的贺岁片,在商业上取得成功,也使一度沉寂的电影市场迎来了新的春天。

为体现对知识和人才的尊重、对市场规律的尊重,1999 年 6 月起,国家改革图书稿酬制度,变指令性的付酬标准为指导性和指令性相结合,以指导性为主、指令性为辅,增加了"版税"和"一次性付酬"两种使用作品的付酬方式,"版税制"重新成为支付稿酬的主要方式。与此同时,演艺明星的高收入再次因一些名人的税务事件引发社会讨论。

(三)文化市场和消费

改革开放后,市场经济是主要的经济体制变革方向,文化资源配置更具市场化,文化要素市场开始孕育生长。此阶段经济发展进入快车道,市场经济开始体现出规模效益。但文化市场整体规模较小,参与的市场主体较单一,主要集中在新闻出版、广播电视等内容行业。

由于电视机和录像机、光碟机进入家庭并迅速普及,电影和戏剧表演产业在这一时期持续下滑。票房收入从 1990 年的 32.34 亿元下降到 2000 年的 9.3 亿元,观影人次也由 79.37 亿人次下降到不到 1 亿人次,中小城市及县城影院的票房收入占全国票房的比例不到 10%。此时期中国人均看电影人次不足美国的 1/10,年票房收入不足美国的 1/30。1994 年,为克服行业和市场双双疲软的难题,中影公司开始每年从海外引进 10 部分账大片,同年 11 月,首部分账片《亡命天涯》在国内上映,获得了 2 580 万元的票房收益,拉开了分账大片独步影坛的

序幕。1998 年,分账大片《泰坦尼克号》在中国内地市场获得高达3.59
亿元的票房。1994—2000 年间,中影公司共引进海外分账片 46 部,总
票房 17.4 亿元人民币。小剧场戏剧开始重新"复兴",小剧场戏剧在
京、沪地区发展迅速,并且出现了 90 年代初期和末期的两个演出热
潮,出现了上海人艺的《留守女士》爆满 400 多场的动人景象,一定程
度上改善了戏剧的市场处境。

文化市场的交易方式也迅速与国际接轨。1992 年 10 月,中国文
物艺术品拍卖的首场交易——"1992 北京国际拍卖会"在北京 21 世纪
饭店剧场举行。1994 年全国共举办 10 多场文物艺术品拍卖会,共实
现成交额1.8亿元;1994 年 6 月中国拍卖行业协会成立,直接推动了
《拍卖法》的诞生。1996 年国家文物局下发了《关于一九九六年文物拍
卖实行直管专营试点的实施意见》《关于加强文物拍卖标的鉴定管理
的通知》。1999 年北京翰海、中国嘉德、北京荣宝、上海朵云轩四大公
司成交拍品 8 000 件,成交总额为 3.6 亿元。1992 年之后,中国图书产
业结束了调整和徘徊,图书出版的品种、数量、定价总金额和质量等指
标都出现迅速攀升。1995—2005 年,图书品种由 101 381 种增长到
222 473 种,图书总印张数由316.78亿印张增长到 493.29 亿印张,定价
总金额由 243.62 亿元增长到 632.27 亿元,分别增长了 119.44%、
55.72% 和 159.53%。

中国特色社会主义市场经济体制的建立为文化市场体系的建立
奠定了基础,"文化产业"与"文化事业"逐步脱离,"文化产业"开始走
上独立发展的道路,并且呈现出多元化、市场化的特征。

五、完善市场经济体制时期(2003—2009):
　　文化体制改革全面推进

2003 年以后,随着中国加入 WTO,国家开始有意识地发展文化

产业,规范文化市场,人民文化消费占生活消费的比重逐步增长。好莱坞电影等国外文化产品对中国本土文化产业形成冲击。国家进一步放开国内文化投资,社会资本开始向文化产业集聚。在文化产业发展这一战略思路被正式提出后,文化产业如何发展,经济效益与社会效益二者间关系如何处理是在发展中面临的最大问题。

(一)文化及产业政策

这一时期,国家文化和产业的政策继续鼓励放开搞活,全面深化文化体制改革,释放文化生产力,降低社会资本进入文化产业的门槛,鼓励社会投资文化产业。随着 2002 年党的十六大召开,国家全面推动文化体制改革,促进了文化市场主体有组织、有计划的培育,这是文化产业发展史上的又一转折点。文化主力军逐步涌现,国有文化事业单位开始全面转变为文化市场主体,同时进一步放开和鼓励民营文化企业成长。2003 年 6 月中央成立文化体制改革试点工作领导小组,同年召开全国文化体制改革试点工作会议,全国文化体制改革试点工作正式启动。2006 年我国第一部文化发展规划《国家"十一五"时期文化发展规划纲要》出台,提出要发展重点文化产业,优化文化产业布局和结构,转变文化产业增长方式,培育文化市场主体,健全各类文化市场,推动国有文化企业转制。随着社会主义市场经济的深化,金融资本对文化市场的影响愈加明显。文化产业资本来源也逐步开放和多元。

文化产业规模不断扩大,经济效益明显提高,国家对文化产业的统计范围和标准做出了更加明确的规定。2004 年 4 月国家统计局印发了《文化及相关产业分类》,对我国文化产业的范围和分类进行明确界定。2005 年出台了《文化及相关产业指标体系框架》。2006 年 5 月,国家统计局首次公布文化产业统计数据,开启了我国文化产业标准化、科学化的研究时代。

（二）文化经营主体

适应市场经济发展和文化体制改革需要，出版业呈现产业化、数字化发展的特点。出版形态、业态和生态都发生重大变化。江苏省在组建新华报业、凤凰出版、江苏广电、江苏演艺集团之后，又成立了全国首个以文化产业命名的省级文化集团——江苏省文化产业集团。但这一时期的企业集团在经营范围上大多延续了过去行业分割的格局，而且企业和事业之间的界限也不清晰，客观上存在着只更换马甲、不更换观念和机制的问题。而且大多数国有文化企业集团内部都存在着人员身份"双轨制"的问题，既有事业人员又有合同制企业人员，在内部管理和激励机制上存在很多隐患。

政府出台多项产业准入政策，鼓励多种经济成分共同发展。2005年8月《国务院关于非公有资本进入文化产业的若干决定》出台，明确鼓励和支持民营资本进入文艺表演团体、演出场所等文化产业领域，在文艺表演团体和演出场所等文化公司中可持有股份。文化经济政策相对宽松灵活，扩展了非公有制资本进入文化产业领域的边界。一些以互联网为基础的新型民营文化企业如腾讯、百度、盛大等迅速发展，既推动了文化业态的创新，又极大地丰富了人民的文化生活。

2008年起，由光明日报社等单位合作主办第一届"全国文化企业30强"评选活动，首届30强名单在一定程度上体现了当时中国文化企业的最重要的样本。这些企业多数是国有事业单位转企后成立的文化企业集团，以及少数与旅游演出相关的民营文化企业。

（三）文化市场和消费

2003年国家广电总局颁布《电影制片、发行、放映经营资格准入暂行规定》（20号令），电影制作、放映环节基本放开，发行环节则大幅开放，鼓励境内国有、非国有资本（不含外资）与现有国有电影制片单位合资、合作或单独成立制片公司。境外资金涌入，"合拍片"成为中国电影的一个市场化需求。2004 年末电影生产的国有企业投资比例已下降到 50% 以下，境外资本、民营资本联合拍摄的影片达到 80%。2003 年《英雄》创造了高达 2.5 亿元的票房收入。

随着文化体制改革的深入推进，文化产业从小到大呈现蓬勃发展态势，整体规模和实力快速提升。2010 年我国文化产业法人单位实现增加值 11 052 亿元，比 2004 年增长了 221.3%，占国内生产总值的比重由 1.94% 上升到 2010 年的 2.75%。全国共出版图书 32.8 万种，总印张 604.7 亿；全国新闻出版、印刷和发行复制业总产出为 12 698 亿元，实现增加值 3 503.4 亿元。全年制作广播节目 681 万小时、电视节目 274 万小时，生产电视剧 14 685 集，国产动画产量超过 22.05 万分钟，电影产量 526 部；全国广播电视系统总收入达到 2 302 亿元，电影综合效益达到 157.21 亿元；艺术品成交总金额达 1 694 亿元，中国成为世界最大的艺术品交易市场之一；互联网和移动网游市场规模也达到 349 亿元。同时，涌现出一批总资产和总收入超过或接近百亿元的大型文化企业，成为文化产业领域的领军力量；现代文化市场体系初步建立，资产、产权、人才、信息、技术等文化要素市场逐步完善。文化产业日益成为经济发展新的增长点，在繁荣社会主义文化、满足人民精神文化需求、创造就业机会、优化产业结构、加快转变经济发展方式、提高国家文化软实力等方面发挥了重要作用。

总之，随着加入世界贸易组织，国家加大对文化产业的政策支持，文化体制改革逐步深入，社会资本逐步向文化产业聚焦，文化产业呈现规模化、国际化的新特点，进入快速发展时期。

六、大国崛起期(2009—2017)：融合创新的
文化产业成为国家战略性产业

2008 年北京奥运会成功举办，2010 年中国经济总量首次超过日

本,成为世界第二大经济体。2012 年中国第一艘航母"辽宁舰"正式入列,标志着中国的综合国力和国际地位迈上了新台阶。党和国家更加重视发展文化产业,文化产业政策成为经济和文化政策体系中的重要组成部分。

(一) 文化及产业政策

这一时期,党和国家对发展文化产业的思路更加明晰,不仅重视文化产业的意识形态属性,对其产业发展也给予了高度重视,相继出台多项规划和政策措施。在全球金融危机之后,世界各国纷纷开始重视文化产业的发展,我国也更加注重文化产业在经济振兴中的重要作用。2009 年 7 月 22 日,我国第一部文化专项规划《文化产业振兴规划》出台,文化产业上升为国家战略性产业。

2011 年 3 月发布的《中华人民共和国国民经济和社会发展第十二个五年规划纲要》,第一次将文化产业明确为"支柱性产业",提出"推动文化产业成为国民经济支柱性产业,增强文化产业整体实力和竞争力。"2011 年 10 月,党的十七届六中全会通过了《关于深化文化体制改革推动社会主义文化大发展大繁荣若干重大问题的决定》,提出加快发展文化产业,推动文化产业成为国民经济支柱性产业,坚持把社会效益放在首位,社会效益和经济效益相统一的发展思路。2012 年召开的党的十八大更加重视文化建设和文化产业发展。十八大报告提出:"促进文化和科技融合,发展新型文化业态,提高文化产业规模化、集约化、专业化水平……增强国有公益性文化单位活力,完善经营性文化单位法人治理结构,繁荣文化市场。"2013 年党的十八届三中全会通过了《中共中央关于全面深化改革若干重大问题的决定》,国家文化政策的第一主题词从文化产业转变为现代文化市场,显示了政府将文化产业市场化发展的决心,重视发挥市场在资源配置中的作用。2014 年 2 月,中央全面深化改革领导小组通过了《深化文化体制改革实施方案》，新一轮文化体制改革进入全面实施阶段。同年 3 月国务院出台的《关于推进文化创意和设计服务与相关产业融合发展的若干意见》。此阶段的政策已凸显将文化产业作为先导产业、同时与其他产业融合发展的指导思想。同年 8 月，文化部、财政部联合发布《推动特色文化产业发展的指导意见》，将特色文化产业发展工程纳入中央财政文化产业发展专项资金扶持范围。

2015 年 10 月，习近平总书记在文艺工作座谈会上的讲话强调，要坚持发展以人民为中心的社会主义文艺。一部好的作品，应该是把社会效益放在首位，同时也应该是社会效益和经济效益相统一的作品。2015 年 9 月 14 日，中办、国办印发《关于推动国有文化企业把社会效益放在首位实现社会效益和经济效益相统一的指导意见》，对迅速发展的文化企业参与市场竞争、经营性文化事业单位转企改制等问题做出规范引导。此阶段的文化产业政策体系和结构更加完备，涉及的范围和领域日益全面。国家对文化产业的分类更加明确、更具指导意义。2009 年联合国教科文组织《文化统计框架》发布，2011 年我国颁布《国民经济行业分类》（GB/T4754—2011），文化新业态不断涌现，2012 年我国又出台《文化及相关产业分类（2012）》，调整了类别，更加准确地反映了文化产业发展的未来趋势。

（二）文化经营主体

这一阶段是中国文化产业规模迅速增长的时期，同时也是文化业态加速迭代更新的时期。文化企业的所有制结构更加多元化，文化企业集团开始跨地区、跨行业经营，市场竞争明显加剧，企业综合实力持续增长。涌现出以腾讯、万达、阿里、百度、方特为代表的大型民营企业，呈现出资本多元化、聚集程度高等特点。

随着政策扶持、科技进步和资本支持力度加大，文化产业发生了根本性的变革。在金融部门的大力支持下，大量社会资本涌向文化产业,大企业、大项目不断涌现。文化企业相互整合资源,呈现全产业链发展的模式。从 2007 年开始,我国许多传统的出版传媒公司并购合作,纷纷成立大型集团。截至 2017 年底,出版业上市公司中净资产过百亿的公司有中南传媒、凤凰传媒、中文传媒和华闻传媒 4 家公司。技术发展和行业融合催生了出版传媒业的许多新业态,网络游戏、移动音频等行业的发展成为文化产业的新兴力量。2017 年,中国上市游戏公司的数量达 185 家,市场销售收入 2 036.1 亿元,相比 2008 年增长了 10 倍。2012—2016 年间,文化法人单位数量由 66.3 万家增长至130.02 万家,增长 96.12%;规模以上文化及相关产业企业数量由36 469 家增长至 54 728 家,增长 50.07%;营业收入由 56 264 亿元增长至 94 050 亿元,增长 67.16%,市场主体发展迅速。

中国文化"走出去"也取得积极成效,图书和影视剧出口逐年提高,在国外的商业演出屡创新高。2013 年,杂技剧《猴·西游记》在纽约林肯艺术中心商演 27 场,票房达 1 200 万美元。

(三)文化市场和消费

2013 年,习近平总书记提出"一带一路"建设倡议。文化是促进各国人心相通最好的纽带,文化产业的对外贸易和交流取得了跨越式增长。2013 年,我国文化产品进出口总额为 1 070.8 亿美元,同比增长20.65%。2017 年,我国文化产品和服务进出口总额 1 265.1 亿美元,同比增长 11.1%。其中文化产品进出口总额 971.2 亿美元,占比 77%;文化服务业进出口总额 293.9 亿美元,占比 23%。文化产品出口的科技含量有所提升。影视作品、图书出版等主要出口对象为东南亚、日本、韩国等国家和地区。这一时期是中国文化消费迅速扩大的时期。中国电影市场持续快速扩张,影院银幕数和影院票房数都迅速增长。2009—2017 年间,银幕数从 4 723 增长到 50 776,增长近 10 倍;票房收入由 62.06 亿元上涨到 559.11 亿元,增长 8 倍;观影人次由 1.82 亿人次上涨到 16.2 亿人次,增长 7.9 倍。

与此同时,文化消费结构也在加速转型。一些传统行业开始式微,一些与互联网相关联的新型文化产业迅速崛起,传统媒体报纸销售和订数则面临新的挑战。4G 网络的商用推动了移动网络的发展和文化产业进一步转型。2013 年 12 月 4 日,工信部向中国移动、中国电信、中国联通发放 TD—LTE 牌照,标志着我国电信产业正式进入 4G 时代。我国的手机用户数量也持续增长,2009 年为 7.5 亿户,2017 年达 14.2 亿户,短短 8 年翻了一番。移动互联网的普及推动了文化消费方式的转变和文化业态的创新,带动了中国文化数码产业不断创造新高。

2016 年,文化部联合财政部在全国确定 45 个文化消费试点城市,从丰富产品供给、创新文化业态和消费模式等多方面,培育、引导和激发居民的文化消费能力,以更好地满足人民群众日益增长的美好生活需求。

我国综合国力的提升和经济的健康发展是文化产业繁荣的坚实基础。此阶段文化体制逐步完善,文化产业发展的目标更加明确,文化生产力显著提高,数字文化产业异军突起,文化走出去硕果累累,文化产业在国际竞争中更加自信。文化产业呈现数字化、现代化的特征。

七、新时代(2017—):文化产业的新使命

在党的十九大上,习近平总书记做出中国特色社会主义进入新时代的伟大论断,指出现阶段我国社会的主要矛盾已经转化为人民日益增长的美好生活需要和不平衡不充分的发展之间的矛盾。文化产业在满足人民群众日益增长的精神文化需求方面担负着更重要的作用,成为促进经济转型、社会进步的重要支柱。

（一）文化及产业政策

党的十九大的召开为文化产业发展提供了难得的历史机遇和广阔空间。文化产业作为支柱性产业,有力地推动全国经济高质量发展,既体现在整个 GDP 中所占比例达到一定规模,也体现在文化产业带动其他相关行业在上下游产业链上有所发展。2018 年国家机构改革,新组建了文化和旅游部、国家广播电视总局、中央广播电视总台,中宣部统一管理新闻出版工作和电影工作。机构改革大力推动了文化产业管理机制的完善,有助于文化产业的结构性变革。

2017 年 6 月颁布了新的《国民经济行业分类》,2018 年 4 月,国家统计局修订了《文化及相关产业分类(2018)》,适应了文化新业态不断涌现的新特点。针对文化产业概念表述不严谨、统计范围不规范等问题,2018 年 5 月,中宣部、国家统计局联合发出《关于加强和规范文化产业统计工作的通知》,要求各地坚持以文化属性定位定向,继续统一使用文化产业概念,不宜简单以文化创意产业、数字文化产业等新概念代替文化产业概念,自行扩大统计口径。众多政策的推行,有助于为推动文化产业发展提供数据支撑和决策参考。

习近平总书记指出,"文化自信是一个国家、一个民族发展中更基本、更深沉、更持久的力量。"文化自信体现在文化产业蓬勃的发展态势中,也反映在我国文化对外交流的过程中。2017 年国家印发了《关于实施中华优秀传统文化传承发展工程的意见》,营造了传统文化传承发展的良好政策保障和社会氛围。文化产业各领域创作出大量高品质、高效益的文化产品。央视的节目《国家宝藏》、国产优秀动画片《大禹治水》等都取得了良好的社会效益。2018 年我国文化产品和服务进出口总额 1 370.1 亿美元,同比增长 8.3%。演艺行业统筹国际和国内两个市场,扩大了市场份额和影响力。

文化法制环境进一步改善。2019 年 6 月文化和旅游部发布《文化产业促进法(草案征求意见稿)》,从政策引导到法律规范,法案在人才、科技、金融财税等方面都有所涉及,为文化产业发展提供全方位的扶持保障。政府对文化产业的管理更加科学有效,给予文化产业宽松的发展空间,合理调动了社会资本和资源,促进文化产业健康发展。2017 年 2 月,《文化部"十三五"时期文化发展改革规划》重点提到政府鼓励和引导社会资本进入文化产业,鼓励社会资本进入文化企业孵化器、文化众创空间、文化资源保护开发等新兴领域。

党和国家的新一轮机构改革既赋予了文化产业更重要的社会责任,也为其加速发展铺设了轨道。根据新的机构改革方案,新闻出版、版权、电影等职能划归党委宣传部门,文化和旅游部门合并组建文化和旅游部。文化与旅游的融合发展成为新的课题。与此同时,国家加强对内容的意识形态管理和引导,文化产业面临新的时代任务和发展机遇。

(二) 文化经营主体

文化产业成为国家战略性、支柱性产业,文化企业进入跨行业融合发展的新阶段,数字文化产业迅速发展壮大。

传统文化产业转型升级步伐加快,数字出版、数字影音、游戏动漫、智慧旅游等文化产业新业态发展迅速,创新了文化企业的商业模式。行业中出现许多具有国际竞争力的独角兽公司和大型文化企业。2019 年《财富》榜上世界 500 强排名中,与文化产业有关的中国企业有9 家,分别是华为投资控股有限公司、京东、中国恒大集团、中国保利集团、万达集团、阿里巴巴集团、腾讯控股有限公司、苏宁云商集团和小米。与此同时,国有文化企业整体实力进一步增强。

国内数字影音行业呈现快速发展的态势,"爱奇艺""哔哩哔哩"等一批数字影音企业在 2018 年相继上市。中国网络视频行业的营业收入由 2013 年的 136 亿元增长到 2018 年的 952.3 亿元,5 年来平均增速达到 50% 左右。网络视频用户由 2013 年的 4.28 亿人增长到 2017

年的 5.79 亿人,占整体网民规模的 75%。中国动漫游戏行业也进入了发展高速期,2018 年,动漫产业总产值突破 1 500 亿元。

(三) 文化市场和消费

2018 年是改革开放 40 周年,我国文化产业进入快速发展新时期。据国家统计局数据显示,2018 年我国文化产业实现增加值 38 737 亿元,比 2004 年增长 10.3 倍,近 3 年文化产业增加值年均增长 18.9%,远高于同期 GDP 年增速。文化产业增加值占 GDP 比重由 2004 年的 2.15% 提高到 2018 年的 4.30%,为 GDP 创造的价值逐年递增(如图 3 所示)。截至 2018 年,全国文化产业增加值过千亿的省(区、市)有 13 个,其中,广东、江苏、浙江、山东等省超过 3 000 亿元。文化产业增加值占 GDP 的比重超过 5% 的省市有 4 个,分别是北京(9.64%)、上海(6.79%)、浙江(6.19%)和广东(5.37%)。我国已成为世界图书出版、电视剧制播、电影银幕数量第一大国,电影市场规模稳居全球第二。

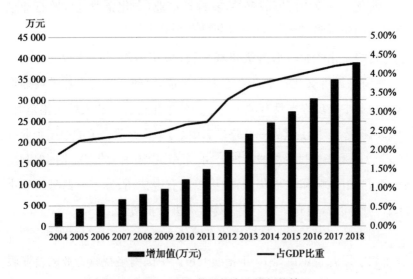

图 3　2004—2018 年文化产业增加值情况

随着信息化、数字化、科技化的发展趋势，文化产业也越来越重视培育新兴文化业态，着力推进"文化＋"等战略，进行跨行业融合、跨地域发展。在传统的新闻出版业基础上，近年来出现了有声书和知识付费产品两大新型出版形态，到 2018 年年初达到高峰。

文化消费是人们为了满足精神需要在精神产品和服务方面的支出行为。随着我国经济实力的日益增强和文化产业的快速发展，我国文化投资和消费水平不断提高，且呈现出日益多样化的发展趋势。据不完全统计，截至 2018 年底，通过创新文化业态和消费模式，全国 45 个文化消费试点城市累计吸引居民消费约 6 亿人次，实现文化消费约 1 500 亿元，参与试点公共文化机构数量达 8 344 家，参与试点企业、商户数量 31 544 家，形成了推进供给侧结构优化改革、释放需求端消费潜力、打通渠道端上下游、加强大数据应用等若干促进文化消费的有效模式。2018 年，全国居民用于文化娱乐的人均消费支出为 827 元，占全部消费支出的比重为 4.3%，是拉动内需和调整产业结构的重要因素。

当前，我国文化产业正面临最好的历史机遇期，对经济的提升拉动作用日益明显，已经成为国家战略性支柱产业。与此同时，文化产业在文化传承与创新中发挥越来越大的作用，也在满足人民对美好生活的需要中担当新的重要使命。

中国文化产业高质量发展的战略使命与产业内涵[*]

魏鹏举^{**}

在我国不断深化改革与开放的进程中,文化产业发展对于文化繁荣与经济增长的双重战略价值日益得到广泛共识。在市场化和全球化的大时代中,高质量的文化产业是满足人民基本文化权益、实现文化繁荣发展的有效市场化发展机制,也是提升我国文化国际传播力、文化产业全球竞争力以及国家综合软实力的重要条件。我国宏观经济正处于从高速度向高质量转型的关键时期,文化创新如同科技创新、制度创新一样,成为经济高质量发展的重要内生能量,文化赋能农业、制造业、旅游等服务业态已然常态化。与此同时,文化产业自身的高质量发展也越来越成为一个重大的战略命题和紧迫的实践诉求,"十三五"时期文化产业发展的关键命题是成为支柱产业,而"十四五"时期我国文化产业的使命将是高质量发展。

  * **基金项目:**国家社科基金专项"中国特色现代文化产业体系和市场体系研究"(18VSJ080)。本文原载于《深圳大学学报(人文社会科学版)》2020年第5期。

  ** **作者简介:**魏鹏举,中央财经大学文化经济研究院院长,教授,博士生导师,主要从事文化经济与政策研究。

一、推进文化产业高质量发展的战略性价值

（一）文化产业高质量发展是建设文化强国的重要基础

从文化大国向文化强国的转化的关键在于文化传承与创新品质。从长时段的人类群落化发展进程来看,哪个群落对自身的文化传承有序、文化传播有效、文化创新有活力,哪个群落的文明就更有发展的凝聚力和辐射力[①]。从现实的全球综合国际影响力效应来看,国家或地区的文化影响力与其整体经济实力二者之间总体上是正相关性的相互渗透、相互促动的关系。那些公认的经济社会发展比较成熟繁荣的国家或地区,它们对于文化的保护、传播和创新也做得相对更为系统和优秀。从本质上说,文化是人类超生物能力的构建过程,不断发展的文化在最大程度地汇聚并固化智慧资源的同时,也持续不断地拓展对于未知领域的探索潜能。无论从历史传统还是从实际涵括的群落规模看,中国都是一个公认的文化大国。中国确立了迈向文化强国的战略目标,这既是要肩负起五千年中华文明在新的全球化时期的文化发展责任,也是全面保障人民实现美好生活,并建设负责任、受尊重的国际大国的关键任务。在市场经济和全球化的语境中,文化产业,尤其是高质量的文化产业是现代文化发展日益重要的支撑。高质量的文化产业可以有效弥补公共文化服务的短板和缺陷,满足人民日益个性化、差异化、多样化的高品质精神文化需求,与公共文化建设形成互补与融合互动,带动文化资源的可持续保护和传承,促进传统文化的创造性发展与创新性转化,激活文化创新的活力。高质量的文化产业也是一个具备巨大外部效益的特定跨界创新的领域,它是现代市场经济与文化发展的携手,是最新科技进步与文化创意的融合。如果说高质量的文化产业是现代文化强国建设的重要基础这种判断可以成立的话,那么,我国文化产业的高质量发展就要以此作为圭臬,而不是简

单的 GDP 导向，也不应该是泛娱乐模式。文化产业高质量发展不仅有着自身优化升级的任务，也必须自觉承担起调动各种文化力量、科技力量以及市场力量，为中华民族的伟大复兴、为人民所向往的美好生活、为中国价值更受世人尊重而砥砺前行。

（二）高质量文化产业是新时期实现文艺"双高"发展的市场生态保障

联合国教科文组织在"世界文化与发展委员会报告"中论述"增强创造性和自身能力"的时候提到："从词源来说，文化（Cultivate）意味着培养。而今天，培养人类的创造力更具有前所未有的重要性。只有充分发挥创造性，个人、集体和社会才能适应不断发展变化的新世界，才能通过创造性的思想和行动改变这个世界。"文化是人类自我创造的精神家园，也是人类接力培育创造力的学习园地。文化建设的使命从来都包含创造力，在现代化的进程中，市场机制深刻影响着人类的价值观、生活方式，同时也对文化创新活动以及创造力的培养产生巨大作用，这是我们致力于文化创造性事业时必须正视的基本现实。现代文化产业出现的基本标志主要有两个：一是工业化技术在文化生产或消费领域的广泛应用；二是基于市场的资源配置机制在文化场域中成为基础规则。现代文化产业的发展与繁荣，一方面大大释放并扩展了文化生产力以及文化产品的种类，在市场机制和技术条件的支持下，每个自然人或市场主体都可能创造文字、声音、影像等形态的文化产品；另一方面它前所未有地以优质、实惠、便利的方式满足着各种各样的文化需求，社会大众接触经典或新创文化成果的机会是历史上未曾有过的。我国的文化产业高质量发展命题是基于伴随改革开放发展起来的文化产业的文化品质相对欠缺、创新内涵颇为不足，尤其是在日益开放竞争的国际化文化市场环境中，国内文化供给品质以及文化与科技融合创新的不足日益不能得到消费意义上的认可的背景下提出来的。文化产业高质量发展命题所指向的关键指标就是品质与创新,同时,文化产业的高质量发展也是改善品质与提升创新的基础市场生态环境。我国提出的新时期"有高原也要有高峰"的文艺发展理念,是对当前全球文化发展实践与趋势的前沿性战略定位。在数字互联网等新技术的加持下,在高度发达的市场化资源配置机制的催生下,文化产品与服务创新创造的高原期已经到来,文艺的高峰崛起是在文创的高原平台上的概率事件。现代文艺的高峰,无论是文字作品还是影像多媒体产品,可能都需要成熟的文化产业发展体系的支持。

(三)文化产业的高质量发展是"双效统一"要求的具体实践

文化的价值从来都不是可以用经济价值来完全换算的,否则也就不存在对富贵不淫、情义无价等人类超功利性和高贵性的礼赞和坚守了。一个人的生存或死亡以及一群人的存续与消亡作为超越性的文化命题,是具有关乎人类整体福祉的普适意义的,经济的价值大概只是阶段性和工具性的。当然,在人类漫长的历史中,在如今其实极其短暂的市场经济主导的社会里,文化价值在市场规则体系中在一定程度上可以实现与经济价值的交换,这是文化产业出现并发展的基础动能。但即便是在市场语境中,具有公共品特征的文化产品或服务的溢出效应也是无法通过经济属性体现出来的。更何况在绝大多数国家或其他政治实体,属于文化价值范畴的意识形态的重要性远远大于经济价值,无论是出于宗教、种族、党派还是性别、尊严的原因。因此,哪怕是在典型的市场经济体系里,文化产业也绝不能唯利是图。文化产品和服务的经济属性要从属于文化属性,没有文化价值其实也就没有经济价值,文化价值不够有魅力也就不会有好的经济效益,软性文化属性如果被从公共价值角度否定的话,就很可能会以硬性制度的方式阻断市场交易的活动。我国关于文化经济领域要以社会效益优先实现社会效益与经济效益的统一的制度性要求,既表现了中国的国情特质,也反映了文化产业的普遍要求。我们强调要实现文化产业的高质量发展,绝不仅仅是要追求产业效益的最优化,而是把社会效益与经济效益统筹起来整体考量。文化产业的高质量发展就是要摒弃市场利益导向的文化产业发展模式,就是要让"双效统一"的要求转变为文化产业的内生需求,让社会效益优先实际上成为实现最优经济效益的前提条件。

(四)高质量文化产业对于探索融合创新发展战略具有示范作用

文化概念本身包含的意义、内容非常复杂,文化产业同样是一个含义庞杂的范畴。在实践层面,文化产业的所指也是仁者见仁,智者见智。虽然在中国有官方的统计分类,但是在实际应用中,各个地方不同的研究者在使用这个范畴时其实是飘忽不定的。在很多地区的文化产业发展规划或相关政策内容里,旅游业态、体育业态、教育培训业态、特色餐饮业态、互联网业态等都有可能成为地道的文化产业范畴。泛文化产业的实际应用非常广泛。造成这种现象的原因有很多,但文化产业本身就是一个不断跨界融合、常变常新的非典型业态。无论在理论还是实践上,文化产业都有狭义和广义之分,狭义的文化产业就是指标准统计范畴内的业态总和,而广义的文化产业其实是"文化＋产业",也就是所有具有文化赋值特征的其他产业都会进入这个范围。如果说狭义的文化产业是文化经济化的结果,那么,广义的文化产业其实就是经济文化的演进。文化经济化本身就是文化需求大众化后"破圈"进入市场体系的跨界融合行为,而经济文化化更是一般经济领域随着业态与消费的升级,通过吸附文化属性而实现赋能赋值的融合创新选择。所以说,现代文化产业本身就是一个不断变化着的融合创新的领域,高质量文化产业更加追求通过优质文化价值实现跨界融合创新的特质,强调文化价值与科技创新、金融体系、旅游经济、体育休闲、日常消费业态等的融合与化合，在为其创造人文魅力与精神消费价值的同时也借此充分实现了文化自身的目的。文化给产业赋予了魅力与意义，产业为文化创造了进入心灵的通路与能量。

二、健全现代文化产业体系有待高质量发展的内涵支撑

如上所述，文化产业是否能实现高质量发展，这关系到它的战略意义是否能充分实现，关系到文化产业在国家宏观政策体系中得到优先支持的合法性。继 2017 年 10 月中共十九大报告发出中国经济向高质量发展的战略导向后，2018 年 8 月的全国宣传思想工作会议上习近平明确提出"要推动文化产业高质量发展，健全现代文化产业体系和市场体系"，2019 年 11 月中共十九届四中全会的决定要求"健全现代文化产业体系和市场体系，完善以高质量发展为导向的文化经济政策"。从文化产业自身的发展与繁荣的切实角度来看，在中国经济整体朝向高质量积极转型的语境中，高质量发展越来越成为当代文化产业的本质要求，是文化产业健康可持续发展的合理性所在。至此，文化产业高质量发展为中国特色的现代文化产业体系的健全与完善确定了基础内涵定位与整体任务目标。

（一）实现高质量发展才是文化产业成为支柱产业的标定

关于文化产业作为国家支柱产业的国家政策表述，在中央关键文献中的第一次提出是在 2010 年 10 月中共中央十七届五中全会审议通过的《中共中央关于制定国民经济和社会发展第十二个五年规划的建议》中明确"推动文化产业成为国民经济支柱性产业"。按照当时没有争议的常识性看法，支柱产业的首要条件是产业规模大，因此"产业增加值占 GDP 的比重达到 5% 以上，才能称之为支柱性产业"。鉴于 2009 年我国文化产业增加值约占同期 GDP 的 2.5%，为了完成这一

战略性目标，文化部拟定了《"十二五"时期文化产业倍增计划》，提出"在今后 5 年内实现文化部门管理的文化产业增加值比 2010 年翻一番的发展目标。"按照当时文化产业的规模增速计算并加上政策保障，一般认为文化产业的 GDP 占比到 2015 年左右就能达到 5% 的支柱产业标准。按照国家统计局公布的数据，2015 年全国文化及相关产业增加值 27 235 亿元，占 GDP 的比重为 3.97%。在紧接着的《文化部"十三五"时期文化产业发展规划》中明确提出，要在 2020 年"实现文化产业成为国民经济支柱性产业的战略目标"。2020 年 1 月 21 日国家统计局数据显示，2018 年全国文化及相关产业增加值为 41 171 亿元，占 GDP 的比重为 4.48%。

从 2010 至 2020 年这 10 年内国家制定两个五年规划，将文化产业作为支柱产业的政策目标定位来看，将产业规模即 GDP 占比作为关键甚至唯一标准，这是让这样一个颇为合理的政策目标定位显得有些尴尬的主要原因。通过筛选并优先扶持支柱产业的方式实现国家在后发的情况下快速腾飞，日本、苏联等在这方面的实践是我国在制定相关产业政策时的重要参考。但上述国家的支出产业的选择也并非唯规模论，而是综合考虑某一产业的战略价值、发展势头、关联带动、贸易优势、就业水平等。就作为支柱产业的综合因素考虑，文化产业是适合的选项，尤其在我国的经济快速增长为全球第二大经济体之际，文化产业作为支柱产业既可以体现经济升级的方向，也可以实现文化与经济的联动来提升国家软实力，还可以充分发挥"文化＋"的弥漫式关联效应，带动周边产业的融合创新与消费升级。充分实现文化产业的这种综合效益而非规模至上，正是文化产业高质量发展的目标与任务，这也是其作为支柱产业的真正价值所在。

（二）文化供给的升级是文化产业高质量发展的题中要义

从某种意义上可以说，我国关于经济高质量发展的议题是与供给侧结构性改革的讨论相伴相生的。随着中国改革开放的进程,在快速释放的汹涌的文化消费推动和有活力的产业政策拉动下,文化生产力得到极大的释放,文化产品供给很快由短缺转变为丰盛,甚至出现了结构性的过剩。以动漫行业为例,在 2000 年之前只有上海美术电影制片厂等屈指可数的几家制作单位,但是千禧年后很快进入大发展大繁荣时期;2002—2006 年,国家工商总局统计的动漫制作机构从 120 多家猛增至 5 400 多家;2010 年,在生产规模上中国超越日本一举成为世界动画生产第一大国,仅仅一年后中国的电视动画片产量(26 万分钟)就是全球第二名日本的 1.53 倍了。这种规模上的炸裂和膨胀固然有市场的作用,但政策刺激是最显著的因素,尤其是 2004 年广电总局颁布的《关于发展我国影视动画产业的若干意见》成为了一个分水岭。中央或地方的各级各类部门连续出台对国产动漫播出的税收减免、财政补贴等实质性利好政策,快速催生了非常态的规模扩张现象。然而,规模扩张并未给国产动漫带来市场意义上的规模收益,反而导致了劣币驱逐良币的现象,政策红利被粗制滥造的投机生产单位套现,而追求品质的企业却在喧嚣中湮没无闻。规模导向的政策也导致了某些资源错配问题的出现,土地、商业空间等优质资产以动漫的名义被套取,大量的动漫园区有名无实。动漫行业在发展进程中出现的这种供给侧问题,虽然相对较为极端,但也在很大程度上反映了文化产业快速增长时期的普遍问题。

文化产业从高速度向高质量发展转型的关键任务之一,就是要扎实推进文化供给侧的优化与升级。文化供给不仅关乎文化产业的整体发展水平与活力,也是提振文化消费、有效满足人民美好生活向往的关键。从高质量发展的角度来看,优质文化供给既是高质量发展的重要基础和关键内涵,也是高质量发展的基本任务和目标。形成文化供给升级的高质量发展模式,我们需要超越单一的规模化思路,遵从文化逻辑和市场规律,统筹调动各类文化主体、文创人才、金融资本与相关要素资源的活力。

（三）高质量文化产业是实现文化消费持续繁荣的保障

国家统计局从 2004 年开始进行文化及相关产业的专门统计，从数据上看，2005—2014 年可以说是中国文化产业黄金增长的 10 年，增加值年均增幅达到 21.2%，而 2015—2018 年的平均增幅只有 12.1%。在黄金十年期间，行业领域及专家一度普遍相信中国的文化消费潜力无比庞大，文化产业的绝对增长空间因此也可任意想象驰骋。实际情况如何呢？由于国家统计局没有进行长期的文化消费具体数据统计，可参考的只有教育、文化和娱乐消费支出[②]。居民人均教育、文化和娱乐消费支出占居民人均消费支出的比重大致以 5 年节点来比较：2005 年 13.8%、2010 年 12.1%、2015 年 10.7%，如今最新的年度统计结果为 2018 年的 11.2%。从这些年度数据的变化来看，2005 年以来我国居民的教育、文化和娱乐消费支出比重其实并未如曾经的理论模式所假设的那样，即随着可支配收入和消费支出的增长而文化消费比重会大幅度增长，反而实际上比重呈下降现象。从图 1 来看，最近 6 年（2013—2018）居民人均教育、文化和娱乐消费支出绝对值增长很缓慢，远低于食品、烟、酒消费的支出额。如果考虑到教育支出对于中国居民的刚性特征，比重下降的主力最有可能就是文化和娱乐消费支出部分。

中国居民的消费支出增长并不是我国文化产业发展想当然的"金矿"。居民的消费支出是一种欲求无限的稀缺资源，居民的消费行为是一种见异思迁的精致挑剔。实际上，居民总体上会随着收入与消费支出的增长而提升精神文化性的消费支出比重，但精神文化性的消费包括了狭义的诸如阅读、观演、休闲、娱乐等文化消费，也包括更高品质的餐饮服务、时尚服饰、豪华汽车等追求文化品质附加值的升级性消费。文化消费并非一般意义上生存依赖的刚需，文化消费在实践中

图1　2013—2018 年中国文化消费支出变化

资料来源：国家统计局-国家数据，http://data.stats.gov.cn/easyquery.htm?cn=C01。

具有相当灵活的选择性和相当随意的可替代性。在一个开放竞争的市场环境中，居民的文化消费支出是被充分竞争的商业目标，餐饮、服饰、汽车甚至整个商业消费都在打文化的招牌，人们的精神文化需求很多时候可以通过一次浪漫的晚宴、一款时尚的手表而得到满足，人们对于音乐的欣赏很多时候是通过追逐国际上的流行音乐潮流来体现的。因此，中国人的文化消费支出绝非只有文化产业一个方向，它随时尚潮流激荡变化，况且中国的消费者眼见开阔善于货比三家且日益挑剔。文化产业的高质量发展其实也是消费升级倒逼的必然选择，如果中国的文化产业不能实现高质量发展，那么被中国消费者抛弃一定会是迟早的事情。从另一个角度来看，在国内经济转型的重要时期，在国际贸易战硝烟四起之际，内需对于中国经济的健康发展日益关键，高质量文化产业对于我国保内需促内需意义深远③。文化产业的高质量发展必须要以满足人们日益提升的对于美好生活的向往为宗旨，必须要以保障我国文化消费的持续繁荣为使命。

（四）国际文化服务贸易能力是文化产业高质量发展成效的标尺

典型文化产业具有突出的规模经济和范围经济效应，作为"文化+科技"的融合创新领域,初始的创新研发投入巨大,但复制与传播成本在现代技术条件下几乎可以忽略不计,边际成本不断降低而边际收益不断放大。也就是说,文创成果的复制与传播规模越大、辐射与带动范围越广,则国家综合收益越大,而且不仅是经济利益递增,作为传递价值的产业,文化溢出效应也会随之增强。现代文化产业从发展起来那一刻就是一个全球化的产业,从欧洲的全球化到美国的全球化,现代文化产业都是其中的有机参与者,它既借力全球化也助力全球化。欧洲的全球化是欧洲文化的全球化,美国的全球化也是美国文化的全球化,文化产业全过程都如影随形。随着中国改革开放的不断深化、中国经济与国际市场日益高度融合,随着中国的"一带一路"倡议得到广泛参与,在逐步进入中国版的全球化时期,中国的文化产业需要为此做好准备,不断提升国际化水平与竞争力,在赢得全球化的规模经济效益的同时增强中国文化的影响力与国家软实力。

从目前来看,我国文化产业的国际化水平还差强人意,文化(旅游)服务贸易的逆差现象需要我们认真对待。从具体的文化贸易来看,我国的文化产品贸易虽然多年来都保持着较大的顺差,这很大程度上是得益于我们的制造业成本优势的结果,而最能体现文化产业本质特征的文化服务却长期存在逆差,最近的 2018 年,我国的文化服务贸易逆差达 200.5 亿美元。随着文化和旅游的深度融合,文化成为了最重要的旅游吸引力,而每一位游客本身都具有各自文化的身份特征,因此,旅游方面的国际收支其实也可看作是一种特殊的文化贸易。按国内有关统计,2018 年我国入境旅游人次同比增长 1.23%,而出境旅游人次同比增长14.72%,从增速看,出入境倒挂现象将更加明显。如图 2 所示,近 6 年(2013—2018)年,中国入境与出境旅游人次的变化反映了这种倒挂趋势。按世界旅游组织(UNWTO)的统计,我国国际旅游收入 2010 年为 458.14 亿美元、2016 年为 444.32 亿美元、2018 年为 403.86 亿美元,每年连续下滑;2018 年我国游客的国际支出为

2 770 亿美元,逆差 2 366.14 亿美元,较上年扩大了 115.31 亿美元。文化产业高质量发展很重要的任务就是要提升文化产业的国际竞争力及对于相关产业的融合溢出效益,并增强我国的综合国力,而高水平的国际文化(旅游)服务贸易成为我国文化产业发展质量高低的关键标尺。对于国内市场,我们可以进行自主调控;而对于国际贸易,我们必须亮出真实力。

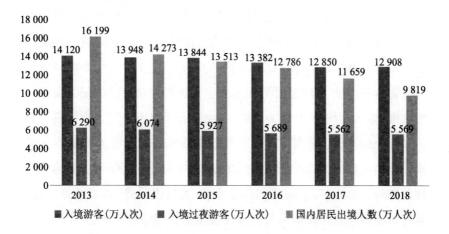

图 2　2013—2018 中国的入境与出境旅游人次变化

资料来源:国家统计局-国家数据 http://data.stats.gov.cn/easyquery.htm?cn=C01

三、中国文化产业高质量发展的改善建议

作为一种学术性的探索,中央财经大学项目团队依托国家社科基金重大项目"中国特色现代文化产业体系与文化市场体系研究",联合北京文投大数据公司与新华网,编制、测算并发布了《中国文化产业高质量发展指数(2019)报告》(以下简称"指数 2019")[④]。从"指数 2019"的最终成果来看,我国的文化产业高质量发展尚处于低水平阶段,"指数 2019"反映出来的问题还是比较突出的,表现在:全国整体得分水

平偏低，区域发展差异显著，普遍存在投入水平较高而产出品质偏低的结构性问题。

鉴于从高速度向高质量发展转型的长期性和艰巨性，本文特提出四点促进全国文化产业高质量发展的改进建议。

（一）应抓紧建立以高质量发展为导向的文化经济政策体系

"指数 2019"是一次具有实验意义的探索，因为至今还没有来自政府权威部门的相关政策文献可以作为依据和参考，我们在这个过程中应充分认识到文化产业高质量发展战略在贯彻落实方面的相对滞后。鉴于此，特别建议中央政府层面应优先研究制定支持文化产业高质量发展的指导意见与实施举措，抓紧完善促进高质量发展的配套文化经济政策体系。以中央政策为基调，各级政府可以因地制宜推进更符合区域特征的文化产业高质量发展措施，同时应加强文化及相关产业的统计及相关数据库建设，建立为文化产业高质量发展保驾护航的常规性监测与评价机制，准确研判科学决策，通过强优势、补短板等措施，有针对性地不断优化中央与各级政府在财税、金融、土地、人才等方面的文化经济政策。

（二）认真深化文化产业的供给侧改革，切实改善投入绩效

从"指数 2019"反映出来的较为普遍的问题来看，我国文化产业存在"产出低于投入"的总体现象，这说明我们更善于多投入，也更擅长在投入上发力，着力招商引资，吸引更多企业，投入更多财政或社会资本，拿出更多的商业空间乃至土地。从投入端来看，文化产业的体量很快做大了，但关键的问题是，效率和效益并不能因此就随之改进提高。如今看来，大手大脚、以大投入带来大产出的高速度粗放发展模式必须进行调整了。进入文化产业高质量发展的转型攻坚阶段，我们必须学会珍惜宝贵的各类要素资源，必须学着善用每一分钱、每一寸

土地,用心改善投入水平,更需要在提升产出质量上做精细化的施策和科学化管理以达到事半功倍的效果。

(三) 以创新尺度评价文化产业,以创新驱动文化及相关产业融合发展

文化产业是一个最需要创新的领域,也是一个最适合创新的领域。文化产业的创新既指向内容层面的软创新,也指向科技意义的硬创新。全球最具竞争力的文化企业都是最擅长于创新的企业,这些企业也将创新作为其核心资产,也是其整个管理体系的宗旨。在我国,在优先保障社会效益的同时,从战略层面也需要将文化产业的创新效益指标上升到更高层级的政府考核企业考评机制中;建立创新驱动的文化产业高质量发展激励机制,发挥创新溢出价值,增强其对于相关产业的辐射带动作用;建立与高新技术发展高度融合的文化创新体系,文化产业高质量发展的内生动能来自科技创新与文化创新融合的双引擎,这也是实现文化产业辐射效应最大化的枢纽所在[5]。

(四) 继续深化文化体制改革,积极探索高水平文化贸易格局

我国改革开放 40 多年的辉煌发展实践告诉我们,永不自我设限的改革开放是克服我国文化产业存在高投入低效益、国际竞争优势不足等问题的关键,文化产业高质量发展的内核是内容、人才与科技,以高水平开放为契机,我们可研究设立先行先试的国际文化旅游自贸区的可能性与可行性,利用"鲶鱼效应"激发我国高质量发展整体活力。从高质量的文化产业发展的角度来看,我国需要在继续保持文化产品贸易的优势的同时,着力改善和提升文化服务贸易水平,这不仅关系到我国文化产业的核心竞争力,也关系到我国现代服务业的高水平发展。从文化产品到文化服务的升级,我们不仅需要不断深化文化领域的改革开放,也需要建立与高水平开放相适应的现代文化治理体系,

以合理的制度创新，在我国自主推进的新全球化进程中，建立和完善现代文化治理体系并全面提升中国特色的文化治理能力。

注　释

① 《人类简史：从动物到上帝》一书对于人类从认知革命开启的文化进化模式做了系统而有说服力的梳理分析，提出"无论是现代国家、中世纪的教堂、古老的城市，还是古老的部落，任何大规模人类合作的根基，都在于某种只存在于集体想象中的虚构故事"。见（以色列）尤瓦尔·赫拉利.人类简史：从动物到上帝[M].林俊宏，译.北京：中信出版集团，2017：26.

② 从2013年起，国家统计局开展了城乡一体化住户收支与生活状况调查，2013年及以后数据来源于此项调查。与2013年前的分城镇和农村住户调查的调查范围、调查方法、指标口径有所不同。

③ 迈克尔·波特认为"本土需求之所以重要，是因为它能协助厂商掌握新产品信息与走向，而且这个持续的过程可以刺激厂商的产品不断升级、增长面对新形态产业环节的竞争能力。"见（美）迈克尔·波特.国家竞争优势[M].北京：华夏出版社，2002.86.

④ "指数2019"由独家媒体合作方新华网在2019年12月1日于2019"中国企业家博鳌论坛"的"2019文化经济发展论坛：文化经济与高质量发展"平行论坛上专题发布。可参见："2019中国文化产业高质量发展指数"于海南博鳌发布[EB/OL].新华网 http://www.xinhuanet.com，2019-12-01.

⑤ 笔者认为，从内生增长理论视野来看，文化产业是一种融合内生技术要素的新型内生经济增长模式，文化产业对于增长的贡献不仅仅是经济性的，也有文化性和社会性的。见魏鹏举.文化创意产业是一种新经济增长模式[N].经济参考报，2007-01-19.

参考文献

[1] 联合国教科文组织（UNESCO），世界文化与发展委员会（WCCD）.文化多样性与人类全面发展——世界文化与发展委员会报告[M].张玉国译.广州：广东人民出版社，2006.35.

［2］高书生.文化产业成为国民经济支柱性产业的战略思考［N］.光明日报,2010-12-01.

［3］文化部.推动文化产业成为国民经济支柱性产业［EB/OL］.中央政府门户网站 http://www.gov.cn/index.html，2011-03-09.

［4］国家统计局社会科技和文化产业统计司,中宣部文化体制改革和发展办公室.中国文化及相关产业统计年鉴 2019［M］.北京：中国统计出版社,2019.

［5］中华人民共和国文化和旅游部.文化和旅游发展统计分析报告(2019)［M］.北京：中国统计出版社,2019.

阐释、批判与建构主义：中国文化产业研究范式的立场解释[*]

向 勇[**]

引 言

文化生活是现代人渐渐习以为常的生活风景。由文化主导的诸多议题，不仅活跃于经济和社会领域，也频繁现身于政治和科技领域。文化通过文化生产进入现代秩序。文化产业构成当代性的文化与产业双重融合的复杂命题，而这个命题又涉及学术探索与产业实践两个层面。其中，文化的命题包括价值、审美和意义，产业的命题包括资本、市场和效率。到目前为止，文化产业学还不是一个以文化产业理论为学科归属的专属领域，而是一个以文化产业实践为连接对象的"超级联盟"。文化产业研究的理论迷思，需要一套包括规范的符号体系和具有逻辑性的结构推理范式来证明自己的合法性与成熟性。在托马斯·库恩看来，范式正是特定的学术研究共同体从事科学研究所必须遵循的公认模式，是一个学术共同体理论成熟的标志。[①]在范式构

* **基金项目**：国家社科基金重大攻关项目"丝绸之路经济带沿线国家文化产业合作的共赢模式及路径研究"（17ZDA043）。本文原载于《探索与争鸣》2020 年第 6 期。

** **作者简介**：向勇，北京大学艺术学院教授、北京大学文化产业研究院副院长。

建的学术共同体内,参与其中的知识人遵循统一的学科规则、话语体系和伦理规范,从而实现学术研究的交流与理论知识的演进。同样,文化产业研究的理论成熟,也要表现为文化产业学术共同体的行动者自觉践行所达成的某种学术范式。

西方文化产业繁荣与发展的实践历程只有百余年,中国文化产业的勃兴也不过二三十年。产业实践的时间积累反映在理论反思的学术沉淀中,似乎缺乏深厚的历史土壤就无法生长出深邃的理论之花。然而,对产业现代化演进与文化价值向度的共同关注,成为中国文化产业理论界的学术共识。于是,如何审视"文化"(灵魂)与"产业"(肉体)及其相互关系,也就成为拷问文化产业研究者的"精神十字架"。文化产业在审美自由主义和市场功利主义、文化至上主义和经济至上主义之间,难道不得兼顾只能取其一吗?"文化产业原罪论"和"文化产业救赎论"的研究立场与价值预设,成为西方与中国文化产业学术界隐秘的精神归因,进而表现出不同的文化产业研究范式。纵横奔驰于文化产业学术狩猎场的猎手,或身怀绝技,或"初生牛犊不怕虎",喧嚣四起,热闹非凡。现实不是非黑即白的儿童游戏,而是一个色彩斑斓的生命世界。职业的文化产业学者需要习惯于多元的文化产业研究视野,发展出符合自身学术气质的学术立场和研究范式。

一、主流理论的范式论述

人类文化实践的历史很长,文化理论的研究更是汗牛充栋,广布于中外思想家的经典文献之中。文化产业实践的历史虽然较短,却在多个国家和地区创造出经济奇观,成为政治治理和大众传播的时髦话语,也成为理论界研究的热门领域。有学者将文化产业理论的研究范式概括为"释义范式""文化范式"和"经济范式",涉及如何解释、评价和发展文化产业的核心观念,提出应跳脱"文化"与"产业"、"精神"与

"物质"、"精英"与"大众"的二元思维，探索"文化"与"产业"范式的平衡与融合。②文化产业研究的理论滋养来自文化哲学、文化社会学、文化经济学、文化管理学、文化创意学和文化技术学等诸多学科领域，多学科视角和跨学科立场所催生的"无限可能性"，也滋长了文化产业学术研究的现实尴尬感。有人甚至认为，许多文化产业学者看起来"不纯粹"，缺乏持之以恒坚守的学术阵地，充斥了太多的"学术投机"行为。这种批评虽有苛责之嫌，却不乏警醒之意。文化产业研究范式的规范化，是文化产业研究学术自觉和学术成熟的标志。"文化"与"产业"之间不是简单的"文化＋产业"的算术整合关系，而是文化演进与产业演进之间动态的复杂统合体系。约翰·哈特利把文化产业研究分为三种模式/流派，分别是文化产业经济学派、文化产业批判学派和文化产业复杂理论学派，提出"文化科学"的文化产业研究全新路径。③虽然在文化价值与经济价值、文化权利与文化权力、文化权力与经济权力等诸多对立概念的理性思考中，文化产业研究的诸多结论远未形成共识，但纵观文化产业研究的理论历程与学术现实，我们可以大致梳理出阐释主义、建构主义和批判主义等三种倾向性立场的文化产业研究范式。

阐释学，又称诠释学、解释学或释义学，是一种基于文本的学术技术，旨在把文本隐晦的意涵、文字之外的意义呈现出来，被广泛应用于哲学、宗教学、法学、语言学、心理学和社会学等领域的研究。张江把阐释学分为强制阐释和公共阐释两类，认为强制阐释是从文本而不是从实践出发，具有场外征用、主观预设、非逻辑性证明和混乱的认识路径等流弊，④而基于公共行为的公共阐释是一种理性、澄明性和公度性阐释，可以通过相互倾听、彼此协商、平等交流而达成共识。⑤阐释主义具有依托文本的考据型阐释主义和超越文本的开放型阐释主义两种倾向。苏珊·桑塔格反对过度阐释，认为阐释的产生意味着意义的缺失。⑥阐释学具有约束与开放、有限与无限、确定性与非确定性的释义特点。[⑦]阐释学是文艺理论研究的经典方法，也逐渐被引入了文化产业的文本研究。然而，文化产业阐释研究范式意义上的文本，既包括中外文化理论研究的经典文本，也有文化产业政府治理的政策文本，更包含文化产业企业运营的产品文本。学者从事政策阐释和实践阐释是否有学术价值？由于文本的开放性与阐释者的主观性，文化产业研究的阐释者又应该遵循哪些阐释逻辑？这些都是需要阐释主义的文化产业研究范式进一步厘清的问题。

"建构"的字面意思是建立、构造。在这里，建构主义扩展为一套关涉知识建构、社会建构、技术建构、学习建构和国际关系建构等学科领域和社会关系的理论和方法。文化哲学层面上的建构主义区别于结构主义（过于静态化的系统关系）和解构主义（过于破坏性的结构粉碎），源于现代语言哲学的转向，倡导基于共识、共有观念而建构社会事实；[⑧]文化社会学层面上的建构主义区别于本质主义和实用主义，拒绝绝对意义的、无条件的普遍本质，强调文化的历史性和地方性生产机制，积极推动文化理论与知识话语的建构；[⑨]文化教育学层面上的建构主义是瑞士儿童教育学家让·皮亚杰为了论证"认知结构论"而提出的理论框架，认为认识起因于主客体之间的相互作用，包括"同化"和"顺应"两个过程。[⑩]无论是皮亚杰的主体建构主义还是国际政治领域的社会建构主义，建构主义者既非先验主义者，也非纯粹的经验主义者。文化建构主义是文化主义与建构主义的某种交汇，具有人类普遍文化、多元文化和个体文化的多层次统一性。[⑪]建构主义者认为，既然文化产业是一个动态实践的过程，那么文化产业研究也是一个动态建构的过程。

批判是一种理论思考的范式，批判主义的思想理念源于黑格尔的辩证法哲学和马克思的批判哲学，表现为对政治、经济、社会和文化的批判、揭露和反思。批判主义摈弃自然科学研究和实证主义的"价值中立"，在社会研究中采取哈贝马斯所谓"价值介入"的立场。文化产业的研究立场是在文化资源分配与消费过程中的价值分立。哈贝马斯认为,"社会现象的构成包括了相关的社会价值体系、理解者的演绎和价值判断,以及被理解者的主观感受。对理论的了解,以及应用理论去解释社会现象、解决社会问题等一系列活动必然会同时牵涉研究者、被研究者及其相关的社会规范和价值介入"[12]。批判主义,特别是现实批判主义和文化批判主义对社会现实和文化现象的批判主义警醒,往往令人深思,有利于文化理论系统的形成与完善,也是知识分子社会启蒙立场的身份彰显。"文化产业批判是知识分子社会角色和文化使命的当代版"[13],批判主义者关注文化的意义世界和价值世界,注重文化产业实践的社会价值和伦理价值。

二、阐释主义:文化产业研究的现实释义与公共价值

李红岩曾在一次公开的旅游学术论坛上呼吁建立"文旅阐释学","适应以中国经验说明中国理论,以中国理论阐释中国经验的现实需要"。蒋述卓、宗祖盼详细表述了阐释主义文化产业研究范式的操作路径,旨在寻找一条"文化价值"与"经济价值"之间的整合性释义平衡之路。[14]正如前文所述,相比其他研究领域,文化产业研究的文本意涵更为丰富,包括文化史料、文化政策和文化产品等类型构成的"泛"文本形态。

阐释主义文化产业研究范式是基于历史文本的活态阐释。文化产业的内涵具有广义与狭义之分。如果将文化市场与文化交易视为文化产业的基本特征,那文化产业研究的文本史料可以上溯到唐宋时期,[15]甚至还可以追溯到人类审美文化的源头。[16]文化史料型文化产业研究的文本阐释,不是静态的器物考据和文本释义,而是运用多元立体的学术视角,将史料文本尽量还原至历史情境语境下的文化实践活动。比如,在文化产业视角下研究明末清初戏剧理论家和美学家李

渔,不仅要研究其《闲情偶寄》里详述的戏曲、美食、园艺等领域的理论内容,还要考察他作为戏剧制作人在改编戏剧和组织演出等方面的文化实践,并通过大量的往来书信、友人日志等文献,探讨戏剧演出的受众反馈。李渔是中国古代一位传奇的东方生活美学方式的践行者,以文学创作、理论研究、戏剧实践和园艺营造等多元化的方式给文化产业研究提供了丰富的文化史料。

阐释主义文化产业研究范式表现为对话式的公共阐释。文化政策型文化产业研究的文本阐释,就是一种公共性的阐释,是为了达成政策共识和良性治理而进行的一种工具性阐释。尽管中国"差序格局"的社会结构所形成的宗族共同体也曾进化出以无锡地方乡绅为代表的民间力量管理当地事务的个别模式,⑰但总体上还是缺乏哈贝马斯所谓的,"由俱乐部、咖啡馆、文艺沙龙、报纸杂志和行业协会等准公共空间构成的公共领域的现代主义传统"。⑱文化政策的公共阐释在于公共语言和公共精神的塑造。文化产业具有天然的公共属性和社会责任,以媒体为代表的文化产业的公共性或准公共性与产业化之间并不矛盾,⑲文化政策的公共阐释试图在政府部门政策制定者、文化产业界从业者和文化大众消费者之间建立一条信息畅通的对话通道和一种中间状态。文化政策的公共阐释者的阐释工作不仅是将宏观规范的政策术语转化为可操作的行业术语和感性化的日常术语,而且要以一种平等的交流方式、协商式的话语立场去营造哈贝马斯式的公共领域。文化政策的公共阐释体现了一种柔性治理、大众参与、效益共享的现代公共意识。

阐释主义文化产业研究范式侧重行动姿态的互动阐释。文化产品型文化产业研究的文本阐释,不是停留在美学和艺术学学科意义上的审美批评和艺术评论,而是一种实践主义(实用主义)的美学立场。实践主义美学认为,人是"活的生物",关注文化产品、艺术作品对于日常生活的当下经验和活泼的生命意义,拒绝认为审美与实用之间存在利害冲突的单一思维模式。[20]文化产品的多样性和丰富性及其对大众生活深度的浸入性，使得文化产品型文化产业研究的阐释主义立场具有强烈的现实性、包容性和生命感知。文化产品的文本阐释是多义性的内涵诠释，涉及基于产品文本所构成的利益相关者的艺术世界的多对关系，文化产品的文化阐释者是一个积极的实践主义美学的行动者，旨在全面系统地梳理产品文本与生产者、消费者、媒介渠道和社会网络等多元主体之间的价值生成、分配、交换和消费等环节的全过程的双向沟通及综合效应。

尹鸿认为，文化产业学的学科体系包括文化产业经济学、文化产业管理学和文化产业发展及产业理论史等三部分。[21]文化产业研究的阐释学派经由英国利维斯主义和伯明翰文化研究的消极阐释主义学派，已经发展到如今文化经济学和文化管理学视角下的积极阐述主义学派。正如实践主义美学家理查德·舒斯特曼所言，阐释主义者做的是一种把"艺术与生活，审美与实践，高雅艺术与通俗艺术"等联系起来的"桥梁性工作"。[22]文化产业研究的阐释主义者在思维方式、言说方式、言说指向和研究对象上，也表现为一种孔德式的后实证主义者。无论是"文化客位"还是"文化本位"，阐释主义的立场在于对文化产业现有文本(无论是历史文本还是现实文本)的客观存在的无限解释的可能性，试图找寻文化产业与客观表象之下的内在联系。

三、建构主义：文化产业研究的知识构建与实践价值

在米歇尔·福柯看来，知识的建构就是一种话语的实践活动，知识实践是社会实践有机的组成部分："知识通过话语实践形成，话语实践通过知识得到描述。"[23]建构主义立场的文化产业研究指向文化产业理论和实践的知识建构，具有强烈的现实性和实践性。陶东风的建构主义立场是与"本质主义"相对立的一种文化研究观。他自视为严格

的"建构主义者,强调文艺学知识(其实也包括其他人文社会科学知识)的建构性,特别是其中的历史性和地方性",不是以信仰和意识形态的知识建构为旨归,而是以具有开放的反思性和实践性的社会科学场域的知识建构为鹄的。㉔

建构主义的文化产业研究往往发生在特定的知识领地。借鉴建构主义在儿童教育心理学和国际关系学等知识领域的成熟运用,文化产业研究的知识场域也是由文化产业领域里的"机构、组织、团体和个人"等构成"话语、身份、规则、社会"等要素系统,"知识场域像一个由权力的轨迹体系组成的磁场。建构性的行动者或行动者系统,被描述为通过存在、对抗或组合的众多力量,以此决定知识场域在特定时代中的特定时刻的特定结构"㉕。当然,建构主义立场不是津津乐道于文化产业知识场域中不同行动者之间的权力斗争,并进行或保守或颠覆性的道义观察,而是希望实现继承性的知识生产。胡惠林等从中国近代历史出发,通过中外文化产业发生理论的梳理,希冀建构一套包括"文化生产主体、文化生产技术与工具、文化生产组织与文化生产制度的有机结合"在内的完整的文化生产方式叙事框架,"既应包括物质与精神生产的物质和社会形式,也应考虑意识形态因素对文化生产的影响,即承认文化生产主体的能动性"㉖。在这里,建构体系的知识建构企图,往往显示了建构主义者所具有的整体主义和理念主义的双向情结。

建构主义的文化产业研究也特别注重审美的建构。建构主义的关键因素是文化身份的选择,文化产业研究的建构主义立场基于共有的知识和公认的观念,关注价值观念、身份认同和文化规则等文化身份的属性对文化主体的利益驱动与行动趋向的影响机制,并共同构成了文化产业知识场域的结构关系。文化身份表现在文化产业研究和文化产品的感知中,就是审美身份的显现。借用皮亚杰的认知建构主义理论框架,审美建构主义者希冀通过审美建构实现知识建构,以完

形与构象的审美感知、生意与赋意的审美诠释以及理解与体验的审美领域等层面实现审美建构的任务。㉗

实践性是建构主义文化产业研究的理论底色。因此,建构主义的文化产业研究往往导向一种兼顾实效和前瞻的智力建构。无论是从文化研究领域还是从文艺美学研究领域将学术视野转换到文化产业的研究领域,在建构主义者的研究用语中,"未来性""建设性"和"战略性"等趋向预测性的词汇频繁出现;"全球化""后世博""后奥运"等语词建构的时空观念,显示了文化产业研究建构主义者的视野和信心。总体而言,实践性建构主义的文化产业研究成为文化产业 20 年发展历程的主流形式。尤其是对于高校文化产业研究者而言,如何区别于政府的政策研究室和社科院的对策研究机构的实践性建构主义研究立场,输出怎样的文本形态和写作风格的智库研究成果,才能符合自身的学术身份和学者立场,依然是一个实践性的挑战。

四、批判主义:文化产业研究的价值解构与伦理功能

权力和利益是文化产业主体的行动动力。与权力相对的是权利,与利益相对的是效益。对于文化权力与产业利益之间的价值撕扯,试图平衡二者纷争的中庸主义立场似乎总因不得要领而并不讨好。此时,祭起批判主义的大旗往往更能引发关注,甚至使批判者生发酣畅淋漓的快感。文化产业的批判主义研究范式承继马克思主义、文化主义和解构主义等批判理论的历史传统,并承接了法兰克福学派的文化批判研究和伯明翰学派的文化研究。㉘大卫·赫斯蒙德夫认为,文化产业研究方法应遵循于一种批判的政治经济学视角,尽管要"摒弃极度悲观主义,不代表沾沾自喜地大肆宣扬文化产业"㉙。批判是知识分子的职业素养,是现代知识人的思考方式和学术追求。在单世联看来,"言之成理"的批判理论不光有思想辩论、价值反思和文化结构,还应

包括冷静的意义阐释、价值分析和效益评估。③

　　批判主义的文化产业研究基于理性的批判性思维。批判性思维是一种反思性和怀疑论的思考方式，起源于哲学上的证伪主义。怀疑论的理论基础源于笛卡尔、休谟的哲学论述，证伪主义的基本思想来自卡尔·波普尔关于科学发现的逻辑命题，不断冲击着知识疆域的边界。休谟指出，"理性不过是激情的奴仆"，人类要警惕理性，要建立基于常识的怀疑精神。③一个学术命题的完备性和有效性在于逻辑自洽和实验可证。批判主义者的怀疑精神正是针对批判对象在逻辑和经验上的矛盾与问题而展开。而现实中的批判主义，往往轻逻辑主义而重经验主义，从而滑向一种主观主义。无可否认，"知识局限、价值差异、特殊心态和理想失落等原因确实培育、滋长了知识分子的批判精神"②。因此，要警惕这种因主观主义、经验主义、文化精英立场和艺术天才论立场而引起的不健康的文化产业批判风气，不要为批判而批判，不要采取绝对的否定式批判观念。

　　批判主义的文化产业研究是一种伦理审视，但不是政治审查或道德审判，更不是人身攻击。文化产业研究的批判主义是一种现实批判主义。正如单世联所说，文化产业研究的批判主义立场具有强烈的伦理价值，纠正文化资本主义的功利主义倾向，矫正处于婴儿期的文化产业理论的稚拙和粗糙。③邓晓芒在分析如何继承和超越"五四精神"的文化遗产时提出新批判主义观，认为除了继承"五四"的怀疑和批判精神，还要承续其自我忏悔精神。③批判主义精神是一种可贵的人文精神，其首先指向知识分子群体，指向批判者自我，而非专供知识分子投向他人、打击异己的特殊匕首。

　　文化批判主义曾在历史上与文化保守主义进行过激烈论战，而今又与资本/市场主义展开话语角逐。文化产业研究的批判主义立场不能简单挪用文化批判主义的话语逻辑和思维模式，仅偏重作为文本形态的文化产品的内容批判、价值批判、审美批判和道德批判。批判主义的文化产业研究是一种理性的批判主义立场,是对由数字技术、商业资本、大众文化等手段所建构的现代文化社会环境造成的异化、唯利、媚俗等不合理社会现象的深刻揭示、理性鞭挞和思想警示。韩炳哲认为,工业化生产和现代技术的进化导致社会控制的权力从君主权力过渡到规训权力和规制权力,基于数字技术的规训技术超越了人的肉体,进入人的精神,进而推动生物政治学过渡到精神政治学。[5]韩氏对数字信息时代人类精神境遇所进行的一系列思想批判和深刻洞察,给批判主义文化产业研究者提供了文化产业思想批判理论的借鉴样本。

五、批判性建构主义:文化产业研究的批判思维与价值重建

阐释、建构和批判主义所代表的文化产业研究立场,基本反映了当前文化产业研究的范式倾向。就当前文化产业研究的总体面貌而言,阐释主义文化产业研究中关注历史性文献的文本阐释较少,政策性文本阐释较多;建构主义文化产业研究更多关注智库建构,缺少知识建构和审美建构;批判主义文化产业研究注重现实主义的产品内容、资本/市场的价值批判,缺少系统性的制度、技术和社会的整体批判。当然,这三种范式倾向具体体现在某位文化产业研究者身上时,也不是截然分开、清晰可辨的,每位学者都多少体现了三种研究范式不同比例的组合。笔者认为,在三者的不同组合范例中,批判性建构主义文化产业研究范式是当前文化产业研究应倡导的一种方向。

批判性建构主义文化产业研究立场不是对批判主义和建构主义的简单调和,而是理性的批判主义与实践的建构主义的协调融合和整体依存,强调研究者的生活经验和个人感知,保有一种批判性思维、实证逻辑的理性气质以及知识建构与实践回应的现实责任感。正如前文所述,文化产业的实践导致"文化叙事"与"产业叙事"之间诸多维度

的二元对立。但是，"二分法是典型的西方思维方式。相反，东亚的思维方式则遵循互补的原则。支配存在的，不是刚性的对立，而是相互依存，彼此协调"⑯。在"文化叙事"与"产业叙事"之间，批判性建构主义文化产业研究就是超越二者对立的第三条叙事道路。

批判性建构主义文化产业研究重视批判性思维，将其视为文化产业研究的前提和核心。批判性建构主义者对文化产业的文本、实践、事件和现象进行有深度的理性反思。在这里，批判性建构主义中的批判性研究，不是停留在一般意义上的命题质疑和逻辑证伪，而是深入文化产业研究对象的内在价值、文化内涵、精神特质及其架构的空间网络、社会体制中的技术美学、人文逻辑和商业伦理。批判性建构主义反映了一种充满理性逻辑和感性关怀的人文精神之光的映照。

批判性建构主义文化产业研究注重从研究者自身的生活世界和现实的文化实践出发，构建情境主义的研究场景。在批判性构建主义看来，情境的创设不只对学习者至关重要，而且对研究者也同样重要。文化产业研究者根植于开放活跃、丰富真实的日常生活的生命实践，以强烈的身体感知参与日常生活美学的行动与事件，对现实生活中的艺术与美观抱有深深的"形而下的"感动与"形而上的"同情。

批判性建构主义文化产业研究指导着有目的性、主动性的知识建构、审美建构和智力建构。"哲学家们只是用不同的方式解释世界，问题在于改变世界"，马克思主义哲学观念宣布纯形而上学的"哲学的终结"，倡导一种实践论的哲学观。⑰哲学研究如此，其他社会科学研究也应如此。批判性建构主义文化产业研究具有深刻的问题意识、现实关切和实践导向。文化产业研究不满足于解释、批判文化世界，而更着眼于改变、改造文化世界。批判性建构主义者的情感基调是一种自始至终的忧虑、冷峻、理性和审慎的乐观主义。

六、结　　语

　　文化产业研究是对现代性与市场化的选择性回应，是学科分野从"分析的时代"走向"综合的时代"的跨学科实践。文化产业研究的"学科间性"决定了文化产业研究范式的多元化，表现为一种超越知识藩篱的"学科、学术和话语"三大体系构建的理论决心。阐释主义文化产业研究对文本的强调和公共理念的关注，建构主义文化产业研究的审美关照和知识建构，批判主义文化产业研究的价值反思与批判思维，都是"知识和实践"的双重努力，都是文化产业研究范式的基本依存。无论是阐释主义、批判主义还是建构主义，其目标都指向文化产业更好的学术建设与生产实践。

　　文化产业研究范式的立场选择取决于知识分子自我身份的自觉设定与无意识的身份想象。在这些知识分子的身份认定中，有安东尼奥·葛兰西式的有机知识分子、爱德华·赛义德式的流亡知识分子、福柯式的普遍型知识分子和特殊型知识分子、以赛亚·伯林式的狐狸型知识分子和刺猬型知识分子、齐格蒙特·鲍曼式的立法型知识分子和阐释型知识分子，等等。在这些知识分子的分类中，有阐释型知识分子，也有建构型知识分子，更有批判型知识分子；有小问题敏感型知识分子，也有大体系架构型知识分子。毫无疑问，文化产业研究者也包含着不同类别的知识分子。面对知识分子在当下的生命境遇中应有的角色担当和义务承担，文化产业研究者也有着相应的责任担当和理论追求，在知识和实践中守望"信念伦理"和"责任伦理"相统一的理想之境。

注　释

① 托马斯·库恩：《科学革命的结构》，金吾伦、胡新和译，北京：北京大学出版社，2012 年。

②⑭ 蒋述卓、宗祖盼：《文化产业研究范式的嬗变及其启示》，《福建论坛》2017 年第 4 期。

③ 约翰·哈特利、贾森·波茨：《文化科学：故事、亚部落、知识与革新的自然历史》，何道宽译，北京：商务印书馆，2017 年；金元浦、约翰·哈特利：《全球创意产业理论研究的模式与流派分析——金元浦教授与约翰·哈特利教授之对话》，《同济大学学报》（社会科学版）2017 年第 1 期。

④ 张江：《强制阐释论》，《文艺争鸣》2014 年第 12 期。

⑤ 张江：《公共阐释论纲》，《学术月刊》2017 年第 6 期。

⑥ 苏珊·桑塔格：《反对阐释》，程巍译，上海：上海译文出版社，2003 年。

⑦ 张江：《论阐释的有限与无限——从 π 到正态分布的说明》，《探索与争鸣》2019 年第 10 期。

⑧ 尼古拉斯·G.奥努弗：《建构主义的哲学渊源探析》，孙吉胜译，《世界经济与政治》2006 年第 9 期。

⑨㉔ 陶东风：《反思社会学视野中的文艺学知识建构》，《文学评论》2007 年第 5 期。

⑩ 皮亚杰：《发生认识论原理》，王宪钿等译，北京：商务印书馆，2017 年。

⑪ 金岱：《文化建构主义与再启蒙》，《华南师范大学学报》（社会科学版）2013 年第 5 期。

⑫ 哈贝马斯：《哈贝马斯精粹》，曹卫东选译，南京：南京大学出版社，2004 年。

⑬㉘㉚㉜㉝ 单世联：《文化大转型：批判与解释——西方文化产业理论研究》，北京：中国社会科学出版社，2017 年，第 1763 页，第 1622 页，第 1813—1838 页，第 1812 页，第 1822—1834 页。

⑮ 范周：《中国文化产业 40 年回顾与展望（1978—2018）》，北京：商务印书馆，2019 年，第 1 页。

⑯ 李向民：《中国文化产业史》，长沙：湖南文艺出版社，2006 年。

⑰ 许倬云：《中国文化的精神》，北京：九州出版社，2018 年。

⑱ 哈贝马斯：《公共领域的结构转型》，曹卫东等译，上海：学林出版社，1999 年。

⑲ 齐勇锋：《中国文化产业十家论集：齐勇锋集》，昆明：云南大学出版社，2016 年，第 60—65 页。

⑳ 杜威:《艺术即经验》,高建平译,北京:商务印书馆,2005 年。

㉑ 尹鸿、孙俨斌、洪宜:《"文化产业学"的学科体系研究》,《民族艺术研究》2018 年第 5 期。

㉒ 高建平:《实用与桥梁——访理查德·舒斯特曼》,《哲学动态》2003 年第 9 期。

㉓ 福柯:《知识考古学》,谢强、马月译,北京:生活·读书·新知三联书店,1998 年。

㉕ Pierre Bourdieu,"Intellectual Field and Creative project," in M.F.D. Young ed., *Knowledge and Control: New Direction for the Sociology of Education*, London:Collier-Macmillan, 1971, p.161.

㉖ 刘素华、胡惠林:《新文化生产方式:近代中国文化产业的发生范式》,《上海交通大学学报》(哲学社会科学版)2013 年第 6 期。

㉗ 冀志强:《审美层次的建构主义分析》,《美育学刊》2020 年第 1 期。

㉙ 大卫·赫斯蒙德夫:《文化产业》,张菲娜译,北京:中国人民大学出版社,2007 年,第 19 页。

㉛ 大卫·休谟:《人性论》,关文运译,北京:商务印书馆,2019 年。

㉞ 邓晓芒:《新批判主义》,北京:作家出版社,2019 年。

㉟ 韩炳哲:《精神政治学》,关玉红译,北京:中信出版社,2019 年,第 27—30 页。

㊱ 韩炳哲:《娱乐何为》,关玉红译,北京:中信出版社,2019 年,第 66 页。

㊲ 《马克思恩格斯选集》第 1 卷,北京:人民出版社,1995 年,第 76 页。

我国文化产业创新的制度环境及优化路径[*]

李凤亮　潘道远[**]

引　言

近年来,我国文化产业发展迅速。国家"十三五"规划中明确提出将文化产业建设成为国民经济支柱型产业,文化产业面临着如何实现创新发展的问题。目前学术界针对文化产业创新的研究大致可分为两类:一是对文化产业创新现象的总结和归纳,这类文献一般疏于研究文化产业创新具体机理。二是从纯制度分析框架研究文化创新政策,这类研究政策梳理较多,缺乏从政策到产业再到创新的层级逻辑:政策本身并不构成生产创新,只有作用于政策对象时形成激励才会引致创新,研究政策创新的最终目的,是研究新的政策如何调整激励以促进社会生产的创新。

文化产业发展至今,呈现出多元化和开放化的态势,单从文化角度或产业角度的分析不能涵盖实际状况,将创新系统纳入文化产业分析是

　*　本文系国家社科基金重大项目"文化与科技融合创新的内在机理与战略路径研究"(项目号:11&ZD023)的阶段性成果。本文原载于《江海学刊》2017年第3期。
　**　作者简介:李凤亮,1971年生,文学博士,南方科技大学党委书记,深圳大学文化产业研究院院长、教授、博士生导师;潘道远,1988年生,深圳大学文化产业研究院博士研究生。

一种趋势。但从方法上看，研究产业创新系统的理论模型大多过于抽象和一般化，文化产业的创新体系又存在独特性——如文化创新既是文化产业创新的结果，同时又是来源，这种循环因果关系在其他产业中不具备普遍性。

创新除了科学进步引致的技术创新，还应包含产业创新，即产业内部、关联产业之间互相竞争、反馈、融合、模仿引致的创新，以及伴随文化产业发展孕育出的文化创新，三种创新均是经济发展的主动力，对制度环境有依赖性。文化产业创新体系构建是市场自发、企业主导和全民参与的过程，政府政策在其中发挥举足轻重的引导作用。研究政策对文化产业创新的具体作用机制，必须从政策体系与制度环境的关系入手。

一、文化产业创新的制度环境构成

制度环境是制度在某一特定区域和某一特定时段内的静态呈现，通过制度安排来实现，通过制度变迁形成动态发展路径。一种制度安排一旦确定，会在一段时间内构成相对较稳定的制度环境，它是产业成长的土壤。福里斯（Frith）将文化产业政策分为两个层面，即核心层和辅助层①。本文以政策为中心研究产业制度环境，可借助这种分类方法：文化产业创新的核心制度环境由各类直接作用于产业的政策构成，外围制度环境由相关政策、法律法规和其他社会因素构成。

核心制度环境由国家文化政策和各类直接作用于文化产业的产业政策组成。其一，文化政策的一个重要作用是引导和规范主流文化。随着改革开放和市场化进程的深化，我国文化事业出现了诸多变化，一个重要特征是，吸纳社会资本进入后，文化产业融合进文化事业，并成为推动文化事业发展的一股重要力量。以文化治理为目的的文化政策必定会直接影响文化产业的组成和发展，构成文化产业创新的核心制度环境。其二，在我国众多产业政策中，有一类产业政策以文化产业相关行业为政策对象，直接作用于文化产业的各经济主体，例如从中央到地方的文化产业规划、文化产业下属各行业的发展规划、文化产业与其他产业融合政策等均是直接性产业政策，这类政策引导社会资源在产业间流动，影响企业投资决策，也构成文化产业创新的核心制度环境。

外围制度环境由多种因素组成，从经济角度看，首先是相关产业政策和区域政策，其次是法律法规、社会习俗、人文历史、区位环境、地方经济水平等。相关产业政策并不直接作用于文化产业，但从外围构成文化产业创新的支撑力——产业之间具有相互关联性，一些产业是文化产业生产链中的上下游或平行产业，如制造业，针对其实施的政策能产生整合效应或协同效应；另一些则是国民经济的基础支撑产业，如金融业，针对其实施的政策能对文化产业创新产生支持作用。区域政策则决定了文化产业的地区平台，其最重要作用是决定要素资源的空间分布，从而引导文化产业的集聚或集群，形成创新的基础。法律法规、社会习俗、人文历史等社会条件也是文化产业创新的外围制度环境，其形成时间长，具有内在影响力，但不具备短期调整的性质，应是长期改善和构建的对象。

有两点需要强调：一是应区分文化政策和文化产业政策。根据学者米勒和尤迪斯（Toby Miller & George Yudice）的观点，文化政策是指以制度上的支持来引导美学创造性和集体生活方式，并是串联这两个方面的渠道和桥梁。②麦圭根（Jim MCguigan）则认为文化政策包含有关文化政策"本身"的政策和作为文化"展示"的政策，前者包括公共经费资助艺术的政策、媒介调控政策、文化身份的协商构建政策，后者包括国家形象放大的政策和经济还原主义的政策。③利用经济手段还原文化活动的政策不包含在文化政策"本身"以内，文化政策本身并不包含稀有资源的分配，侧重于政府对文化发展的引导和规制，影响文化产业却不仅限于文化产业政策的范畴。比较而言，文化产业政策则是经济政策的从属，侧重于政府对文化市场的干预，包括产业结构政策、产业组织政策、产业布局政策、产业技术政策等领域的政策总和。二是通常划分制度环境的维度是外在制度和内在制度（或正式制度和非正式制度），法律法规和政府政策同时归类为外在制度。本文将一部分政策视作核心制度环境、将法律法规视作外围制度环境，是基于两点考虑：首先，中国的实际国情是从中央到地方政策较多，但法律法规相对薄弱。如美国等国家，一部知识产权法能涵盖大部分行业，各州也有独立的法律，却少有文化产业政策，中国的政策几乎能驱动整个产业发展，政策体系不能不作为制度环境考虑的重点。其次，将法律法规归类到产业创新的外围制度环境，落脚点在产业创新。少有直接鼓励创新的法律，常有鼓励创新的各种政策，所以对创新而言，法律提供的是外围保障，而不是驱动力。如知识产权法是为了促进和保障技术创新，并不直接作用于产业融合、新业态生成等形式的产业创新。但是"外围制度环境"不等同于"不重要制度环境"，只是发挥作用的途径不一样。

二、制度环境对文化产业创新的作用机理

（一）产业内源创新与外源创新

文化产业的创新有内外两种来源，外源创新是来自于产业内或产业外不受产业结构和形态影响的纯技术创新。传统的"熊彼特主义"创新经过发展演化出以技术变革为对象的技术创新经济学和以制度变革为对象的制度创新经济学。尽管侧重点不同，但两者都是以技术创新为核心分析问题，后者只是将创新主体的激励机制与外部制度环境结合起来，目标仍是寻求有利于技术创新的制度体系。技术创新根源是人的智慧才能，受知识水平、技术积累的限制，制度的作用是在已

存知识技术条件下给予最大程度的激励。这种创新内生于经济发展，对产业而言却是外源创新，因为创新能力的高低既不受企业家的控制也不因产业规划者的意志而改变。无论是技术创新还是制度创新均不是发生在真空环境中，技术创新所推进的产业动态和制度创新维系的产业结构均着力于产业，互联网时代产业要实现多元化融合发展，必有一种内源创新推动产业革命。

文化产业的内源创新来自于产业内部或产业之间融合形成的创新，有三条具体创新路径。

（1）文化产业通过空间集聚或集群达成信息或资源共享，或与科研机构合作产生知识溢出效应，生成新企业新产品，或提高行业内或地区内的整体生产效率。这类创新的主要方法是模仿和移植，知识和技术在集聚区形成的"洼地效应"对中小企业尤为重要。产业集群使公共资源更集中，企业投资或政府设立交易平台、服务中心或科研中心大幅提升信息流通的效率，为技术和创意移植提供了便捷性。如创业孵化器以低成本为创业者提供办公条件和服务设备，让初期创业团队共享资源信息、共同成长。2016年，中关村内平均每天诞生科技型企业40家，均是来自于创意共享基础上的产业创新。

（2）产业链中上下游企业整合，产生新的综合性生产企业或分工更专业的中介企业，提升产业链整体运作效率。文化生产面临创意成果转化的问题，原来产业链中较分散的文化资源通过实力较强的核心企业整合，实现内容与渠道融合创新。如恒大成立文化产业集团，整合电影制作、经纪、发行、唱片、院线和动漫六个板块，实现影视娱乐文化全产业链的运营，能优化影视、音乐等文化资源配置。又如蓝海创意云和猪八戒网等一批新生互联网创意企业，将创意或技能转化为经济价值，形成新的产业链中介，进一步拓展和挖掘产业链中人的价值。这些均是来自产业链的创新。

（3）文化创意为核心媒介，与其他产业融合形成新的产品和业态。这种创新以文化产品市场的消费为牵动力,是典型的需求拉动型的创新。较常见的,一是文化内容填充科技平台,例如微信结合内容产业形成微信生态圈:内容提供者利用微信账号,以垂直媒体方式迅速地形成推送惯性,通过扩大影响力的方式获取经济收益。二是传统文化产业在互联网模式下的复兴,例如故宫博物院利用自主研发的"胤禛美人图""皇帝的一天"等手机应用积累用户,进一步通过互联网电商发布和销售文化产品,实现互联网时代传统文化的活化与复兴。三是文化创意渗透进以制造业为代表的其他行业,例如东莞一家名为"葫芦堡"的传统儿童家具企业,通过注入文化基因升级为"家具＋动漫"企业,生产出的智能胎婴床还未上市就收到全球各地数千万元订单。由于加工制造利润的持续降低,大量传统制造企业谋求转型,诸如此类的将文化创意融合进其他行业并组成新企业、诞生新模式、形成新业态的现象构成了产业创新的一条重要路径。

文化创新兼具内源创新和外源创新两种品质。一方面,作为文化艺术创作形式的创新,文化创作者带来新思想、新作品、新观念、新创意,无异于纯技术创新;另一方面,作为一种思想观念和社会习俗的革新,文化创新又是社会大众从科技进步和产业创新中吸取新知识、新思维,并综合、加工、改造、重塑传统文化的过程,是产业创新的结果。因此,凡是有利于内源和外源创新的制度环境改善,均能促进文化创新,但是在此过程中需要文化政策把握文化创新的方向,以剔除文化创新过程中并生的文化糟粕和不良风气。

(二)制度环境的作用

制度环境对文化产业创新的作用模型如图1所示。文化政策和直接产业政策的主要作用是促进文化产业集聚以及与相关产业联动。文化政策主导国家文化发展同时发挥对主流文化选择功能,对产业的作用有二:其一是通过国有企业和事业单位主导文化事业,在产业化过程中会导致集聚,如我国各地的广播电视、新闻报纸等行业均是国有或国资控股占主导地位,产业集聚度高;其二是符合政策扶持的产业可获得丰富的文化资源,例如印象丽江文化产业公司与政府联合开发"丽江印象"等具有民族特色的实景歌舞表演,与此类似的富集文化资源的企业容易成为产业核心。直接产业政策则是直接通过规划、引导、规制产业集聚或联动。

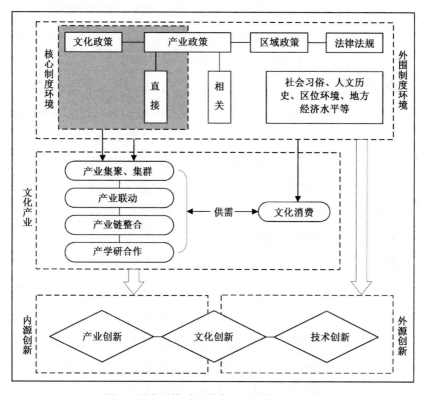

图 1 制度环境对文化产业创新的作用机理

区域政策的主要作用是促进产业的空间集聚与集群。一些直接与文化产业政策结合使用的区域政策,例如华侨经济文化合作试验区、平潭国际旅游岛等,会通过特定行业税收优惠、政府补助、置地便利、人才补贴和完善基础设施等方式吸引投资,以支持区域内文化产业的发展，形成以某一具体行业为核心的文化产业群。但大多数区域政策并不针对具体产业，而是决定一个区域内多数产业的资源配置，地方政府会以主导产业为核心引导产业集群。此时，如果文化产业是地区非主导产业，一方面会作为配套产业参与集群，并在产业结构升级的过程中逐渐发展成主导产业，另一方面能通过文化创意的渗透力连接和融合相关产业。

相关产业政策的主要作用是促进产业链的整合和产学研合作，此外相关产业政策亦在产业集聚、集群和联动中起辅助作用。对国民经济发挥基础性支撑作用的产业政策均能促进产业链整合或产业集聚，典型的如金融产业中鼓励企业融资并购或降低中小企业融资成本等政策。2015 年文化传媒行业共发生并购事件 166 起，并购总规模达到 1 499.04 亿元，横向并购加剧产业集聚，纵向并购促进产业链中资源的整合，并购案例增加的基础因素是金融产业政策支持。另外，科技政策、产业园区政策和教育产业政策等会影响到一个地区内产学研合作平台的数量和质量。文化产业与知识创造部门的协作创新亦受到这些相关产业政策的直接影响。

产业的需求即文化消费受到整个产业外围制度环境的综合影响。产业政策能发挥一定的功能：一方面，相关产业政策会驱动文化消费的行业间替代，如电子书、有声读物的兴起导致对传统出版业的需求逐渐转移至网络阅读平台，互联网电商的扶持政策会加剧这种倾向；另一方面，产业规制政策可以直接影响文化消费品的需求种类，如中国广电总局公布的相关禁令，会影响广播电视、影视制作方面的国内需求。然而，文化需求是人类社会中相对高层次的需求，影响需求量和种类的深层因素应该是经济发展水平和地区文化氛围。例如，上海的会展业在国内名列前茅，会展行业需求旺盛得益于上海在经济高水平运行下孕育出高度集中的服务业；北京音乐产业发达，首都音乐文化创意产业集聚区、音乐北京博览会等在国内首屈一指，得益于北京作为首都的流行文化氛围。因此,通过扩大文化需求数量和范围以刺激产业创新是持久的过程,产业政策是短期突破口,围绕经济和文化的外围制度环境建设才是根本。

三、我国文化产业创新制度环境演进

(一) 制度环境的演化历程

改革开放后,我国文化产业创新制度环境演进经历了四个阶段。

第一阶段是文化产业制度环境的萌芽期(1978—2001年)。该阶段改革开放刚起步,文化产业逐步摆脱文化政治教育功能,体现出一定的经济属性,但文化产业的发展仍以文化事业建设为核心路线。直至该阶段的后期,1998年成立文化部文化产业司、2000年国民经济"十五"计划建议中首次提出"文化产业政策"的概念,文化产业的正式和核心制度环境才出现雏形。

第二阶段是文化产业制度环境的形成期(2002—2008年)。2002年党的十六大报告首次将文化产业与文化事业相提并论,标志着文化产业成为文化体制改革中的经济主体,在国民经济中占有独立地位。该阶段大量直接作用于文化产业的政策出台落实,鼓励非公有资本的参与、鼓励文化产品与服务出口以及制定产业分类标准,基本形成文化产业的核心制度环境。

第三个阶段是文化产业制度环境的纵深发展期(2009—2012年)。该阶段核心制度环境日趋完善,外围制度环境开始体现支撑力和推动力。2009年我国第一部文化产业专项规划——《文化产业振兴规划》正式出台,标志着文化产业已经上升到国家战略性产业。围绕该项规划,各部门、各地方出台了一系列针对文化产业及其细分行业的补充政策。同时,以法律法规和相关产业政策为具体体现的外围制度环境逐步形成,如2011年正式实施的《中华人民共和国非物质文化遗产法》、2011 年发布的《中华人民共和国电影产业促进法（征求意见稿）》以及《出版管理条例》《音像制品管理条例》《营业性演出管理条例》等一系列法律法规；《关于金融支持文化出口的指导意见》《关于金融支持文化产业振兴和发展繁荣的指导意见》等一系列相关产业政策共同构成外围正式制度环境框架。框架下如动漫、影视、软件、网络与信息服务等新兴文化产业出现井喷式发展，行业内生成的资本集聚和消费需求引致的市场热情极大充实了非正式制度内容。

第四个阶段是文化产业制度环境的融合创新期（2013 年至今）。党的十八大报告将促进文化和科技融合提上议程，标志着文化产业制度环境进入新的调整期。在文化产业发展跨过初级阶段后，文化迸发出其内生的创新力和渗透力，逐渐影响并融入经济社会的其他部门。知识、思想、创意借助互联网传播，并迅速与其他产业结合形成新业态，同时又反馈回文化产业，加速产业融合升级。新时期的文化产业已与传统的有很大不同，以至于很难区分一个具体的企业是否隶属于文化产业。这种转变的典型特征是企业由提供文化产品和服务转变为提供创意思维或创造新生产生活方式。构建适应跨门类、跨要素、跨行业、跨地域和跨文化融合新业态的体制成为制度环境改善的基本方向。

（二）当前制度环境的特征与问题

表 1 列举并归纳了 2013 年以来中央及各地方政府出台的相关政策，由此构造出文化产业制度环境的主体框架。

可以发现，中国文化产业制度环境进入融合创新期后，呈现以下特征：

一是中央出台的直接产业政策和文化政策有减少趋势，数量和速度相对滞后于迅猛发展的文化产业。我国文化产业占 GDP 比重从 2012 年的 3.48% 增长至 2015 年的 3.97%，四年产值平均增长率达到

表 1　当前中国文化产业制度环境的政策构成

制度环境	类别	具体内容	发布主体与时间
核心	文化政策	《文化部"十二五"时期公共文化服务体系建设实施纲要》	文化部 2013 年 1 月
		《深化文化体制改革实施方案》	国务院 2014 年 3 月
		《关于加快构建现代公共文化服务体系的意见》	国务院 2015 年 1 月
	直接产业政策	《关于推进文化创意和设计服务与相关产业融合发展的若干意见》	国务院 2014 年 3 月
		《关于加快发展对外文化贸易的意见》	国务院 2014 年 3 月
		《关于印发文化体制改革中经营性文化事业单位转制为企业和进一步支持文化企业发展两个规定的通知》	国务院 2014 年 4 月
		《关于做好政府向社会力量购买公共文化服务工作意见的通知》	国务院 2015 年 5 月
		《关于推动文化文物单位文化创意产品开发若干意见的通知》	国务院 2016 年 5 月
		《关于深入推进文化金融合作的意见》	财政部 2014 年 3 月
		各细分行业政策,如《国务院关于加快发展体育产业促进体育消费的若干意见》《国务院关于促进旅游业改革发展的若干意见》等	国务院、各部门
		各地方关于促进文化与旅游结合发展的相关政策、促进文化与科技融合的相关政策、推动特色文化产业发展的相关政策等	各地方

（续表）

制度环境	类别	具体内容	发布主体与时间
外围	相关产业政策	《关于大力推进大众创业万众创新若干政策措施的意见》	国务院 2015 年 6 月
		《关于积极推进"互联网＋"行动的指导意见》	国务院 2015 年 7 月
		《深化体制机制改革加快实施创新驱动发展战略的若干意见》	国务院 2015 年 3 月
		《国家创新驱动发展战略纲要》	国务院 2016 年 5 月
		《关于金融支持文化出口的指导意见》《关于金融支持文化产业振兴和发展繁荣的指导意见》等	各部门、各地方
	区域政策	《关于依托黄金水道推动长江经济带发展的指导意见》	国务院 2014 年 9 月
		《关于支持汕头经济特区建设华侨经济合作试验区有关政策的批复》	国务院 2014 年 9 月
		《关于加快实施自由贸易区战略的若干意见》	国务院 2015 年 12 月
		各地方区域规划,如成渝城市群、长江三角洲城市群、平潭国际旅游岛等	
	法律法规	《中华人民共和国广告法》《中华人民共和国电影产业促进法(草案)》《中华人民共和国促进科技成果转化法》《中华人民共和国商标法》《中华人民共和国文物保护法》《出版管理条例》《音像制品管理条例》《营业性演出管理条例实施细则》《广播电视管理条例》等	2013 年以后发布或修订
	其他	国际公约、行业协议、行业论坛、博览会等	

12.6%，文化创意与众多领域交叉融合，成为经济增长的亮点，但2013年后国务院公布带有"文化"二字的相关政策中，除了各地区文化名城批复之外，具体只涉及设计服务、贸易和文物单位三个方面。例如，在文化产业制度环境酝酿期，国务院和文化部1978—2002年出台的相关政策法规只有37条；在2003—2012年间的形成期和纵深发展期则多达466条；而进入融合创新期后，2013—2016年期间只有64条。一些新业态尚未形成规模导致文化产业呈现混合式发展态势，凸显出总体规划性政策相对行业发展有空白区，产业创新的制度空间大。

二是存在地方性制度需求，且倾向于引导文化与其他产业融合创新。我国区域发展不平衡，各地区积累的文化和经济资源数量和内容上均有差异，不同地区发布的产业政策均结合实际情况有融合引导倾向。如：2012年安徽省的《关于加快推进文化科技融合发展的实施意见》，2013年福建省的《关于加快推进文化与科技融合发展的实施意见》，2013年广东省的《关于促进文化和科技融合发展的意见》，2016年山东省的《关于进一步促进文化和旅游融合发展的意见》等一系列省级融合性政策以及各地市级相关政策，共同构成地方性政策体系。地方性政策有两大热点方向：①是鼓励文化产业与科技融合；②是鼓励文化产业与旅游业融合，表明各地方政府正致力于为地区文化产业创新发展提供积极的制度支持。

三是外围支持政策日趋完善，但法律法规仍有不足。近年中央及各地方出台的支持文化产业相关政策涉及金融、外贸、科技和制造等领域，并逐渐打造出紧密关联的产业平台，无论是文化产业自身创新还是与其他产业融合创新，均能得到政策支撑。但是，文化产业内细分行业交错复杂，新兴业态生长速度快、涉及领域多，我国的法律法规制定相对落后。例如近几年兴起的网络直播行业，因为没有相关法律加以规制，导致行业良莠不齐乱象丛生。"互联网＋"时代诞生出一批诸如此类产业，法律上只有《网络安全法(草案)》予以涵盖，缺乏针对性。针对新生行业的法律法规亟待完善。

四是行业内交流增多,但影响力有待增强。近年来,文化创意产业论坛、文化产业新年论坛、文化科技创新论坛、文化产业高峰论坛等一系列跟文化产业相关的论坛和会议蓬勃开展;如北京文博会、深圳文博会、西部文博会、海峡文博会等各种文化产业博览会遍地开花。大量民间或半官方论坛、行业会议、博览会等行业交流形成常态化的非正式规范,逐渐成为外围制度环境改善的重要推动力。但值得注意的是,一些行业交流活动缺乏广泛的影响力和品牌效应,如果在行业交流中不能形成有影响力的评价标准或行业共识,则会降低文化产业创新的激励水平。

四、制度环境的优化路径

(一) 优化政策制定与实施框架

上文分析中可见,我国文化产业创新的制度环境是由多个部门、中央和地方、政府和社会共同构建的复杂体系,政府政策在其中发挥主要作用。因此,构建合理的政策结构、连贯的政策思路、高效的政策落实是优化制度环境的根本路径。

当前中国与文化产业相关的各种政策存在两个问题:一是政策制定者分散,从国务院到下属各部门,如文化部、科技部、财政部和工信部等,均有发布文化产业的相关政策的权力。二是政策目标分散,各部委制定的政策均只涉及自己所管辖的领域,政策之间缺乏连接贯通。要优化政策结构首先要从优化政策制定过程着手,例如在日本,产业政策通常由通产省负责制定并加以统筹实施。我国中央政府应明确政策思路,并由具体的部门负责政策研究、制定、考查和反馈,其他相关部门负责配合落实政策。具体到文化产业,政策制定可由国务院牵头,文化部负责具体操作实施,相关部门共同参与制定。

保证政策结构合理性的同时还要保证政策的有效性。一方面是政策制定的有效性,政策部门应平衡围绕公共文化事业建设为主干的文化政策和围绕经济建设为主干的产业政策,最大限度地调动文化资源和经济资源,打破产业壁垒,积极修订的政策规定,保证政策的经济性和时效性。另一方面是政策实施的有效性,中国是一个大国,政策的落实有赖于各地方政府,从中央政策到地方配套的过程必须以适当的制度激励为保障,因此,中央政策要给地方政府腾出足够因地制宜的空间,以保证政策有效实施。

(二)核心制度设计粗线条化

文化产业政策具体可分为产业结构政策、产业组织政策和产业发展政策。过去,我国产业政策多注重行业规划和布局,但随着"互联网+"时代的到来,产业融合加速,产业形态多元化,文化产业发展面临的新形势和问题不断涌现,产业规划相对于产业发展往往具有滞后性。如果产业新动态不能及时反映到政策规划层面,政策规划就成为一种约束性制度环境。文化产业已经从"分业发展"走向"融合发展","文化产业内各个行业主管部门规划式的发展,将越来越为跨行业的融合发展取代,甚至为文化经济普遍融合发展所取代;文化产业将从区域性竞争发展走向统一市场条件下的整体协调可持续发展,地方政府本位的发展模式将被国家层面、由综合经济管理部门主导的发展模式所取代"[④]。

日益复杂的行业环境和快速变化的行业动态要求顶层设计关注文化产业的核心和通用内容,由粗线条规划取代细分行业规划。发达国家文化产业的顶层设计往往不以具体产业为核心,如美国文化产业秉承自由主义传统,强调文化产品生产、销售的高度市场化和政府干预的最小化,美国没有直接的文化产业政策,但其通过知识产权制度维护了文化产业的繁荣;日本文化产业政策则注重内容规制,日本在内容方面的产业政策非常系统，政府把振兴内容上升到国家战略的高度进行统筹谋划。我国文化产业发展壮大也面临着体系庞杂、产业规划过细的问题。核心制度环境优化应从以产业发展政策为重心转移到以产业组织和结构政策为重心。例如，以保护知识产权、促进市场有效竞争为核心，设置负面清单，尽量简化行政规划的政策能更大限度地发挥市场自主创新潜力。

（三）提升外围制度环境的弹性和包容性

提高外围制度环境的弹性要以完善法律法规为主，以放松政策性规制为辅。相对于快速发展的文化产业，我国的文化产业立法较为薄弱。尤其是文化产业下的细分行业，在立法缺乏的情况下，基本依靠一些临时性出台的政策措施来解决发展中的问题。政策易变性强、导向性强，法律相对稳定，效力强，能够将行之有效的措施固定化，降低制度变化的不确定风险；政策一般同时规定"有何为"和"有何不为"，而法律一般规定"有何不可为"。所以从导向性和适应性的角度，政策相对缺乏弹性而法律富有弹性。当前文化市场上如盗版、假冒、有偿新闻、虚假广告、暴力色情等现象泛滥，凸显了行业法律法规不完善，亟待加强知识产权保护，文化资源保护，消费者权益保护及文化产品和服务内容、质量等方面的法律建设，构建公平竞争秩序，保障文化产业创新的内在激励。

外围制度环境对经济行为应有足够的包容性，重构对文化产业的经济性规制是主要途径。一些发达国家经验表明，市场机制是发挥内源创新、激励外源创新的有效制度，政府对市场的包容性在于维护而不是限制市场。外围制度环境应以促进市场竞争，确立和强化市场在文化资源配置中的基础性作用，打破条块分割的市场格局，建立开放的市场体系为建设目标。例如，在可引入竞争机制的行业，放松乃至取消阻碍竞争的规制措施；对于政府确应有所管理但不必审批的事项,可转变管理方式,如改为核准或备案。

注 释

① Frith. S., "Knowing one's place：The culture of cultural industries", *Cultural studies from Birmingham*, 1991, 1(1), pp.134—155.

② Miller T., Yúdice G., *Cultural policy*, SAGE, 2002, p.35.

③ [英]吉姆·麦圭根《重新思考文化政策》,何道宽译,中国人民大学出版社 2010 年版,第 18 页。

④ 王家新、章建刚《中国文化产业发展报告(2012—2013)》,社会科学文献出版社 2013 年版,第 8 页。

建设文化场景 培育城市发展内生动力[*]

——以生活文化设施为视角

祁述裕[**]

引　言

　　随着城市功能由生产型城市向消费型城市转型,生活文化设施在当代城市发展中的作用日益凸显。古根海姆博物馆对西班牙毕尔巴鄂市转型的重大作用,伦敦眼对伦敦城市形象价值和经济价值的提升,迪士尼乐园对上海旅游业等相关产业的带动,方特欢乐世界对芜湖市旅游业的积极影响等,这些都是被学界津津乐道和经常引证的案例。

　　也要看到,盲目兴建大型生活文化设施,也蕴含着很大风险,底特律市就是一例。底特律曾经是全球最著名的汽车之城。汽车业衰落以后,底特律市把城市复兴战略确定为重点发展文化娱乐业,努力通过修建大型体育场、剧院、博物馆、休闲广场、赌场等文化设施来摆脱

　　* **基金项目**:本文系首都师范大学文化研究院重大研究项目"依托文化资源建设文化城市研究"(课题编号 ICS-2016-A-06)部分研究成果。本文原载于《东岳论丛》,2017年第1期。

　　** **作者简介**:祁述裕(1958—),国家行政学院社会和文化教研部主任、国家行政学院文化政策与管理研究中心主任,教授,博士生导师。

困境。1994 年,底特律把发展以福克斯镇为中心的城市文化娱乐来改善和提升城市形象。具体措施包括改建福克斯剧院,以及在此区域兴建其他剧院、博物馆和餐厅。底特律市政府投资 5 亿美元,为底特律雄狮足球队和底特律老虎棒球队修建了两家体育馆。举办了美国标志性的体育棒球赛事"超级碗",参与世界棒球系列赛。底特律政府的上述努力,并没有遏止底特律城市的衰落。2013 年底特律城市的破产申请正说明了这一点①。类似的案例在中国也不在少数。如万达集团在武汉投资的大型文化娱乐项目"汉秀"的失败等。因此,准确分析文化娱乐设施的功能和在城市经济发展中的作用,是当前城市转型中需要研究的重大问题。

美国芝加哥大学特里·N·克拉克教授提出的场景理论为分析上述问题提供了一个很好的视角。场景理论坚持城市文化支撑城市发展的理念,重视文化在城市经济创新和发展中的先导作用。首先,场景理论强调文化消费的重要性。认为与人们通常的看法相反,不是城市促进了娱乐与消费,而是娱乐和消费促进了城市发展②。其次,场景理论认为文化设施是促进城市文化消费的载体。电影院、图书馆、剧院、体育设施、主题公园、咖啡馆、酒吧、便利店、餐馆、购物中心、创意市集等生活文化设施在城市发展中起着至关重要的作用。值得注意的是,场景理论所关注的文化设施虽然也包括大型文化娱乐性主题公园、高层次博物馆等"高大上"项目,但更多是强调作为社区组成部分的生活性文化设施。再次,场景理论强调城市精神的重要性,认为不同的生活文化设施具有不同的价值取向。比如,图书馆、艺术馆趋向于知识和进取,俱乐部趋向于自我表达,酒吧趋向于刺激开放,教堂趋向于珍视传统价值观等。这种多样化文化是城市活力之所在。最后,场景理论强调生活文化设施不是孤立的存在。生活文化设施只有依托特定社区,与文化实践活动相配合,通过多样化人群的互动,才能最大限度地实现其价值③。

本文以场景理论作为分析工具,分析丽江大研古城酒吧、中关村创业大街咖啡厅、景德镇创意市集三个生活文化设施的特点和在城市经济发展中的作用;同时,从社区、生活文化设施、多样性人群、文化实践活动、价值观等五个维度,分析中关村创业大街、景德镇创意市集形成的原因,探讨其特点。最后,对场景理论的价值以及场景理论中国化进行了评价。

一、草根类生活文化设施是激发城市活力的 重要载体:来自三个案例的分析

草根类文化设施是场景理论十分关注的研究对象。草根类文化设施是指与人们日常生活密切相关、由民间自发形成的文化场所。谈到文化设施对城市发展的作用,人们关注最多的是迪士尼乐园、万达广场等一些"高大上"的项目。确实,这些文化项目对城市繁荣起到的作用很明显,但也存在投资大、风险高、同质化等突出问题。实际上,生活文化设施在促进城市经济发展中的作用并不仅仅是大型项目,而草根类文化设施与社区生活联系紧密,富有活力。在促进城市经济发展中发挥着不可替代的重要作用。

草根类生活文化设施的价值早在传统社会就已经显露出来。唐代都城长安的胡姬酒肆就是一例。在唐代,西域与中原交流频繁,大批胡人来到长安经商,胡姬也就与酒肆的经营结合在一起,通过其独特装束和异域风情的服务吸引顾客,成为唐代长安最有特色的商业场所和文化景观之一。胡姬酒肆有两个突出特点:第一,是商业之地。由于酿酒业和城市经济的发展,唐代酒肆的开设空前普遍和繁盛,首都长安是唐代饮食行业最繁荣的城市。刘禹锡"长安百花时,风景宜轻薄,无人不沽酒,何处不闻乐。"就是长安酒肆行业盛况的写照。第二,是激发骚人墨客情怀的场所。胡姬酒肆堪称唐代的时尚文化空

间。唐代诗歌中有很多有关胡姬的诗歌，其中最著名的当属李白。李白的诗中多次提到了"胡姬"，如"五陵年少金市东，银鞍白马度春风。落花踏尽游何处，笑入胡姬酒肆中。"(《少年行》其二)胡姬在酒肆中不光是调笑伴酒，还承担表演任务。胡姬一般既擅长丝竹管弦，也能翩翩起舞。西域舞蹈中最著名的是"胡旋舞"，唐代诗歌中也多有描述。

(一) 丽江大研古城酒吧街

当代社会，丽江大研古城酒吧街是草根类文化设施在促进当地经济转型和发展中发挥重要作用的一个经典案例。

丽江大研古城传统主体文化主要是纳西东巴文化以及茶马古道商贸文化。1998年，丽江古城被列入世界文化遗产名录之后，古城受到广泛关注，旅游业迅速发展，很快成为国际化的旅游目的地。其中，新型生活文化设施的酒吧街以及这些酒吧所推出的"艳遇丽江"理念，给丽江大研古城的文化形象增添了鲜明的时尚元素，呈现出既有少数民族风情，又有青春、激情、快乐、世俗的现代文化的特点。酒吧街在大研古城文化转型中起到了至关重要的作用，极大地吸引了年轻游客[4]。酒吧已经成为游客来丽江旅游最期待的六大文化旅游项目之一。在对丽江最期待的文化旅游项目调查中，代表丽江独有的自然风光和民族风情设施活动等最受游客青睐，比例高达 50% 以上；特色的客栈住宿、演出演绎、酒吧餐饮以及这些设施活动营造的文化氛围，在吸引与聚集游客方面的优势，明显高于其他设施，认同比例都在 20% 以上(见图 1)。

丽江大研古城文化转型引发了媒体的广泛关注[6]。古城的文化形象也在发生深刻变化。2005 年以来，丽江在民间话语中不仅仅是一个"纳西古王国"，也是"艳遇之都"；丽江古城被谈论最多的话题，不是自然风光和少数民族风情，而是休闲娱乐。这也从一个层面反映了古城

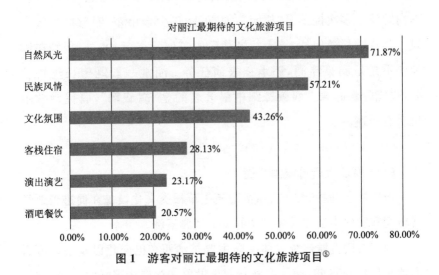

图1　游客对丽江最期待的文化旅游项目⑤

文化正在由传统向现代变迁。尽管在一些人的印象中,丽江古城酒吧的"艳遇"文化过于张扬,有的"艳遇"语录有低俗之嫌,但总体来看是健康的。从游客接受度看,总评价也是肯定的。本课题组的调研表明,游客对丽江古城"小资""艳遇""酒吧"的看法,认为"很有特点,非常喜欢"和认为"可以、喜欢"的,达65%。"比较反感"仅占12%(见图2)。

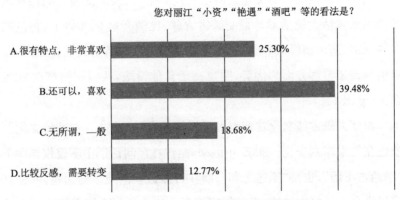

图2　游客对丽江"小资""艳遇""酒吧"等的看法

（二）中关村创业大街创业咖啡馆

草根类文化设施促进当地经济转型和发展的一个典型案例是北京中关村创业大街咖啡馆。

北京中关村创意大街是国内最有名的创业空间之一。2015 年 5 月，国务院总理李克强赴中关村创业大街调研，引起国内外媒体的广泛关注。来中关村创业大街考察的国内外政要、企业家络绎不绝。创业大街长约 200 米，目前入驻的创意服务企业有 40 余家。从 2014 年以来孵化的创意团队有 1 000 多个，有 480 多个创业团队获得了融资。创业大街创业氛围浓烈，两年来，举办的各种创业活动有 1 600 多场，参与创业的人数达十几万人。

创业咖啡馆是中关村创业大街最重要的生活文化设施，在促进中关村创业大街创业氛围形成中起到了至关重要的作用。中关村创业大街咖啡馆共有 10 余家，包括：车库咖啡、Binggo 咖啡、3W 咖啡馆、极客咖啡、"投资家"咖啡馆、京东 JD＋奶茶馆、言几又咖啡馆、黑马会咖啡馆、贝壳·爱喜咖啡馆等。在西方社会，咖啡屋历来就是一个创新策源地。纵观西方历史，许多重大创新都产生在咖啡屋里，如英国皇家学会的成立，纽约股市的出现，共产党宣言的撰写等。中关村创业大街咖啡馆同样承担着多种功能。主要有：

第一，创业场所。这是其最重要的功能。年轻创业者缺少资金与北京房价奇高的矛盾是困扰年轻创业者们的最大问题。中关村创业大街咖啡馆以低廉的价格为创业者提供创业场所及配套服务。

第二，将孵化创业项目与投资相结合。中关村创业大街咖啡馆的经营方大都是投资机构，这些投资机构之所以创办咖啡馆，是希望通过咖啡馆搭建创业项目与金融结合的平台，并从中遴选出有市场潜力的投资项目。创业大街咖啡馆的上述功能使得中关村创业大街咖啡馆对创业者有极大的吸引力。

第三，思想交流碰撞的空间，休闲之地。中关村创业大街地处中关村科技园的核心区域,周边著名企业林立,创业园区众多,时尚设施云集。约朋友在创业大街咖啡馆小坐,是交流思想、放松身心的极佳选择。

中关村创业大街咖啡馆将提供价格低廉的咖啡,租借工位、提供创业支持以及休闲等多种功能结合在一起,成为连接创业者、投资者以及各种服务的平台。中关村创业大街以咖啡馆为载体,构成了一个创新生态圈,起到了"为创业者找钱、找人、找市场、找圈子的作用"⑦。

以车库咖啡为例。进到车库咖啡店里的创业者们,只需要点一杯咖啡就可以在店内待一天。车库咖啡创始人苏菂将车库咖啡定位为"创业者的乌托邦",旨在为创业者提供创业载体和交流平台,不以盈利为目的。车库咖啡的"活法"主要有几种:卖咖啡、租工位、办活动、出租广告位⑧。车库咖啡聚集了大量的创业者,这些创业者又吸引了一大批投资人、政府、银行等资源,形成了创业者社群。

(三) 景德镇大学生创意市集

咖啡馆、酒吧都是外来文化元素,市集则是本土元素。景德镇大学生创意市集表明,本土文化元素同样可以在城市转型中发挥重要作用。景德镇大学生创意市集以陶瓷工艺为核心,以市集为平台,办得有声有色,中央电视台新闻联播节目曾专题报道。

景德镇大学生创意市集创办于 2008 年,每周六上午 8 点到 12 点开业。主要是展示、交易大学生创意设计产品,深受景德镇陶瓷学院大学生和外来大学生的欢迎。创意市集经过了一个发展过程。起初叫周六地摊。随着周六地摊影响力不断扩大,2010 年 9 月,正式改名为创意市集。市集包括每周六上午集市和每年 5 月、10 月两个大型市集。

创意市集分为三个区域,A 区是"保送"区域,这一区域大致有 20 多个摊主。这一区域是一些具有发展潜力,给他们提供机会让他们不断完善自己的作品。申请者主要是在 B 区域进行交易,这个区域大致有 70 家左右的摊主,通过申请和评比进行公平竞争。每个月大致有四次摆摊时间,为了保证公平,每次摆摊位置由乐天陶社创意市集进行抽签,进行市场摊位轮换。C 区域是混合区域,这个区域更多是各种配套产品,比如毛笔、竹雕、根艺等约 5 家。

创意集市已经成为景德镇最大的时尚创意设计产品产出地,对景德镇的经济发展产生了积极的影响。具体体现在:第一,创意市集影响着景德镇的陶瓷产品结构,以仿古陶瓷为主,增加了时尚、现代的元素。第二,景德镇陶瓷学院的毕业生由原来去外地找工作,变成留下来创作或创业经营。根据笔者调研,仅在创意市集周边最少有 12 家是曾经在创意市集摆摊的摊主,并用自己当时设计的名字命名工作室。第三,吸引了众多外来大学生到创意集市学习和交流自己创作的创意产品。第四,创意市集成为景德镇的一个品牌,成为知名旅游网站推荐的景德镇旅游的必去之地。国务院提出"双创"要求后,景德镇创意市集成为"双创"成功范例为媒体广为报道。通过发放问卷发现,创意市集的功能是多样的,具有商贸流通交易、创业场所、交流平台、时尚艺术陶瓷展示地、休闲娱乐等多种功能(见图3)⑨。

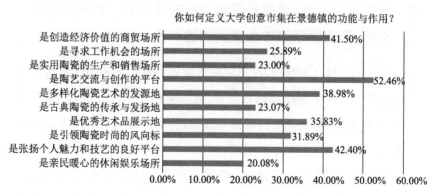

图3 大学生创意市集在景德镇的功能和作用问卷调查⑩

草根类生活文化设施通常有以下几个特点:一是自发性。草根类生活文化设施大多都是民间人士(机构、企业)创办或民间自发形成的,既不是政府计划安排,也不是按照某位官员的旨意。二是深厚的社区文化基础。特定草根类生活文化设施在某座城市、社区出现,总是与该城市、社区文化有内在关联性,有鲜明的地方特色。三是低成本,高收益。草根类生活文化设施均投入小,收益高。对当地经济发展和文化繁荣有深刻的影响。

中关村创业大街咖啡厅、景德镇创意市集、丽江大研古城酒吧三个草根性生活文化设施案例有着十分深刻的内涵。对我们理解十八届三中全会提出的"发挥市场配置资源的决定性作用和更好发挥政府作用"有启迪作用。值得一提的是,草根性文化资源丰厚,在城市转型过程中如何善用此类资源十分重要。就城市来说,包括老厂房、老仓库、老街区、里弄、古民居等,这些文化遗产对城市发展来说都是巨大的潜在资产。以北京为例,有统计显示,北京老厂房面积达2 780万平方米,具有极大的开发潜力。善用这些文化资源,对城市转型具有极大的意义。

二、整合文化资源,建设各具魅力的文化场景:对中关村创业大街、景德镇创意市集案例的进一步讨论

为什么同样是咖啡馆,在不同城市或同一城市的不同区域其功能大相径庭?为什么同样是创意市集,此创意市集十分红火,彼创意市集却门庭冷落?弄清其中的缘由是什么,这对培育城市的内生动力至关重要。

场景理论对此进行了解答。场景理论认为,生活文化设施的价值和功能不是孤立的存在。生活文化设施只有依托特定的文化空间环境,与多样性的文化实践活动、多种类型人群的互动整合在一起形成

不同的"场景",并通过"场景"展示出来的价值观和生活方式所形成的吸引力,才能发挥独特的效用。在场景理论看来,不同的场景对不同社会阶层的消费行为、居住模式等都会产生影响,从而影响城市的增长发展。因此,需要研究的是不同类型的场景是如何形成的,哪些因素在影响着场景的内涵和吸引力。

中关村创业大街、景德镇创意市集通过整合当地资源,分别形成了以互联网为核心,以吸引网络人才为重点和以陶瓷创意设计为主体、以吸引陶瓷创意人才为重点的各具魅力的"场景",具有很大的吸引力和影响力。本部分以社区、生活文化设施、多样性人群、文化实践和价值观五个维度,分析中关村创业大街、景德镇创意市集价值和功能的实现路径。

(一)中关村创业大街文化场景生成分析

1. 具有浓郁创业文化氛围的社区。中关村创业大街咖啡馆之所以能成为创业平台,中关村创业大街之所以能成为知名创业空间,与其所处的地理位置有直接的关系。中关村创业大街所属的社区及其周边地区有以下四个特点:

首先,具有浓郁的创新文化氛围。具体表现在:一是人才密集。北京是全国高校最集中的城市,有 90 多所大学,约 100 万大学生。其中 63% 的大学集中在海淀区,位于海淀区中心位置的中关村周边集中了 57 所大学,密集度之高不仅国内绝无仅有,在国际城市中也十分罕见。这为中关村创业大街提供了源源不断的创业者。二是知名新兴企业高度集聚。中关村创业大街周边知名新兴企业有:联想、爱奇艺、优酷、金山、360、甲骨文软件研究中心(北京)有限公司、小米、京东、拉卡拉、人人贷、途家网、搜狗、豌豆荚等。这些知名的新兴企业既为年轻创业者提供了就业机会,也与中关村创业大街有各种形式的合作。三是创业领袖层出不穷。如联想的柳传志、百度的李彦宏、搜狐的张朝阳、爱奇艺的龚宇、优酷的魏明、小米的雷军、360 的周鸿祎、京东的刘强东、拉卡拉的孙陶然、人人贷的张适时、途家网的罗军、58 同城的姚劲波、豌豆荚的王俊煜等。这些创业成功人士对年轻的创业者有极大的激励作用。四是科技园区和文化园区众多。中关村创业大街周边科技和文化产业园区众多。如中关村科技园、清华科技园,北大科技园、人大科技园、多媒体创业产业园、互联网教育培训基地等。这些园区相互之间形成了良性竞争,也为创业者提供了多种选择。

其次,形成了创业咖啡、创业培训和天使投资三位一体的创业模式。一是投资机构以咖啡馆为载体,通过提供价格低廉的工位,为创业者搭建平台。以清控科创控股股份有限公司为例,其通过 binggo 咖啡馆为创业团队提供创业服务。服务内容包括:提供月租 1 500 元的工位;为创业团队提供注册地址,成立公司。解决了创业团队没有物业公司证明,无法注册等问题。二是为创业者提供培训服务。培训分收费培训和公益培训两种。仍以 binggo 为例。binggo 每月定期举办 binggo 公开课和 binggo 路演。同时,针对创业者提供"双创"培训课程,指导创办者创业。在中关村创业大街,提供培训服务的服务机构还有很多。三是拥有众多的天使投资机构。是北京天使投资和天使服务最集中的区域之一。

再次,具有众多孵化器+便利设施组成的生活文化设施。中关村创业大街及其周边地区的生活文化设施主要有服务创业的孵化器和服务消费的便利生活设施两类。第一,创业大街入驻了大约 40 多家服务创业的孵化器。服务领域包括教育培训,软硬件服务、人才招聘服务、企业注册、法律咨询服务等。第二,中关村创业大街及其周边街区还有为数众多的、以满足日常消费的各种生活便利设施,如书店、特色小食店、果汁店、超市、健身房、主题酒店、银行、打印、餐厅等,为创业者提供各种生活便利。

最后,有着数量众多的创业实践活动。在中关村创业大街创业活动频繁,包括各种创业路演、创业大赛、创业展演以及创业沙龙、俱乐部活动等。据不完全统计,2014 年以来,创新创业活动超过 1 600 场,平均每天有两个以上的主题创新创业活动,参与人数达 16 万人次。另外,由于中关村创业大街的知名度,大街吸引了国内国际众多考察调研团队,其中来自美国、韩国、新加坡、澳大利亚、俄罗斯、墨西哥等国家和地区的有 90 个考察团。众多的创业活动营造了浓厚的创业文化氛围。

为了具体说明这些创业活动的情况与类型,我们对创业大街从 2014 年 4 月到 2016 年 9 月两年多时间举办的各种活动进行了整理、归类和统计。得出了以下四个结论:

第一,创业活动数量众多。创业大街每月的活动次数平均都在 40—50 场之间,其中,2015 年 5—8 月创业大街活动最为密集,2014 年 7—12 月次之,再次是 2016 年 3—7 月份(具体变化情况见图 4)。

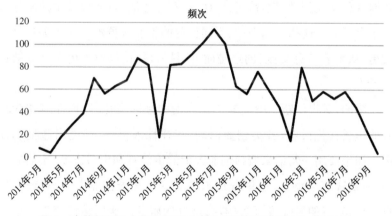

图 4　中关村创业大街创新创业活动变化趋势(2014.3—2016.9)

第二,创业活动形式多样。创业活动主要以创业沙龙、讲座培训、政策宣传、展示陈列、路演推广和创业比赛等六大类为主。其中,创业培训讲座类活动最多,达 620 多次,其次是各种创业沙龙活动,次数为 410 次(具体情况见表 1)。

表1 　中关村创业大街创新创业活动类型划分（2014.3—2016.9）

年份	创业沙龙	讲座培训	政策宣传	展示陈列	路演推广	创业比赛	其他
2014 年上半年	22	11	0	6	13	2	0
2014 年下半年	122	100	30	14	40	18	0
2015 年上半年	113	134	6	23	45	6	3
2015 年下半年	102	151	21	22	34	12	10
2016 年上半年	47	157	14	3	20	4	3
2016 年下（7—9 月）	19	78	5	3	4	6	1

　　第三，创业多样性人群。中关村创业大街创业者来自全国各地、具有不同学科背景、拥有技术或资金等不同资源。据统计，每天活跃在这里的创业者、投资人与技术人员等多达2万人。从创业者的来源地看，有北京高校，有北漂，有国际创业者。从行业分布来看，涉及互联网、IT、文化创意、教育、设计、医疗、智能家居、汽车以及生活服务等几十个行业。这些不同类型、不同行业的创业人群汇聚在中关村创业大街，从事着信息交流、创意碰撞、项目洽谈，使创业大街充满创新创造活力。

　　第四，重视创新。中关村创业大街的社区文化、以创业孵化为核心的生活文化设施、各类创业活动、多样性人群等，都透出激情和憧憬。如果要用一句话来概括创业大街的价值观和生活态度，不妨归纳为"一切皆有可能"。这里有在国内堪称最优秀创业人才，有最新信息，有最知名的风险投资机构，有最好的服务。这里是将梦想变成现实的最佳场所。印娃（inwow）移动打印创业过程①就很好地诠释了这一点。印娃是创业大街孵化出众多公司中的一个，创始人李兵期一直是做传统的复印机业务。在看到移动互联网项目风靡后他冒出一个想法："能不能将固定复印机做成移动复印呢？"为了将这个想法变成现实，他来到中关村创业大街。在创业大街服务机构帮助下，很短时间内就找到了项目设计人才,完成了图纸设计、样品开发、融资等,从"创意"变成产品仅用了短短的 3 个月时间。这在其他地方是难以想象的。这就是中关村创业大街独特文化场景的优势与吸引人的地方。

需要指出的是,中关村创业大街也存在着一些需要解决的问题。调查发现,如过高的房价(包括租房价格)使得创业者越住越远,不利于创业者的集聚;便利性的餐饮还有欠缺;各部门政策支持碎片化,缺少整合和协调等。

(二)景德镇大学生创意市集生成机制分析

景德镇大学生创意市集的形成同样是诸多要素结合的结果。不妨从社区、便利性生活文化设施、多样性人群、文化实践活动、价值观五个维度作简要分析。

(1)崇尚创意设计的社区文化氛围和自组织系统。从社区的角度观察,景德镇大学生创意市集有以下三个特点:第一,崇尚创意设计的文化氛围。景德镇目前约有五千家陶瓷企业,其产品以日用陶瓷和艺术陶瓷为主,陶艺师云集。宋代以来,景德镇一直是以生产手工陶瓷闻名于世。一千多年来,景德镇陶瓷一直保持着手工作坊式的生产方式,以及追求精致、艺术、弹性工作等理念和工作方式。手工制作陶瓷以及相关工艺品在其他城市可能只是生活的点缀,但在景德镇,这就是最重要的生存技能、生活方式。手工陶瓷也成为景德镇文化符号。景德镇悠久、独特的文化氛围,为创意市集提供了坚实的土壤。第二,社会组织引领。景德镇大学生创意市集是由一家来自香港的社会组织——乐天陶社创办的。乐天陶社经营理念是"陶艺教育,陶艺推广和制陶",经营原则是"创造,教育,推广及慈善"。2008 年,乐天陶社选择在景德镇租借老厂房,为国际知名陶艺家提供设计工作室,同时开展教育培训、画廊和咖啡厅等多项服务。每个周五晚上,乐天陶社的教育基地都会开设讲座,为景德镇陶瓷学院大学生传授先进的陶艺理念和陶瓷技艺，深受大学生和市民的欢迎。同时，每个周六上午，乐天陶社组织大学生创意市集，承担创意设计作品的选取、展览空间设计、摊位发放、管理等事宜。第三，低廉的创业成本。景德镇大学生创意市集坐落在原景德镇十大国有瓷厂之一的景德镇雕塑瓷厂所在地。这里既保留了景德镇特定年代的历史记忆，也由于地处景德镇东郊，地租相对便宜，创业成本低廉。

（2）便利性的生活文化设施。景德镇大学生创意市集之所以具有活力和吸引力，与创意市集相配套的众多生活文化设施起到了至关重要的作用。在景德镇大学生创意市集所在的原景德镇雕塑瓷厂区里，集聚着艺术家工作室、博物馆、电影院、陶瓷产品专卖店、书店、咖啡馆、青年旅社、培训机构等各种文化设施和生活设施。约 200 米的街道就有 80 余家以艺术陶瓷和日用陶瓷为主的创意商铺，这使得原来破旧的雕塑瓷厂充满现代气息，也成为景德镇新的时尚聚集地。下图是笔者 2016 年负责的景德镇产业转型课题组做的大学生创意市集与景德镇市中心（一公里范围内）部分生活文化设施的对比。

从图 5 可以看出，地处东郊的创意市集拥有和市中心相比肩的生

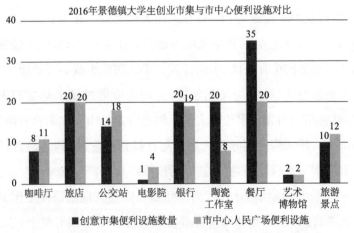

图 5　2016 年景德镇大学生创业市集与市中心便利设施对比[12]

活文化设施,这就不难解释它何以对年轻人有吸引力,聚集如此多的创意人才。

(3)多样性人群。每周六上午的景德镇大学生创意市集聚集了上千人的参与者,各类人群十分活跃。据调研,其中参与创意市集的人员中,景德镇陶瓷大学的学生是主体,约占80%左右;其他人员包括景漂艺术家、本地陶瓷经营者、传统陶瓷匠人、外地慕名参与者、国外的艺术家、游客等。2008—2011年,也就是这四五年时间里,就有247个来自14个国家的艺术家,在市集里面进行生产和创作。

(4)众多文化实践活动。有乐天陶社组织的每周五晚上的陶艺讲座,有周六上午的大学生创意市集,还有明清园的陶艺市集。乐天陶社有为国内外知名陶艺家提供的驻场陶艺创作项目,这些都可以供游客参与、观赏。陶艺培训机构也十分活跃。创意市集还相当重视在线上分享创意理念。每个月,创意者都会将自己的作品提交在乐天官网上,在线参加评审,同时相关的微博、博客、豆瓣等社交网络,都拥有数万的粉丝量。多样性的社群将这里营造成集设计、生产、消费、体验、交流、共享于一体的创意空间⑬。

(5)"创意即价值"。可以用"创意即价值"来概括景德镇以大学生创意市集为核心的文化场景体现的价值理念和利益诉求。在这个文化场景活动的各类人都认同一个的理念:只要有创意,在这个文化场景里就一定能实现价值,包括经济价值和人生价值。人们来到这里,或展示创意,或交流、购买创意。例如,一些长期出售仿古陶瓷的商家也为创意市集所吸引,来这里"淘"他们中意的时尚创意陶瓷产品,与设计者洽谈合作,并出售其产品。创意市集不仅在改变着景德镇陶瓷产品的结构,也为景德镇这座城市输入了创新活力。在景德镇定居14年的英国籍日裔艺术家安田猛先生和他的夫人在创意市集附近创办了工作室"红房子"。尽管安田猛已经74岁了,但仍表现出极大的创作热情。用他自己的话说,在景德镇,特别是在创意市集这个文化场景里,他感受到"一批批年轻的陶艺家用青春的血液和想法在这儿扎根成长,而自己也又一次经历着青春般的朝气蓬勃。"

调研发现,景德镇大学生创意市集也存在一些需要改进的问题。如缺少 WiFi 系统,缺少干净、卫生的洗手间等,给年轻创业者带来了不小的困扰。在调研中,有 65.3% 的人希望当地政府能够在文化设施的硬件建设方面有所作为。

三、场景理论的中国意义

（1）特里·N·克拉克教授提出的场景理论建立了微观文化动力学,深化了对文化在经济发展中动力作用的认识。强调文化在促进经济发展中的动力作用,在西方学术发展过程中有着清晰的脉络。但不同时期,学界对文化内涵的理解和分析的视角有着明显的差异。社会学家马克斯·韦伯从社会学的角度分析文化的价值。他在《新教伦理和资本主义精神》一书中分析了新教伦理价值观与信仰对美国经济发展的深刻影响,认为新教伦理是美国走向经济繁荣的最重要的动力。经济学家迈克尔·波特是从产业的角度分析文化在提升国际竞争力中的价值和作用。他在《国家竞争优势》一书中认为,基于文化的优势是一个国家的最核心的竞争力。波特所说的"文化"是指价值体系。他认为,造成国家贫富差别的重要因素是国家的价值体系的不同。特里·N·克拉克教授则是从消费社会的角度分析文化的价值。将此前学者主要从精神层面对文化的理解,转为从生活层面去理解文化的内涵和意义。将文化理解为生活化的结合体,是指以特定空间为载体,便利性的生活文化设施,多样化人群和文化实践活动的结合,以及所蕴涵的价值和意义追求。韦伯的社会学理论以及波特的竞争力理论更多从国家的视角分析文化对促进经济发展的作用,克拉克更多是从社区这样的微观层面,从生活文化设施、文化实践和人群状况等,分析文化在促进经济发展中的价值和作用。如果说韦伯的社会学理论，波特的竞争力理论更多是宏观文化动力学，克拉克的场景理论则更多是微观文化动力学。这些研究深化了对文化在经济发展中动力作用的认识。

（2）场景理论强调不同文化要素的协同性和在地化。场景理论不是孤立地讨论生活文化设施，而是强调文化设施与社区、文化实践活动、人群的协同和互动，生活文化设施只有在互动中才能最大限度地实现其价值。场景理论还强调不同的生活文化设施所体现的文化在地性，这种在地文化展示了区域的精神气质，也是城市创新动力的重要源泉。比如，中关村创意大街的创业咖啡厅就不太可能出现在景德镇；同样，景德镇的陶瓷工艺为主的创意市集也不可能出现在中关村创意大街。场景理论的这一观点对当前我国的城市建设有很强的针对性。一是有助于匡正城市建设中普遍存在的热衷于建设高档文化设施，忽视日常生活文化设施建设的现象；二是有助于避免单纯注重文化设施建设，忽视与其他文化要素的配套；三是有助于改善热衷于引进文化设施，忽视从本地区发掘特色文化资源的情况。

（3）场景理论为探讨如何激发城市活力提供了分析工具。当前，我国城市经济正在经历着从要素驱动向创新驱动的转型。各地都有不少探索，也提出了一些很有启发性的新理念，如创意空间、创意社群、众创空间等。这些新理念均很有意义，但在实施途径上往往语焉不详，缺少系统分析方法。场景理论着眼于从城市特定空间为载体，旨在通过对生活文化设施人群、文化实践活动、价值追求等相互作用的分析，探讨如何激发城市活力。既有新的概念、数据收集方法，也有分析框架和策略，是一个完整的体系。为集聚城市发展动力、实施的创新驱动战略提供了可资借鉴的分析工具。

（4）借鉴场景理论需要用中国视角。世界各国的城市转型和发展有共同性，克拉克教授的场景理论对中国城市转型和发展具有很强的参考价值。但毋庸讳言,场景理论是在继承西方国家城市研究成果基础上的,其概念、术语等也都是立足于西方文化传统和生活方式进行的提炼和归纳⑭。借鉴场景理论需要用中国的视角。这至少包含三方面的涵义:一是立足中国现实,分析中国问题;二是创造性地转换成中国概念体系和表达方式;三是吸收现代科技成果,特别是互联网技术在城市、社区生活的深刻影响,将现实空间与虚拟空间的研究结合起来。这第三点也是克拉克场景理论有所欠缺的地方。

注　释

① 吴军,[美]特里·N·克拉克:《文化动力———一种城市发展新思维》,北京:人民出版社,2016 年版。

② Terry N. Clark and Coauthors, *Can Tocqueville Karaoke? Global Contrasts of Citizen Participation, the Arts and Development*, Emerald Group Publishing Limited, 2014.

③ 参见: Clark, Terry, "*The City as an Entertainment Machine*", Amsterdam, Netherlands; Boston, MA: Jai/Elsevier, 2011.

④ 《发现丽江:他们把酒吧整得像文化馆,不只卖酒还卖艳遇》,来源:掌上丽江 2016 年 2 月 26 日,23:08。

⑤ 该图是 2016 年国家行政学院文化政策研究中心调研组赴丽江考察当地文化消费情况撰写的调研报告成图,图 2 同。

⑥ 参见 2002 年,《新周刊》以"你丽江了吗"为封面主题做了一期杂志;2003 年,《丽江的柔软时光》出版,介绍并宣传丽江舒适慵懒的生活;2009 年,《踢踢兜丽江之恋》中的那句"趁年轻,去丽江"让很多年轻人渴望在丽江邂逅。

⑦ 清控科创集团总裁助理季德清语,根据 2016 年 11 月本课题组成员吴军在中关村创业大街的调研访谈。

⑧ 韩琼林:《中关村创业大街上的"花式"咖啡馆》,《北京商报》(北京),2014 年 11 月 17 日。

⑨⑩ 景德镇大学生创意市集的内容,均来自笔者负责的课题组数次赴景德镇调研包括问卷调查形成的成果。可参见课题组成员陆篌璐:《论文化创意社群

对特色文化城市发展的意义及路径——景德镇乐天创意市集为例》，《浙江工业大学学报》（社会科学版），2016 年第 2 期。

⑪ 随着移动互联网的发展，智能手机的功能越来越强大，手机逐渐取代了 PC 成为新的办公工具，越来越多人不局限在办公室办公。为适应移动办公人群的打印需求。用户通过印娃 APP，将存放在云端或手机端的文档与线下打印终端建立连接，可以随时随地享受文件打印服务。

⑫ 可参见课题组成员陆筱璐：《论文化创意社群对特色文化城市发展的意义及路径——景德镇乐天创意市集为例》，《浙江工业大学学报》（社会科学版），2016 年第 2 期。

⑬ 源自笔者的调研访谈。

⑭ 比如，场景理论用迪士尼天堂、波西米亚、洛杉矶浮华地标、雷阿诺包厢等概念作为场景模型子维度。

第 二 部 分

产 业 实 践

艺术品市场：从艺术品交易到艺术财富管理[*]

——以中国市场为观察中心

西　沐[**]

改革开放 40 年以来，中国艺术学及艺术实践的探索发展取得丰富的经验和成果，除了艺术本体方面的梳理与探讨，中国艺术品市场的崛起与发展也是一大亮点。如今，艺术品市场的发展正在推动艺术品交易制度及其体系由传统的交易形态不断向创新形态转变。特别是在需求的拉动下，市场规模拓展与结构的生发，使得艺术金融及其产业崛起，金融服务与艺术品及其资源资产化，已经成为艺术品市场发展的重要推动力。

在这一背景下，基于艺术品及其资源系统化、资产化、金融化的艺术品资产管理受到持续重视与发展，而艺术品资产作为一种优质资产，又进一步推动了艺术财富管理这一新业态的生发与创新。

艺术品市场发展过程中，艺术品交易及其体系可以说是基础与核心。在这里我们之所以把艺术品交易与艺术财富管理相提并论，主要

　　[*] 本文系作者 2019 年 11 月 30 日在中央美院召开的"结构与创新：全球艺术品市场研究国际研讨会"上的发言稿整理。原载于《齐鲁艺苑》，2020 年第 3 期。

　　[**] **作者简介**：西沐，男，中国艺术经济研究院院长，上海大学中国艺术产业研究院副院长、教授、博士生导师，中国文化产业智库研究中心（陕文投）首席科学家，主要研究方向为艺术经济、艺术金融。

原因是随着中国艺术品市场的快速发展,中国艺术品资本市场也取得了重大进展。对艺术品资本市场发展的初期阶段来说,更多的是关注融资这个重要的功能,即如何聚合更多的资本。这个时候,艺术品资本并没有特别关注艺术品资产本身,而更多关注的是融资本身,这就增加了艺术品资本在市场中的投机功能,也是艺术品资本市场发展初级阶段的一个产物。随着艺术品资本市场的进一步发展,我们特别强调艺术财富的管理,即把艺术品资本与艺术品资产本身有机地联系起来,让资本更多地去关注艺术品资产的价值发现。这是艺术品财富管理的一个重要着眼点与立足点,同时,也是艺术品市场与艺术金融发展的一个归宿与最高宗旨。在这里特别强调,艺术品市场在发展的过程中,正在经历从关注艺术品市场的交易及其体系,不断地向关注艺术品资产的价值发现,以及基于艺术品价值发现基础上的艺术财富管理这一课题,是处于对艺术品市场发展的战略考量。

在全球艺术品市场的发展中,中国艺术品市场发展最为迅速,业态创新也最为多样,市场表情更是丰富多彩。为了更好地研究艺术品交易到艺术财富管理这一主题,我们选择以中国市场为观察中心来展开分析研究。

一、艺术品市场发展中的艺术金融

(一) 艺术品市场趋势与空间

为了更加直观地反映中国艺术品市场发展的基本状况,我们通过图1、图2来表示其发展的基本趋势。

从图中可以看出,中国艺术品市场经历了"从无到有,从小到大"的发展过程,经过改革开放40多年的发展,已经达到了将近4 000亿元的市场总规模。其中,艺术品拍卖市场的规模基本稳定在了500亿到600亿元的水平。值得重视的是,随着艺术品市场的不断发展,中

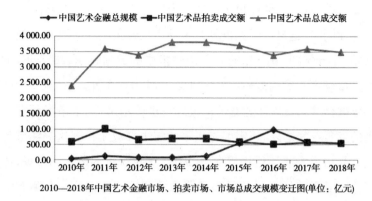

2010—2018年中国艺术金融市场、拍卖市场、市场总成交规模变迁图(单位：亿元)

图1　2010—2018年中国艺术金融市场、拍卖市场、市场总成交规模变迁图(单位：亿元)

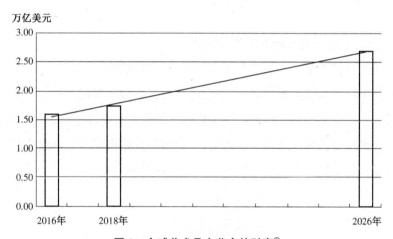

图2　全球艺术品中蕴含的财富①

国艺术金融迅速崛起。可以看出，在2015年中国艺术品拍卖市场总成交额的曲线与中国艺术金融产业规模的曲线出现了交叉，表明在这一年，中国艺术金融产业已经正式进入中国艺术品市场发展的中心舞台，标志着中国艺术金融产业与中国艺术品市场中最重要的风向标——艺术品拍卖市场，出现了同台竞技的发展态势。在随后的几年中，中国艺术金融产业的规模与艺术品拍卖市场的规模一直处在一个相向而行的过程中,体现出了中国艺术金融产业发展的重要性。

与此同时,也可以看到世界艺术品市场发展的一个潜在规模。根据德勤 2016 年到 2019 年的艺术金融报告的数据显示,2018 年,世界艺术品市场中收藏的规模已经达到了 1.74 万亿美元,预计到 2026 年,这一数据会达到 2.7 万亿美元。这进一步显示出,除了市场具有非常巨大的发展空间之外,还需要做更多的需求释放工作。这一情形与中国艺术品市场发展的趋势相吻合,因此,无论是世界艺术品市场,还是中国艺术品市场的发展前景都是非常广阔的。这也从一个侧面反映出艺术金融的发展具有重要的战略意义,在很多方面,可以说担负着拓展艺术品市场发展规模与发展空间的重任。

(二) 艺术品市场交易体系构成

交易体系是艺术品市场发展的基础与重要载体,所以,在分析艺术品市场发展的内在结构时,交易体系及其结构是基础与核心。对中国艺术品市场来说,其交易体系既有交易体系的共性特征,又有自己特色的交易体系与结构。也就是说,中国艺术品市场中艺术品交易的体系及其结构有其自身的特点。具体表现如图 3 所示。

传统 ⎰ 画廊业态
　　　 ⎨ 拍卖业态
　　　 ⎩ 博览会业态

创新 ⎰ 艺术电商(新(融)媒体电商)
　　　 ⎨ 平台＋交易模式创新(文交所)
　　　 ⎩ 平台＋艺术品资产管理

特色:私下交易

图 3　中国艺术品市场交易体系

从图 3 可以看出,中国艺术品市场交易体系与结构中,除了传统的交易体系,如画廊业态、拍卖业态及博览会业态之外,还有自己比较有特色的创新体系，如艺术电商、平台＋艺术品交易模式的创新（最突出的就是文交所的实践）及平台＋艺术品资产的管理。当然，在中国艺术品市场交易体系中，还有一个非常具有特色的交易体系，那就是私下交易。在传统交易体系中，被称为一级市场的中国画廊业态发展式微，没有大的突破，在中国艺术品市场的发展过程中被边缘化；被称为二级市场的拍卖业态发展迅速，成为中国艺术品市场发展的一个重要风向标，被视为"一家独大"。我们经常说的中国艺术品市场交易体系扭曲，或者是一二级市场倒挂，主要就是指中国艺术品市场发展的这种现状。

需要指出的是，中国艺术品市场中的创新交易体系发展比较迅速，突破能力强。艺术电商的发展，在 2015 年底就达到了近 2 000 家，特别是近几年，随着新科技融合及新媒体、流媒体的不断融合创新，艺术电商的发展形态又有了新的进展，如易拍堂，2019 年的交易额就已经超过了 400 多亿元。平台＋交易模式创新也不断探索发展，特别是在文交所行业，从创立之初的艺术品份额化电子交易模式到艺术品组合产权模式，再到艺术品实物集成电子化交易模式创新（代表性的标的物是邮币卡），再进一步发展到基于平台的场内场外、线上线下交易模式为主体的艺术品产业生态建构的创新，也有了新的发展与探索。

特别强调的是，中国艺术品市场交易过程中的主要特点是私下交易，私下交易规模达到了中国艺术品市场总成交规模的 60％以上。而目前不少研究者却忽视了这一板块，只用中国艺术品市场中小部分市场的数据来观察研究，这样的结果可想而知是有极大的局限性的。

与中国艺术品市场交易体系相对应的西方艺术品市场交易体系，其发展相对健康、规范，比较稳定且有可持续性。近几年，其市场交易体系的创新也有了一些进展，特别是艺术电商的发展与平台＋艺术品资产管理等方面。具体见图 4 所示。

$$
\begin{cases}
传统 \begin{cases} 画廊业态 \\ 拍卖业态(私下洽购) \\ 博览会业态 \end{cases} \\
创新 \begin{cases} 艺术电商 \\ 平台 + 艺术品资产管理 \end{cases}
\end{cases}
$$

图 4　以美国为代表的西方发达国家艺术品市场交易体系

其中,在画廊业态、拍卖业态与博览会业态等传统交易体系方面,西方发达国家发展得比较均衡,其发展的水平与势头也比较规范、可持续。创新体系中的艺术电商,主要解决的是新技术的应用与客户场景体验感等方面的一些问题,从而为艺术电商的客户引流创造了非常好的条件与路径。而平台 + 艺术品资产管理方面,则主要依托拍卖业平台、金融体系业态平台以及一些新的业态平台,比如说家族财富管理办公室等,发展的主线是解决客户对投资顾问等方面的需求,更多的是发展艺术品资产配置与财富家族的艺术财富管理问题,可以说取得了一些重要的进展。

(三) 艺术品市场交易体系的比较分析

在艺术品市场发展的过程中,为什么在看上去差异不是很大的艺术品交易体系的架构下,会出现这么大的市场治理效应反差呢? 在具体的研究中我们发现,主要是在交易过程中,由决定交易体系结构的价值结构不同所造成的。交易过程中的价值结构一般由三个大的部分构成,即博物馆业、画廊业及拍卖业,这三种业态构成了一个稳定的三角形,在这里称其为"金三角"。具体见图 5 所示。

从图 5 可以看出"金三角"在艺术品市场发展中的角色与功能,博物馆业的主要角色是收藏、展览展示、研究及公共教育,其在艺术品市场交易过程中的功能主要是学术研究的梳理以及在此基础上的学术定位;画廊业的主要角色是发现及运营艺术家与其作品,其在艺术品

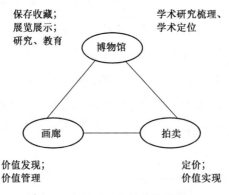

图 5　交易过程中的价值结构

市场交易过程中的功能主要是价值发现及其基础上的价值管理；拍卖业的主要角色是对艺术家的作品进行定价及变现退出，其在艺术品市场交易过程中的功能主要是定价及其基础上的价值实现。

在西方发达国家艺术品市场交易过程中，市场交易体系中的这个"金三角"建构得比较完善、稳定，运营得也比较规范有序，所以，保障与支撑了艺术品市场的均衡、有序、规范与持续运营；而在中国艺术品市场的交易过程中，由于博物馆功能发育不良，一般情况下，更多地是关注保存收藏、展览展示，教育与研究功能缺失或者是薄弱，无法担当起学术研究的梳理以及在此基础上的学术定位的功能；画廊业发展的边缘化态势，使得其在艺术品市场交易体系中无法发挥价值发现及其基础上的价值管理。而在整个艺术品市场交易体系中，拍卖业发展快速，可谓是一家独大。所以，中国艺术品市场交易过程中的"金三角"就缺失了两个角，几乎所有的市场交易功能都落在了拍卖业的头上，使得拍卖业承担了本不是其应该承担的重任，既当起了"运动员"，又当起了"裁判员"，市场交易的价值结构扭曲严重，以致使中国艺术品市场交易过程中的乱象丛生，且难以有效治理，其基本的根源就在于此。

与艺术品市场交易体系中价值结构相对应，随着艺术品市场的不断发展，艺术金融的出现可以说正在改变着市场发展的战略格局。在艺术金融的发展中,艺术品资产的管理成为了一个重要的发展趋向,分析这个战略方向的业态结构,就可以发现不同结构下的发展态势与特点。一般说来,艺术品资产的管理有三个基本的业态:艺术品理财、艺术品资产配置及艺术财富管理,这三个不同业态的发展状况与结构揭示了不同市场的发展态势与特点,图6所示是中国与西方国家艺术品资产管理业态的结构图。

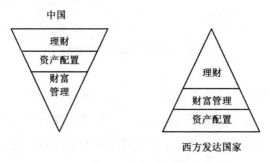

图6 艺术金融的主要业态结构

从图6可以看出,虽然业态相同,但业态的不同结构反映出了两个市场的巨大差异。在中国,艺术品资产管理最大的部分是理财,也就是说,人们普遍接受艺术品资产可以在短期内(一般是12年)就带来丰厚的投资收益的理念,以至于艺术品理财成为了中国艺术品资产管理市场中的第一大业态。众所周知,这是一个以投机为主导的艺术品理财观念,隐含着最大的风险。其次才是艺术品资产配置业态的发展,由于没有相应的专业服务平台,属于一种规范性缺失的自发性质的发展过程,并且规模有限,是中国艺术品资产管理的第二大业态。艺术财富的管理,还刚刚处于萌芽发展的阶段,尚待进一步深化发展。而在西方国家,艺术品投资被作为一种另类投资看待,像艺术品理财这样的短期投资取得高收益的产品普遍不为接受,所以,艺术品理财的市场很小;而与此相对应,艺术品资产配置被广为接受,市场规模很大。同时,与关注艺术品资产价值发现相对应的艺术财富管理也发展很快,规模也在不断提升,成为艺术品资产管理中继艺术品资产配置之后的第二大业态。从这一发展过程中既看到了中国与西方在艺术品资产管理市场中的不同,也可以窥探出两者艺术金融发展中的一些异同。

(四)艺术品市场的发展趋势

在中国艺术品市场发展的过程中,有一个大的发展趋势逐步显现,那就是呈现出一条发展的主线:艺术品商品化、资产化、金融化、证券化(大众化)的发展趋势,具体见图7所示。

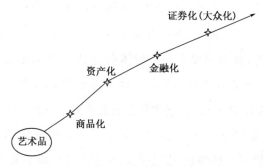

图7　艺术品市场的发展主线

从图7可以看出,艺术品成为一种商品(商品化),到当下艺术品成为一种重要的投资资产(资产化),到艺术品成为能够被金融体系接纳的一种金融资产(金融化),再到平台和互联网相结合,进行艺术品的电子化交易,进行信托、基金等产品的创新设计,逐步实现艺术品的证券化。证券化是实现艺术品大众化的一个重要过程,因为利用平台进行艺术品资产的证券化,降低了艺术品的投资门槛,投资者可以很容易进入到艺术品领域中,让更多缺少专业知识的投资人很便利、安全、低成本地开展投资活动。这是艺术品市场大众化发展的一条重要路径,也是艺术品市场大众化发展的重要线路。

二、艺术品资产管理正在改变艺术品市场的格局

在改革开放40多年的时间里,中国艺术品市场取得了令人瞩目的发展成就,但同时也积累了非常多的问题,甚至可以说是乱象丛生。这些问题主要分为四个方面:一是诚信建设缺失。其中,制假、贩假、假拍的"三假"问题严重。二是定价机制扭曲。表现在市场秩序混乱,特别是一二级市场倒挂严重,定价机制混乱。三是退出机制缺乏。退出机制不健全,建设缺失,使得艺术品资本难以进入,市场投资规模难以扩大,制约了中国艺术品市场的健康、快速发展。四是支撑服务体系发育不完善。其中,支撑体系中,市场管理体系不健全,监管几乎空白,行业管理组织不健全;服务体系中,确权、鉴定、评估、鉴证备案、集保甚至运输等,都必须要有一整套体系的保证,而目前我们面临的市场状况是这些服务功能基本上都是缺少与不健全的,特别是鉴定与评估这两个体系的缺失,严重制约着中国艺术品市场的健康发展。经过40多年的发展,我们看到的事实是对这四个方面的重大问题,在治理过程中没有取得大的突破,甚至在不少方面又形成了新的积累,有了一些新的发展。这是需要面对的一个严酷的现实。也就是说,如果仅仅依靠艺术品市场的内在动力,难以很好地解决当下艺术品市场中存在的这四大问题,我们必须要引进或者是介入新的力量,来进一步推动中国艺术品市场的治理,不断消除这四个方面的问题。于是,我们从艺术品市场发展的主线中,找到了这种推动性的力量,那就是资本。也就是说,要通过发展艺术品资本市场,才能进一步推进艺术品资产化的进程,积极推进艺术金融的发展,从而进一步推动艺术品市场治理的进步与跨越,使艺术品市场健康、有序、规范、持续地发展,通过图8,我们可以看到这种发展的基本逻辑。

从图8中可以看出,艺术品市场发展中的这四个大的问题,只有通过推进艺术品资产化的进程,发展艺术金融才能进行治理与消除。

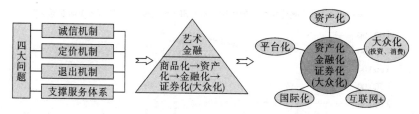

图8 中国艺术品市场发展的动力及其结构图

而要推进艺术品资产化的进程，有赖于艺术品资产化动力的形成。动力系统结构的形成，可以分为以下几个方面，即除了资产化之外，艺术品市场全球化进程、艺术品消费能力和水平的提升、互联网＋的融合发展及平台化机制的建构等等几个方面都是艺术品资产发展动力的组成部分。这一动力机制的形成会推动艺术品资产化的进程，推动艺术金融及其产业的发展规模与水平，进一步改变中国艺术品市场的治理结构，不断化解艺术品市场的四大问题，从而最终实现改变艺术品市场的格局的目标。

中国艺术金融及其产业规模在中国艺术品市场交易规模中占比的不断上升，具体见图9所示。

这一趋势就说明了艺术金融在中国艺术品市场发展过程中的重要战略地位与作用。而这种战略地位的取得，其主要的动力是艺术品的资产化，以及在艺术品资产化过程中，通过艺术品资产管理来进一步推升艺术金融产业的规模，这是一个基本的发展逻辑。从这个逻辑的演进过程中，我们看到了艺术品资产化及在其基础上艺术品资产管理发展的巨大空间。事实上，艺术金融是一个业态，它的发展有其内在的产业逻辑与结构，可以通过图9来进一步分析艺术金融及其产业发展的业态与其结构。

艺术金融的发展有一个比较丰富的业态与结构，虽然这种业态结构的发展还处在初级阶段，但庞大的市场需求和艺术品市场发展的问题导向中，中国艺术金融及其产业的发展出现了一个非常好的势头，

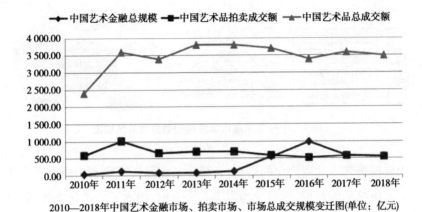

2010—2018年中国艺术金融市场、拍卖市场、市场总成交规模变迁图(单位:亿元)

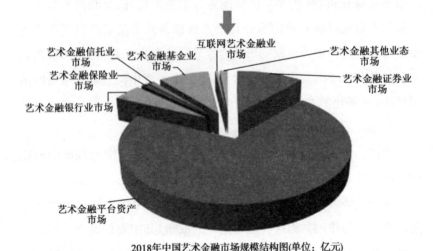

2018年中国艺术金融市场规模结构图(单位:亿元)

1. 中国艺术品市场的发展已经进入新形态(平台期),急需突破。

2. 整个金融体系数百万亿元资产规模与巨大的艺术品资产存量的交集十分有限,其中必然包蕴着非常多的发展机遇,要积极寻找其中的结合点,来寻找新的突破。

3. 艺术品资产化及艺术品资产管理就是突破的钥匙。

图9 艺术品资产管理业态的变化趋势图

产业业态与结构的丰富,意味着为艺术金融及其产业的发展提供了非常有利的基础保证。处于发展初期阶段的中国艺术金融产业,会在市场需求拉动和问题导向的推进中,不断丰富与发展自己的业态与结构,推动艺术金融产业规模的不断提升,从而为艺术品市场的发展作出新贡献。在这里,我们之所以特别强调艺术金融及艺术品资产管理的重要性,是因为中国艺术品市场的发展正面临一个大的态势,无论是从艺术品市场发展的规模,还是艺术品市场重要业态的提升等方面,事实上已经进入了一个平台期,即其规模和主要业态的规模都处在一个相对稳定的阶段,在目前市场的动力结构和市场态势下是难以取得突破的。特别是在新的政治生态形成的过程中,推动着中国艺术品市场也在积极地实现转型,即从规模结构来看,由礼品市场不断向收藏投资市场转变;由礼品市场下的定价机制不断向收藏投资条件下的定价机制转型等等。在艺术品资产化以及艺术品资产管理的推动下,艺术品市场的价值建构以及价值发现平台的建立,为艺术品市场的健康发展提供了非常重要的基础。这种价值发现平台的建构能够保证好的艺术品卖出好的价钱,艺术品的价格不再是游离于艺术品价值之外的一种符号,而是与艺术品价值相向而行的一种市场现象,这是在艺术品市场发展过程中进入新常态的一个非常重要的表现。艺术品市场的这种转型,能够进一步推动中国艺术品市场发展的战略取向,能够有效地改变中国金融体系数百万亿的金融资产长期与同样海量的数百万亿的艺术品资产几乎没有任何交集的现实,为这两大资产板块的融合交叉提供更多的可能性与路径。而要最终实现这一发展愿景与发展趋势,最根本的突破还在于艺术品资产化的进程,以及在艺术品资产化基础上的艺术品资产管理的不断完善与发展,这也是我们推动艺术品市场格局发生重大变化的重要突破口与抓手,来真正解决图 9 中提出来的三个重要问题。

三、艺术财富管理业态的兴起

实际上，在艺术品市场发展中，从以艺术品交易为中心到关注艺术财富管理，其背后有一个清晰的逻辑，就是在交易体系中，艺术品是一种商品，随着交易和市场的深化，艺术品慢慢被作为一种资产，并且被越来越多的人认为是一种优质资产，而这种优质资产又被金融体系看作是可以用来作为金融工具的艺术金融资产。在这个基础上，财富管理体系不断建构，把艺术金融资产纳入到财富管理的范畴中，就成为一个当然的事情。也就是说，人们把艺术金融资产当作财富来进行管理，一方面是艺术品本身的优质资产特性；另一方面，艺术品资产作为金融资产，可以方便地流转与退出。这种逻辑反映出了艺术品本身身份的一种转化，从商品到艺术品资产，再到金融资产并成为财富管理的工具，反映出了艺术品市场的深化，也反映出了时代发展的需要。

当然，艺术品资产之所以会被迅速地纳入到艺术财富管理范围中，一个方面是由于其资产的优质特性，另一个方面还因为艺术品资产除了是物质性的资产以外，它还有精神性的无形价值，所以，在艺术财富管理的过程中，艺术品资产价值的多重性特征，为艺术财富管理注入了新的活力与发展空间。

艺术品资产价值的多重性，首先反映在其资产的价值发现空间不断拓展。作为一种优质资产，被越来越多的高净值人群所认知、认可，并且在金融体系中，其资产属性得到越来越多的共识，这是一个前提。在这种情况下，艺术品资产管理就成为一个非常重要的新业态，随着艺术品资产管理广泛被接受，艺术品资产作为重要的优质资产，被越来越多的人们纳入到资产管理过程中。艺术财富及其管理的发展，更多的是基于艺术品及其资源的特性，以及艺术品资产的基本特质，艺术品资产价值的形成更多的是依靠价值发现这一基本理论，这是艺术财富及其管理新业态被不断推动发展的基础。艺术财富管理的这种发展特点及其前景，使得这一新业态在艺术品市场的发展中，得到了越来越多的关注、重视，从而使得艺术品市场从原来更多地关注艺术品交易体系及其制度的创新，不断地向艺术品资产化及艺术财富管理这一新的方向发展。可以说，这一聚焦方式的变化正在从根本上改变着艺术品市场发展的基本格局。对艺术财富管理发展逻辑基点与创新发展的战略路径态势，可以归纳为如图 10 所示。

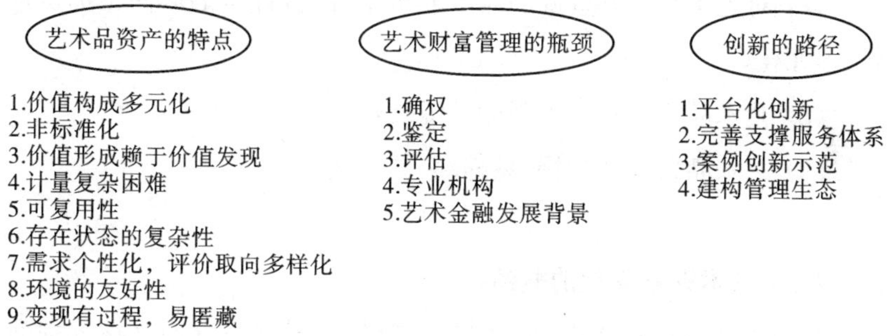

艺术品资产的特点	艺术财富管理的瓶颈	创新的路径
1.价值构成多元化 2.非标准化 3.价值形成赖于价值发现 4.计量复杂困难 5.可复用性 6.存在状态的复杂性 7.需求个性化，评价取向多样化 8.环境的友好性 9.变现有过程，易匿藏	1.确权 2.鉴定 3.评估 4.专业机构 5.艺术金融发展背景	1.平台化创新 2.完善支撑服务体系 3.案例创新示范 4.建构管理生态

图 10　艺术财富管理发展逻辑基点与发展战略路径

（一）艺术品资产的特点

我们必须正视一个基本的逻辑起点，那就是在艺术品资产管理中，艺术财富管理作为一个新的业态，是财富管理过程中一个新的特定财富管理门类。之所以把艺术财富管理独立于一般财富管理之外进行研究分析，是由艺术品资产的独特特性所决定的。由于艺术品资产与其他资产形式的特质有着极大的不同，就决定了艺术财富管理与其他财富管理的差异与特点。所以，在下面的分析中，我们首先从艺术品资产的特质入手，通过研究艺术品资产的特质来进一步探求艺术财富管理的瓶颈问题，再进一步探讨艺术财富管理创新路径的问题，这样才能够逐步系统地认知艺术财富管理的基础、瓶颈与创新发展的路径等问题，从而也会更加清晰地理解艺术财富的发展趋势与底层结构。具体来说，艺术品资产的独特特性主要体现在以下 9 个方面：

（1）艺术品的价值构成是多元化、多层次的；

（2）艺术品资产都是非标准化的；

（3）艺术品资产的价值形成依赖于价值发现；

（4）艺术品资产价值的计量复杂困难；

（5）艺术品资产具有很强的可复用性；

（6）艺术品资源存在状态的复杂性；

（7）对艺术品及其资源的需求非常个性化，评价的取向更加多样化、多元化；

（8）艺术品资产具有很强的环境友好性；

（9）艺术品资产变现慢，易移动、易匿藏。

（二）艺术财富管理的瓶颈

从以上的分析可以看到，就目前来讲，如果要系统而又深入地研究艺术品市场，仅仅研究艺术品交易制度与体系本身是不够的，还需要根据艺术品市场发展的战略格局及趋向，关注艺术财富管理这一新业态的发展。因为它从一个未来的战略方向上，正在建构艺术品市场发展的未来趋势，这是艺术品市场发展不可忽视的，或者是不可或缺的一个重要的战略方向。随着艺术品市场战略格局的转化与不断的丰富，艺术财富管理新业态也在不断的生发与完善，这种丰富与生发正在形成自己的业态及其相应的体系，当然，这些体系的建构与进程，都是基于艺术品市场巨大的需求拉动而产生的。由于艺术品及其资源的基本特质，在发展过程中还有自身的瓶颈和创新发展的一些可能与关键的路径，需要我们去进一步系统探索。当前，最为关键的瓶颈是：

（1）确权问题；

（2）鉴定问题；

（3）评估问题；

（4）专业机构的发展发育问题；

（5）艺术金融发展背景与支撑问题。

（三）创新的路径

事实上，在艺术品资产管理中，除了进行艺术品理财与艺术品资产配置以外，更多的被人们用来进行财富规划与管理，作为一种财富管理的工具，已逐步被采用。在这种情况下，由于艺术财富及其管理更多的是考虑艺术品及其资源特质基础上的艺术品资产价值，人们更多的是关注艺术品资产的价值发现，通过价值发现而进行巨大升值空间的挖掘，从而进一步提升艺术品资产价值的发现空间。通过价值发现来提升艺术品资产的价值，推动艺术品资产的财富能力与水平，达到了艺术财富管理的基本目的，这是艺术财富管理新业态不断得到发展和关注的重要逻辑。但要展开与实现这一逻辑，需要的不仅仅是创新，更为重要的还有创新发展的基本路径问题，即：

（1）平台化创新的基本路径问题；

（2）完善支撑服务体系的基本路径问题；

（3）案例创新示范的基本路径问题；

（4）建构管理生态的基本路径问题。

（四）艺术财富管理的业态规模结构与趋势

1.艺术财富管理的业态规模结构

随着中国艺术品市场规模的不断拓展，艺术金融及其产业发展的规模也迅速提升，也就是说，艺术品资产化的水平与能力也在提升，在这个大的发展框架下，艺术品资产管理这一业态也在不断的萌发与成熟。在艺术品资产管理业态发展中，有三个最基本的方向，一个是艺术品理财，第二个是艺术品资产配置，第三个是艺术财富的管理。在这里之所以特别强调艺术财富的管理问题，是因为艺术财富的管理推进了艺术资本与艺术品资产相对应,并且更加关注艺术品资产本身的价值发现问题。可见,艺术财富的管理与艺术金融发展的终极目的是相统一的,是不断推动艺术品资产价值发现的一个有力的工具与路径。在这里研究与探讨艺术财富管理的业态及其规模结构等问题,就是为了更好地探讨艺术金融发展的战略方向问题。艺术财富管理业态的规模构成,总的来说分为四个大的部分:第一是传统金融体系所建构而成的业态形式,如银行业机构业态、信托业机构业态、基金业机构业态及保险业机构业态等;第二是创新型的交易体系所构成的业态形式,如平台机构业态形式、市场交易机构的业态形式等;第三是独立财富管理机构业态形式,即第三方财富管理机构所组成的艺术财富管理业态形式等;第四是一些其他融合生发而成的业态结构形式等,也属于艺术财富管理机构单向维度的业态机构形式。这些不同的业态机构形式,组成了艺术财富管理的整个业态结构,具体可见图 11 所示。

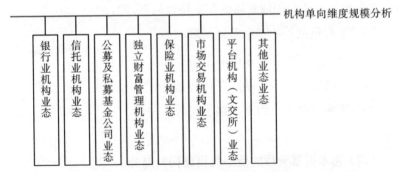

图 11　中国艺术财富管理发展架构分析的机构单向维度业态图

在研究分析艺术财富管理业态机构的规模时,我们发现,市场交易机构业态目前是艺术财富管理市场规模的主要贡献者;其次是基金机构业态(包括公募与私募)与第三方财富管理机构业态结构的艺术财富管理业态所提供的贡献额;再次是银行、保险、信托等业态机构所贡献的艺术财富管理业态的规模,这些规模结构的构成情况,可以见

图 12 所示。

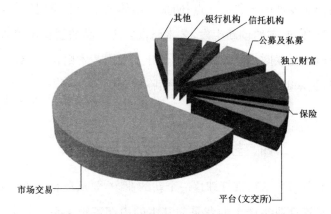

图 12　2017—2018 年中国艺术财富管理的机构市场规模结构图

2. 中国艺术财富管理规模结构发展的趋势分析

（1）中国艺术财富管理规模结构的微观分析。中国艺术财富管理的规模与结构进化发展进步较快。具体表现为：一是规模发展较快，2017 年中国艺术财富管理的规模比 2016 年增长了 26.5%；二是规模结构越来越丰富，发育较快，特别是公募与私募、独立财富、平台机构等发展迅速；三是中国艺术财富管理规模的主要组成部分还是在市场交易板块，说明了中国艺术财富管理的核心竞争力与集中度有待强化；四是传统金融体系在中国艺术财富管理的规模中占比不高，一方面反映了其参与的积极性不高，另一方面也反映出其转型发展的难度；五是市场交易机构规模占比一股独大，公募与私募、独立财富、平台机构发展迅速，传统金融体系机构板块不活跃，但创新发展的空间巨大，这是中国艺术财富管理的基本微观状态。

（2）中国艺术财富管理规模结构的宏观分析。一是艺术财富管理发展的对象由单一形态的具体艺术品资产在不断向多元、多样化的艺术财富资产转化；二是新的金融工具、新的资产类别与投资方式正在推动中国艺术财富管理发展工具的选择与规模的拓展；三是中国艺术财富管理发展的平台化趋势已经显现，艺术品综合服务平台的建构已成为行业发展的重要关注点；四是金融体系参与艺术财富管理发展的热情提升，业态的创新生发、艺术财富管理产品的创新比较活跃；五是在平台＋互联网机制的推动下，打开了中国艺术财富管理发展的另一扇门，艺术财富管理行业的发展面临重要机遇。

四、艺术财富管理的格局与前沿

　　研究分析艺术财富管理这一个新的业态，要从逻辑上进一步明晰艺术财富管理业态产生的背景与基本的内在逻辑关系。艺术金融的发展有两个最基本的市场和产业基础，即艺术品市场与艺术品产业。艺术财富的产生与发展，又是基于艺术金融不断进化发展而来，而艺术品资产管理是艺术财富及其管理产生和发展的重要基础业态。艺术财富及其管理，一方面要面对艺术品市场里艺术品产业发展中的一些问题，另一方面还需要面对艺术金融以及艺术品资产管理中的一些瓶颈与问题，所以，在发展艺术财富管理的过程中，需要明晰其发展是基于艺术品综合管理服务平台这个基础之上。只有建构了完善的、系统的艺术品综合服务平台，才能够进一步推动与深化艺术财富及其管理的发展。当然，艺术财富及其管理发展与艺术品市场交易体系的健康发展，不是相互矛盾、相互迭代的关系，而是一种互动、共生发展的状态，所以，在艺术财富及其管理的过程中，要深刻地理解这种共生共存的关系，以及相互间的互补促进状态，这是艺术财富管理非常重要的方面。

（一）艺术财富管理业态分析

　　构建系统而又功能完备的艺术品综合服务平台，才能够进一步推动艺术品及其资源的系统化过程；在艺术品及其资源系统化的基础上，依靠平台的力量，进一步对系统化资源进行估值与定价，使艺术品及其资源进一步资产化；在艺术品资产化发展状态下，依靠综合性的服务平台来整合金融体系，从而使艺术品资产能够转化成艺术金融产品，来进一步提供相应的服务，进一步满足市场需求。从艺术品资产变成艺术品金融资产，在艺术品金融资产的基础之上，进一步利用艺术品综合服务平台的功能，经过综合服务平台的支撑、保证，进行相应的艺术品资产的管理，形成艺术品理财、艺术品资产配置、艺术财富管理等业态形式。新业态的不断生发，使艺术品资产管理不断形成一个新的产业生态，在这个生态的发展中，艺术财富管理才能够进一步生发与创新发展。具体见图 13、图 14、图 15 所示。

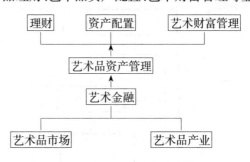

图 13 艺术品资产管理的学科架构图

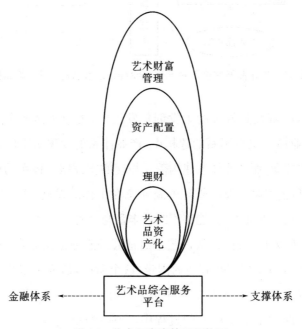

图 14 艺术品资产管理架构图

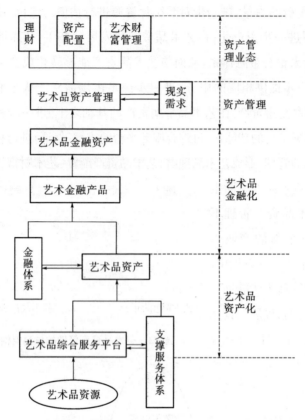

图15　艺术品及其资源资产化、金融化、艺术品资产管理框架图

艺术财富及其管理的生发创新发展中，由于主体形态的不断形成，其产业体系也在不断的建构中，产业体系的发展更多的是依靠市场需求的拉动，而产业体系建构需要相应的支撑服务体系的保证与支持。所以，艺术财富及其管理的新业态在主体的发展、产业体系与支撑服务体系的保证下，才能够不断地丰富与完善。

到目前为止，我们在认识艺术财富管理新业态的过程中，实际上还存在许多理论与实践方面的困难，这个阶段，研究更多的是聚焦在艺术财富管理这个业态中。从中国艺术财富管理的发展过程来看，其业态在不断的形成与萌发的过程中，产业的规模在不断地形成与拓展。在分析中国艺术财富管理市场时，一方面要重视其产业规模，同时还需要重视规模的基本结构。只有分析并清晰地认知了其基本规模及其基本结构，才能够发现作为一个新业态内在的基本构成，这样才能更好地去发现业态发展的内在规律与发展态势，为艺术财富管理的发展提供更多的支撑服务与保证，这是我们在分析过程中必须要认真做好的重要功课，也是当下艺术财富及其管理发展的重要课题。可以这样说，如果没有对艺术品资产、艺术财富管理进行系统性结构性的分析，就很难准确评判其发展的规模体量与构成，很难判断艺术财富及其管理的发展态势、内在结构、发展规律及发展前沿等，而这些问题都是艺术财富管理中要特别关注的基本内容。

（二）艺术财富管理的基本结构

在中国艺术品市场的快速发展中，艺术金融的创新发展出现了两个基本的趋势：一个是基于艺术品综合服务平台的艺术品交易模式的创新；另一个是基于艺术品综合服务平台的艺术品资产管理创新。具体见图 16 所示。

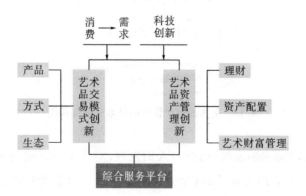

图 16 艺术金融创新发展的取向

在艺术品资产管理这个维度上有三个重要的业态：艺术品理财、艺术品资产配置及艺术财富管理。从目前的发展趋势来看，艺术品交易模式的创新方面已经有了多方面的探索，特别是以文交所为代表的平台化交易，是这种创新探索的一个代表；而在艺术品资产管理创新方面，除了前几年探索的艺术品理财方面有一些实验与探索之外，艺术品资产配置与艺术财富管理可以说是处在一个起步的阶段，需要进一步推动与发展。

对艺术品资产管理这个新的业态来说，其需求基本上分为三个方面：高净值人群、艺术品投融资机构及财富家族财富管理的需求等。具体见图 17 所示。

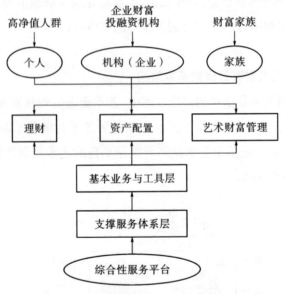

图 17 艺术品资产管理的基本分析架构图

在这些需求的发展过程中，人们发现，对艺术财富的管理是今后一个非常重要的方向，而这个方向可以进一步融合相应的艺术品理财、资产配置等业态与产品。

艺术财富管理的发展方向迎合了中国艺术品市场发展的主线，即艺术品商品化、资产化、金融化、证券化（大众化）的发展。在这一过程中,艺术品从商品变为一种资产,进而变为一种金融资产,再进一步成为一种艺术财富,从而使艺术品市场发展的趋势出现了大的变化,对艺术财富管理这个新的业态来说,最根本的是艺术品资产的价值发现这个基本理论。

艺术品资产化是艺术财富管理发展的一个基础,也是在艺术品及其资源系统化、资产化发展的基础上,进一步推动了艺术品资产化的发展;在艺术品资产管理业态的基础上,出现了艺术品理财、艺术品资产配置、艺术财富的管理。而艺术财富的管理主要是基于艺术财富价值链的形成,即艺术财富的隔离、艺术财富的安全、艺术财富的保值、艺术财富的增值、艺术财富的流转、艺术财富的退出等几个方面。具体见图 18 所示。

图 18　艺术品资产管理的基本内容框图

这个价值链的构成也形成了一个闭环发展的过程,正是因为这种闭环过程的推动,使得艺术财富管理不断由项目向形态,由形态向业态,进一步由产业业态向产业生态发展。这个业态发展的大趋势,从业态的生发开始，最终推动了艺术财富及其管理的发展与进步。

（三）艺术财富管理的趋势

（1）平台化。一方面，艺术财富管理需要依靠综合性服务平台的平台化业务；另一方面，业务需要公信力与风险管控，需要平台化机制来提供与保证。

（2）产品化。艺术财富管理是一种特种金融服务，而服务的进行是通过不同的产品来满足多元化、个性化需求的。

（3）专业化。专业化发展是艺术财富管理的内在要求。除了艺术财富管理这一新业态的专业要求之外，服务的产品与体系、运营服务体系、支撑服务体系、人才及其体系，无一不需要专业化的运作与保障。

（4）机构化。一方面，业务管理及其运营的机构化发展成为必须的要求，并且机构随着业务的创新发展不断地向多元化、多样态化方向发展；另一方面，服务的对象、支撑服务的体系也不断向机构化的方向发展。

（5）大众化。随着艺术财富管理不断走向平台化、专业化与机构化，其业务必然会不断地降低门槛，提高安全性与效率，这就会吸引越来越多的投资者介入、参与其中。这种发展趋势的强化，就是走向大众化的过程。

（四）艺术财富管理发展的前沿

（1）艺术品综合性服务平台建构及其应用场景与业务的创新。

（2）大力发展第三方艺术财富管理服务业态，重点培育发展第三方艺术财富管理的主体机构。

（3）大数据、人工智能等技术融合发展和用户参与场景化技术发展所带来的：一是基于大数据的客户管理科技；二是行情服务、数据服务、指数服务及估值服务等；三是基于 AI 技术的艺术金融智能投顾；四是确权、鉴定、估值及鉴证备案等应用科技；五是基于艺术金融科技融合发展的产品再创新；六是风险管控的新发展，特别是基于征信服务为核心的信用服务。

（4）艺术金融科技的创新融合发展，培育推动支撑服务体系新业态的成长。

（5）完善创新法规、政策与监管，基于创新监管体系与风险管控机制，推进传统金融体系的积极介入。我国的金融发展已经进入了一个新的阶段。这个新阶段的基本标志有三：一是中国金融体系的功能逐步由融资为主慢慢转变成融资和投资并重，而且未来逐渐向以投资和财富管理为主转变，这是我国金融体系发展变革中面临的大势；二是"无科技不金融"的金融发展态势，使得金融科技的发展进入了金融创新发展核心领域，作用与意义越来越重要；三是"一委一行二会一局"监管格局的形成，使得金融监管的环境发生了重要变化，投资者、消费者的利益保护进一步加强。这些基本标志一再提醒我们，推进传统金融体系的积极介入，可以说是新时期拓展艺术财富管理发展最为重要的方向。

艺术财富及其管理既是一个新生事物，又是一个新的产业业态，所以探索其发展的内在规律与发展趋势，无论在国际还是在中国，都是一个崭新的领域，没有成功的案例可以借鉴，需要我们共同协力，协同创新，积极探求。在这里，需要特别指出的是，由于中国艺术品市场及其艺术品资产化发展的一些独特的特质，以及中国艺术品资产在世界范围内所形成的领先发展的趋势，都在提示我们应该清醒地认识到：没有现成的道路，西方国家的今天也不会是我们的明天，我们也不可能把西方的成功模式照搬过来。但是这并不排除或者是排斥我们认真学习吸收与借鉴西方发达国家艺术品资产化进程及艺术财富管理过程的成功经验与案例,更好地吸收创新,为中国艺术财富管理的发展提供更大的发展空间与更多的发展可能,从而不断开拓艺术品市场创新发展的战略格局。

注　释

① 据德勤发布的 2017、2019 年艺术金融报告整理。

参考文献

［1］西沐.中国艺术金融教学案例［M］.北京:中国经济出版社,2020.

［2］西沐.中国艺术金融概论［M］.北京:中国书店出版社,2017.

动漫产业的发展与国家文化软实力提升[*]

刘 轶^{**}

引发学界和业界对动漫产业与国家文化软实力之间关系的考虑，最初源自于对本国动漫产业受到外来动漫产业冲击的忧思。这一忧思在国际上的不同国家都不同程度地存在着，如法国（主要针对美国的电影动画）、韩国（主要针对日本的动漫作品）、中国（包括了对美国动漫、日本动漫、韩国动漫等诸多强势文化产业国家的作品）等国都有此种忧虑。这一忧虑还引发了对"动漫与民族文化认同""动漫与文化贸易逆差""动漫与青少年教育"等问题的考量。这些考虑不可避免地联系到了动漫与国家文化软实力之间的反思。

就我国而言，如从经济角度出发，大量的外国动漫作品以低价倾销的方式进入我国，我国动漫市场80%以上盈利流向海外，这不能不说是一大问题。如从民族化的角度考量，有关"民族风格""民族题材"的忧思更加浓重。例如有学者认为，我们的动漫产业失败，很多时候是由于"民族化"的失败，"我们的《魔比斯环》的失败恰恰在于缺乏中

   * 本文系国家社科基金项目"文化策略、亚意识形态与我国动漫产业发展"（项目编号07BXW024）阶段性成果。本文原载于《西南民族大学学报（人文社会科学版）》2010年第5期。

   ** 作者简介：刘轶（1973—），云南曲靖人，复旦大学新闻传播学博士后，上海社会科学院文学研究所文化产业研究室主任，研究员。

国文化的内核：人物和场景尽量迎合西方人的口味，丢掉了中国文化的精髓""美国是文化霸权的代表，反映在动漫产业上，不仅是对别国动漫市场的占领，还表现在对他国文化资源的'拿来主义'……《功夫熊猫》故事的发生地、人物、服装看着似乎都是中国的，但人物的语言、行为彻彻底底美国化了，宣扬的仍是美国的英雄主义、'美国梦'的实现。《花木兰》和《功夫熊猫》的成功也映照出中国动漫缺乏发现力、创造力、想象力，缺乏对本国文化深层次的理解和挖掘。"① 这些从不同的角度，都印证了动漫产业与经济、文化之间的直接关系，也例证了动漫产业与国家文化软实力之间的联系——有人甚至直接认为，从未来的文化发展来讲，动漫产业"不仅是发展我们区域经济，更是传承民族文化精神、增强'软实力'、保障国家文化安全的根本保障。"②

从整体来看，动漫产业的具体发展，应与国家文化软实力的战略目标相结合。这不但能使得动漫产业的发展与国家文化发展整体战略相一致，使动漫产业的发展有一个良好的背景，同时从相反的角度来说，这也使得它能通过自身的发展推动国家文化发展战略的实施。

一、动漫产业能推动民族文化的"走出去"战略

动漫产业的发展，将推动文化产品的输出，为我国民族文化的"走出去"形成一个有效的途径。"文化走出去"，是一个国家推动文化在世界范围内的发展、获得世界范围内的话语权的重要策略。"文化走出去"，其实际的运作，是要依托具体的文化产品的输出——亦即是说，要依靠一定的文化产业的方式来进行。目前看来，书籍、影视、音乐、绘画、民族手工艺、民俗传统等等，都是"文化走出去"的有效途径。动漫产业，同样也是一个重要的有效途径。通过动漫产业的发展，可以使我们的文化走出去多一个渠道，多一种方式。近年来，我们在文

化产品方面,引进多,输出少。这并不利于我国本土文化产业的发展,也制约着我们文化软实力的提升。尤其在动漫产业领域更是如此。有调查显示,目前大量"洋动漫"占领了我国动漫市场,使国内动漫市场不断丧失。"在中国青少年最喜爱的动漫作品中,日本、韩国动漫占60%,欧美动漫占29%,中国原创动漫的比例仅有11%。"③我国在世界动漫市场上更是处于弱势,基本没有什么发言权。最近一两年来,在本国动漫市场上,尽管这种现象有了改观,但这种局面并未得到根本改变。这一方面有外在原因,另一方面也跟我们自身的发展有关系。如据文化部牵头的《中国动漫产业基本战略研究》课题组统计:我国现在拥有动漫生产机构 5 473 家,国产动画片的年产量从 2003 年的 12 000 分钟,锐增至 2007 年的 100 000 分钟。国产动画电影也从每年的 1 至 2 部,发展到现在的每年 10 部左右。④到 2008 年,全国制作完成的国产电视动画片共 249 部 131 042 分钟,比 2007 年增长28%。⑤这个数量超过了法国,甚至也赶上了日本,但法国和日本可以说是动漫大国,但我们缺乏成功的、有影响力和号召力的动漫作品,就算有这些作品,也没有成功输出到世界各国去。

对此,动漫产业如要在提升文化软实力上发挥作用,当务之急是考虑"走出去"的问题。

第一,动漫产业的发展和"走出去",从经济层面上来说,可以为我国的文化出口提供一个宽阔的途径。目前动漫产业的世界需求量相当巨大,在 5 年前,全球数字动漫产业的产值就已达 2 228 亿美元,与动漫产业相关的周边衍生产品产值则在 5 000 亿美元以上。现在这个数据早已被刷新。如 2007 年,美国每年的动画产品和衍生产品产值达 50 多亿美元,日本动漫的年营业额超过 90 亿美元,2007 年全球与游戏、动画产业相关的衍生产品产值超过 6 000 亿美元。日本动漫研究专家认为,"日本的动漫产业不仅仅是日本的动漫产业,而且是日本的经济。也就是,动漫产业也是日本经济的代名词。"⑥而中国这个超级巨大的世界动漫市场，大多被美国、日本等国占据。我国的动漫产业如果在今后的发展中，能够在世界动漫市场上获得一定的地位，有较好的收益，将给我们的文化产品输出带来不可估量的作用。更值得关注的是，在未来的文化产品市场上，动漫产品将占据重要地位。发展动漫产业，也是为抢占未来文化产品的重要地位而努力。

第二，从文化影响的层面来说，推动动漫产业的发展并使之在世界文化产品市场上占据有利地位，将直接推动我们民族文化在世界上的影响力，尤其是在不同民族的青少年中间的影响力。众所周知，动漫的消费群体中，一个巨大的群体就是青少年。仅以我国为例，有材料显示，我国的受众结构中青少年是动漫市场的消费主力军。上海市经常看、有时看动画片的青少年占比为 86.3%，而北京的数据为80.8%。漫画读者也以 14—20 岁的青少年居多。根据《漫友》杂志近 8年来对读者的调查分析，国内漫画阅读群体的年龄构成大致如下：13岁及以下群体约占 11%，14—17 岁约占 59%，而 18 岁及以上约占30%。[7]由于动漫这一特定的形式，其在青少年中间所具备的影响力不可低估。目前我国动漫产业广受批评的一个重要原因，就是我们的本土动漫产业在青少年中间没有太大市场，日韩美等国的动漫对我们青少年的影响巨大，国产动漫无法对青少年的道德观、人生观乃至审美造成影响。当代青少年提到动漫，言必称日美，基本不提本土动漫。至于在国际市场上，我国本土动漫产业的影响力更是微乎其微。大力推动我国动漫产业的发展，提倡本土动漫作品，挖掘本土动漫人才，这将为我国民族文化在全球青少年间的推广起到不可估量的作用。

二、动漫产业能推动民族文化品牌的形成

动漫产业的发展能够形成强大的本土文化品牌力量，在世界竞争中获得经济和文化上的双重效益。

国家文化软实力的提升，与文化品牌的建设和推广有着密切关联。动漫品牌，从某种意义上讲，不仅仅是商业品牌，还是一种国家、民族文化的象征。在一定程度上，文化品牌包括动漫品牌，能够产生让人意想不到的"打动人的力量"，"文化产品的品牌的构成就在于它的文化功能效益，和它的独特的文化意蕴"⑧（详见后文）。因此，成功的动漫品牌不但能够在国际上获取经济上的优势，更能获得文化上的优势。

此类案例近年来已多得数不胜数，如韩国的"流氓兔"（MashiMaro）最为典型。"流氓兔"为韩国漫画作家金在仁 2000 年 3 月 20 日创作，首次发表日期为 2000 年 8 月 10 日，在其诞生之后不久，就获得韩国"2002 大韩民国卡通造型大奖"⑨。流氓兔的 Flash 动画在网络上发布后，迅速成为韩国最为知名的卡通形象，在短短 4 年时间内就成为网络动漫产业的成功典范，风靡全球。现在已经成为漫画书、卡通电视、玩具、手机游戏、食品、短信图片、服装等的主角之一，形成了一个超过 10 亿美元的大产业。据有关资料，韩国 2003 年动画产业销售额为 3 200 亿韩元，加上周边产品收入，市场规模达到 7 700 亿韩元（1 美元约合 1 200 韩元）。根据韩国软件振兴院 2005 年出刊的数字产业白皮书统计，朝国动画产品出口额为 6 231 万美元。动画制作企业 240 多个，从业人员超过 1 万人，每年生产动画 4 680 分钟，剧场版长篇动画 273 篇，制作网络动漫数百集，独立短篇 100 多部。⑩而"流氓兔"在 2001 年就创造了 1 200 亿韩元（约合人民币 8 亿元）的辉煌业绩，相关产品达到 1 700 多种。2002 年 1 月韩国政府的一项调查显示，"流氓兔"在韩国卡通市场的占有率为 21%，居首位；居第二的是迪士尼（多种产品累计），市场占有率为 10%左右。品牌授权是"流氓兔"真正获利颇丰的领域，"流氓兔"品牌持有机构 CLKO 公司 2003年的 1 400 亿韩元（约合人民币 10 亿元）收益中，绝大多数是由 2 000多种相关产品获得的。同时，"流氓兔"在韩国市场的份额使韩国节约了外国卡通形象使用费，在一定程度上避免了资金外流，并极大刺激了国内作者的积极性。这不能不让人感慨"流氓兔"的巨大品牌力量。而且，由"流氓兔"这一动漫品牌形象，使得韩国的本土动漫品牌开始形成一股旋风。"流氓兔"的权益拥有公司 CLKO 公司迅速在日本、美国等许多国家和地区设立了分公司和代理处，"流氓兔"这一卡通形象从韩国走向世界各地。在我国，"流氓兔"则从 2000 年开始迅速发展，中国某网站有 3 762 名网民参与的调查显示，"流氓兔"是网民支持率最高的卡通造型，认为它非常有个性、有灵魂的占 37.56%，表示非常喜欢它的占 42.80%。⑪韩国独特的民族文化和幽默方式通过一个小小的网络偶像慢慢地深入到中国青少年心目之中。在国际动漫市场上，"流氓兔"以独特的方式占据了以往被美国、日本等动漫作品所霸占的市场，树立了韩国本土的品牌，获得了世界动漫领域的认同。"流氓兔"不但为韩国在国际市场上带来了巨大的经济效益，更将它的文化影响力扩大开来。

日本历来是最重视动漫品牌建设的国家之一。日本在建设其动漫品牌的历史中，最经典的案例当属"铁臂阿童木"。⑫在"阿童木"品牌化的亲身经历者描述中，可以发现"铁臂阿童木"品牌化的详细过程和方案。吃铁臂阿童木饭的从业者聚集在一起。大家商量着要把铁臂阿童木彻底商业化，利用版权进行动漫制作，其次，向海外出售胶片，为了通过广告宣传使商品、节目、收视者结合在一起，接下来的计划是在虫专业工作室成立通讯、出版部，发起成立全国性的'虫专业工作室朋友之会'。不限于《铁臂阿童木》，今后凡是虫专业工作室制作的胶片里的符号形象，都要进行立体的全方位的广告宣传，使符号形象的寿命具有长期性和稳定性。"④由于在营销体系和品牌建设上不断推陈出新，直到今天，在各种展示、宣传、庆祝等活动中，依旧经常能看到铁臂阿童木的身影，因此它总能活跃在人们的视野中，使"虫专业工作室"要求的"符号形象的寿命具有长期性和稳定性"成为现实。再如，

"机器猫"("哆啦A梦")是漫画家藤子不二雄从1969年开始描绘的"面向儿童"的漫画,单行本已发行了1亿册以上,电视动画片从1979年在朝日电视台播放,至今仍在继续。这主要也得益于它的品牌建设不断创新。

最近的一个案例便是电影版的《阿童木》。这部由美国好莱坞打造的动画长片,于2009年10月23日全球同步上映。在这部动画长片中,结合了诸多跨国动漫产业的力量,由IMAGI Crystal Limited(意马公司)和北京光线影业有限责任公司联合出品。有媒介称,红遍全球50年的日本经典动漫形象用3D技术重新演绎搬上大荧幕,"神奇小子阿童木全新回归,必将唤起全球阿童木迷的集体记忆。"[13]在这部动画长片中,与以往的动画电视剧相比,有了不少显著的变化。例如,中国元素的加入就是一大特色。在影片中,歌娜、阿赛、双胞胎兄妹泥巴和东东等,都是阿童木新结识的中国朋友。在他们身上,有着中国文化的典型特征,如知恩图报、先人后己等。故事设置上,也大大增加了他们的戏份。因而,在这部动画长片中,"阿童木这个让全球影迷为之疯狂五十年的动漫形象在集合了各国文化元素后将显示出更超强的神奇力量,相信更多人会爱上这个可爱勇敢的小机器人。"[14]这样的评价,显示出"阿童木"这样一个跨国动漫品牌不断努力,在不同的时代中获得成功的关键所在。

在我国,对本土品牌的建设问题也越来越受到重视。例如,近年来对本土动漫品牌的建设呼声越来越高。有份动漫杂志在回答"中国动漫前路最终在哪里?"这一问题时,分析后得出的结论是"在动漫商业形象的衍生与开发",也即是动漫的品牌培育;并以"原创的品牌形象、较大的影响力兼顾商业性和艺术性、能雅俗共赏、取得较好的社会效益"为标准,选出了表现出色的"福娃""海宝""喜羊羊与灰太狼"等十个动漫品牌形象。其中尤为值得关注的是由广东原创动力文化传播有限公司出品的"喜羊羊与灰太狼"[15],自2005年6月推出后,陆续在全国近50家电视台播出。在北京、上海、杭州、南京、广州、福州等城市，最高收视率达17.3%，大大超过了同时段播出的境外动画片。迄今播出已突破500多集，已推出玩偶、图书、舞台剧、手机游戏等相关产品，其中"喜羊羊"系列图书销量过百万册，在图书销售排行榜上长期位居前10名，是小学生最喜爱的口袋书之一。

在取得成就的同时，人们对中国本土动漫品牌的反思也不断深入。尽管对中国动漫品牌价值的前景已经形成一致的看法，认为未来的价值可观，但有一个深刻的问题是："尽管'中国制造'已经成为世界市场的主要产品，但中国产品的致命弱点是没有形成自己的品牌，在竞争中并不处于主导地位……产品创新力不强。情节老套，娱乐性不足。题材局限，制作粗糙、手法单一，缺少属于民族文化的动漫创意，在人物形象、故事情节、语言风格、画面质感等方面都存在明显的仿照等现象。"[16]

鉴于此，我们必须要看到，目前我国动漫的本土品牌被两大问题困扰，因而难以在国际市场上获得影响力，也无法形成强大的品牌力量。这两大问题是：一是原创的本土品牌少，且大多不被消费者认同；二是即便有原创的本土品牌，但品牌的建设和维护也不尽如人意，推广不力，影响不大。

就第一方面而言，原创品牌少，可能由于两个原因，一个是因为种种因素，对于原创品牌，投入少，创作少，因而造成原创品牌的成长不利。二个是有可能原创品牌也有，但是我们关注的不够，因此很多的原创品牌默默无闻。有调查认为，在动漫品牌的建设中，"第一印象是非常重要的，这就要求动漫形象自身在设计中突出品牌效应，而很多内地的企业在创作中并未特别注意这一点，给观众造成了千人一面、千篇一律的平淡印象。除非故事本身特别吸引人，或企业自身品牌知名度高，否则将很难进行有效的产业链后端开发……从中国内地的原创动漫来看，尽管近几年有了长足进步，但

品牌意识的真正树立,这种观念还没有完全形成".[17]

在第二个方面,同样有着现实案例。其中尤为典型的就是上海美术电影制片厂的经典动漫形象和动漫品牌的流失、消亡。上海美术电影制片厂在 20 世纪 80 年代之前有着辉煌的成就,然而,由于种种原因,其很多动漫品牌和动漫形象在今天越来越缺乏影响力。如曾经在当时的青少年群体中耳熟能详的"阿凡提""孙悟空""葫芦兄弟""火童""哪吒"等形象,如今已渐渐湮没,或被国外的动漫形象所取代。事实上,近年来,无论是对待经典的本土动漫品牌还是新发展起来的动漫品牌,相关的建设和维护都不尽如人意,基本没有长远的规划、合理的推动、清晰的发展模式。所以才有业界的专家认为,国内在对待动漫品牌上,"投入时匆匆忙忙,创作时随随便便,运作时又急功近利"[18],因此无法产生有巨大影响力的、长期发展的动漫品牌。

对动漫本土品牌,必须看到它在文化发展和文化品牌建设上举足轻重的作用,也必须看到它在世界竞争中经济和文化上的双重功效,只有在这一高度上来对待它、发展它,我们才有可能在世界动漫产业领域真正取得成功,不能仅仅成为"初级的动漫加工大国",而要成为"动漫大国"。

三、动漫产业能提升对外宣传的效果

动漫产业的发展,将通过动漫形象的传播,直接或间接地推进民族文化的对外宣传。作为文化产业中重要的一支,动漫产业必然隐含着为民族文化"走出去"战略服务的效能。在这一"走出去"的过程中,国家意识形态也必然随之传播。如果先从大的范畴来看待这一问题,因为文学艺术"总是具有一定的意识形态倾向。'走出去',也必定内在地包含着一定的意识形态取向"[19],我们的"走出去"战略,要为"支持我国经济的发展、加快社会主义现代化进程"服务[12]。动漫产业的发展和"走出去"也将以此为准则。

动漫产业通过动漫形象的传播，直接或间接地作用于文化观念、社会价值观念，在近年来已经得到了较大的关注。动漫产品作用于意识形态，作用于社会和民族国家，并非以呆板、简单的形式出现，其形式是丰富而复杂的。我国以往过度强调艺术中的意识形态问题，反而造成了适得其反的效果。不过，这并不意味着国外的动漫并非就不蕴含意识形态的内容，只不过，"外国的动漫往往不去刻意强调意识形态，而是将有关民族、国家、时代、社会等意识形态的主题内容，尽可能地糅合在作品中"。[20]例如迪士尼的动漫，尽管表面看来并没有多少意识形态的意味，不过仔细分析，其中隐含的意识形态的意味却并不少。如《阿拉丁》和《花木兰》中隐含的东方主义想象，《狮子王》和《马达加斯加》中对现代文明的反讽，无不如此。再如，日本动漫大师宫崎骏的作品，无论是《千与千寻》《龙猫》《天空之城》，还是《风之谷》《萤火虫之墓》，其间关于战争、人与自然、机器与人性的关系等问题的反思，其背后都与日本传统文化和日本现代化进程以来的变革紧密相关。

有些研究者甚至认为，就日本动漫作品而言，"日本动漫扮演着某种程度上的'文化侵略'角色。毫无疑问，在进行日本动漫制作时，制作者总会有意无意地将日本的价值观念和政治、文化思维杂糅其中。于是，当他国消费者在消费日本动漫时，不可避免地会受到'日本意志'的影响。日本动漫世界里的人物，不管男女老少、忠奸美丑，都具有'形象美'的特质。而这正好使世人对日本人的生活方式与国民形象有一个善意的感知"。[21]还有值得注意的倾向是，近年来随着国际文化软实力的竞争的加剧，文化产业的意识形态呈现出现了一些新变化：国外动漫作品中以往较为含糊的表述，在某些特定时刻会表现出明显的倾向出来。如阿富汗战争之后，美国出品了《美国舰队》(American Team)木偶动漫长片，在片中刻画阿拉伯、朝鲜等国家时，都直白地用反面形象来表现他们。这其中的意识形态味道极为浓厚，表现手法也极为带有明显的倾向性。当然,如果追寻这一倾向的历史,我们可以从第二次世界大战时候的"战争"动漫现象找到类似之处。在战争时期,动漫作品直接站到了民族文化和国家意识形态宣传的前沿。1941年太平洋战争的爆发,激起了美国动漫界的爱国热情,迪士尼等公司直接参与制作了众多的战争宣传片,为美国军人高唱颂歌,出品了动漫电影长片《空军的胜利》,"成功地宣传了美国的价值观"。当时在英国新成立的动画公司"哈拉斯和巴契乐"则直接与英国政府合作,制作了多达70多部的战争动画宣传片。战争结束后,"动画媒介进而被应用在公共关系、企业广告和教育方面,而不仅限于趣味、动感十足的故事了。其后,西欧的动画片也被运用在甚至包括政治竞选在内的方方面面"。^②尽管此种方式在近年来较少运用,但不排斥在特定时期,此种方式会以与时代审美趣味相结合的方式出现,《美国舰队》即是如此。

从整体来看,不管是较为委婉的表述还是直接的表述,动漫产业的传播总是直接或间接地进行着民族文化和国家意识形态的宣传,此种情形随着新媒介时代的来临而发展,其作用更加明显和重要。在动漫传播中,一个值得关注的现象是,"各国间的文化以不同的载体更轻松地往来游走于互联网之间,这就使得单纯的限制国外动画片的进口及播放时间等行政命令(因为没有严厉的监督体系,各电视台的执行情况将大打折扣)的作用受到了限制"。^②在此种情况下,我们的动漫产业要获得宣传和推广民族文化、国家意识形态的优势,就必须在动漫传播上有所作为,在动漫影响力上努力。第一是要强化动漫作品的影响力,扩大动漫传播的途径。从大的层面来说,"一个国家文化吸引力和影响力,很大程度上取决于是否具有先进的传播手段和强大的传播能力。提升文化软实力,既要不断丰富和创新文化产品,也要大力提高文化传播能力。"动漫传播也是如此,我们要强化动漫传播能力和影响力,首要的是推动优秀动漫作品的产生。动漫产业的核心是动漫作品,没有动漫作品,就没有动漫产业;没有优秀的动漫作品,就不会有强大的动漫产业,更不会有较强的动漫传播能力和影响力。优秀的动漫作品是强化动漫传播能力的首要条件和最坚实的基础。反观世界上的动漫强国,尽管它们获得成功的因素有很多——诸如资金、科技、市场等等,但最关键的还是它们创作出了众多优秀的动漫作品,在依托这些动漫作品的基础之上,才打造出了强大的动漫产业。这就是为什么在同等的技术条件、市场条件下,有的国家动漫产业发展较快、向世界传播的影响力较强,而有的国家则发展缓慢、影响力较弱的重要原因之一。如果能够有优秀的动漫作品,就能较为容易地形成自己的文化影响力;反之亦然。第二,是要在拥有数量可观、样式丰富的优秀动漫作品基础上,强化动漫传播的成效。有了优秀的动漫作品,是产生强大的动漫传播能力的一个前提。不过,在有了这一前提之后,还必须考虑到它所产生的效果。由于全球化的因素,动漫作品对"民族性与全球性""创新与传统"等关系的处理是绕不开的。优秀的动漫作品要在全球化的背景下产生强大的传播成效,就必须兼顾这些因素。一方面,它要在传播中体现自身的特色——也只有体现出自身的特色,才能在全球化的背景下获得他人的尊重,另一方面,它又要在传播中体现一种全球化认同的"基本准则",获得他人的欣赏。因为"文化差异"而导致对一部作品全然不同的观点并不少见,一些在某种文化视野中获得好评的作品在另一种文化视野中却备受批评,这种情况在全球化背景下常常出现。动漫中的"文化误解"也不并少见。一个典型的案例是,"孙悟空"在中国大受欢迎,到了国外却水土不服——尽管"孙悟空"是我国的一个经典动漫形象,但其在传播中的影响力和号召力并不大,仅仅局限于国内,并没有全球性的影响,传播成效显然不够。[20]中华文化内涵丰富,魅力引人,在我们的动漫作品创作和传播中,尤其要注意到这一特点。唯有我们的动漫在传递本民族文化过程中,更加友善,更有助于不同民族文化的交流和相互了解,使得其他民族国家的人们能更好地了解和热爱中国文化,我们动漫传播才算是有力的、富有成效的。

从整体上来讲,动漫产业在其发展过程中,在推动产品输出、建设本土动漫品牌、形成有效的动漫传播优势等方面,会直接与国家文化软实力的建设相关联。当今的动漫产业,并非简单地只是提供娱乐或"建立一个童真的世界"——当然这也是它的目标,而且是最重要的目标——除此之外,它也明显或潜在地执行着宣扬民族文化观念的任务,这是我们在今天发展动漫产业的过程中,不能不关注到的一个方面。

注　释

① 王三炼.受众·题材·文化——简析中外动漫产业"生态位"之异同[J].浙江社会科学,2009(2).

② 卫朝峰.从上海动漫产业现状看中国动漫的问题[J].传媒,2008(3).

③ 韩翔宇.中日动漫产业对比分析——从产业链的角度[J].河南科技,2008(4).

④ 数据转引自:孙宁、杨君顺《中国原创动漫产业思考》,《电影评介》2009 年第 1 期。

⑤ 数据来源:中投顾问 2009 年 3 月发布咨询报告《2009—2012 年中国动漫产业投资分析及前景预测报告》,"3.2,2007—2009 年中国动漫产业的发展"。

⑥ 数据转引自:张晓明、胡惠林、章建刚主编《2008 年中国文化产业发展报告》,"2007 年中国动漫游戏产业的基本态势",社会科学文献出版社 2008 年 3 月。

⑦ 韩民国卡通造型大奖评奖标准包括:一年来的销售及许可业绩、消费者喜欢度、构思、质量水平等。"流氓兔"在以上几个方面都得到了专家和消费者的肯定。

⑧ [日]中野晴行.动漫创意产业论[M].国际文化出版公司,2007.

⑨ 资料来源:[EB/OL]http://gwalan.myanyp.cn/korea/articles/070303091009480.asp.

⑩ 施惟达.论民族文化品牌[J].民族艺术研究,2002(6).

⑪ 王汇.中国兴起"贱客"一族[N].中国青年报·青年参考,2003-03-19.

⑫ 此处指电视剧版。

⑬ 此处指电视剧版。

⑭ 搜狐动漫.电影版《阿童木》10月归来,新形象可爱又帅气(2009年10月14日)[EB/OL]:http://dm.sohu.com/20091014/n267358893.shtml.

⑮ 盘点十大动漫品牌形象[J].动漫周刊,2009(260).

⑯ 中国动画品牌价值可观[N].市场报,2008-05-08.

⑰ 中国原创动漫亟待树立品牌意识[EB/OL].中漫网:http://www.zhongman.com/Article/Class1/Viewpoint/200808/34715.html,2008-07-08.

⑱ 李桂茹.金国平:国产动漫片缺乏经典形象[N].中国青年报,2006-07-11.

⑲ 严昭柱.关于文化"走出去"的意识形态问题——并贺《文艺理论与批评》创刊二十周年[J].文艺理论与批评,2006(5).

⑳ 冉红.动漫对基础教育的特殊作用[N].光明日报,2009-06-11.

㉑ 腾讯文化.孙悟空为什么打不过机器猫[EB/OL]. http://cul.book.qq.com/zt/2008/dmpk/index.htm.

㉒ 周兰平编著.动漫的历史[M].重庆出版社,2007:06.

㉓ 秦喜杰.中国动画片的产业经济学研究[M].中国市场出版社,2006:267.

㉔ 《北京晚报》2009年4月14日报道指出在《2009年中国文化产业发展报告》的数据显示中,中国青少年最喜爱的20个动漫形象中,19个来自日本,中国动漫形象只有一个孙悟空孤独地名列其中;日本动漫作家手冢治虫于1952年创作《我的孙悟空》,尽管借用了"孙悟空"的名字,但给予了全新的阐释和修改,已经与我国传统的"孙悟空"相去甚远,里面出现的情节如大力水手上天庭,美国西部牛仔三人组拦路抢劫,猪八戒、沙僧和白龙马的合体变形是一架长着翅膀的坦克,师徒四人东渡邻国帮助桃太郎打鬼等,都不再是原有《西游记》的韵味。这种改写并不能算作是"孙悟空"国际影响力的证明。

电影大数据测绘与"小镇青年"的虚拟民族志[*]

聂伟　杜梁[**]

信息技术革命不但推动着媒介组织形态的重构,也加速了人类生活方式的深层变革。作为"20 世纪 90 年代以来特别是最近几年人类社会最显著的变迁之一",互联网在大众消费领域的快速普及,推动并全面形塑了社会生活的网络化格局,培养起了拥有较高的数字媒介素质与网络依赖性的新一代用户群体。网络空间扩张与数字媒介受众涌现,为传统的人类学学科提供了新的研究情境,带动了虚拟民族志的兴起。

随着互联网与以电影为代表的传统媒体展开跨界协作,虚拟民族志研究的适用范围也在不断拓展。在电影领域,基于互联网信息采集手段的大数据技术,被用作测绘受众群体需求的重要工具。此间的典型案例是,电影业界从中小城市票房的快速增长[①]与主流观影人群的低龄化趋势等大数据信息中提炼出"小镇青年"一词,甚至将之视为描述中国电影市场蓬勃发展的关键词之一。从虚拟民族志角度对"小镇

*　**基金项目**:本文为国家社会科学基金重大项目(18ZD13)和上海市社科规划课题(2019EWY002)的阶段性成果。原载于《学术论坛》,2020 年第 4 期。

**　**作者简介**:聂伟,上海大学教授,博士生导师,全国艺术专业学位研究生教育指导委员会委员。杜梁,电影学博士,上海社会科学院文学研究所助理研究员。

青年"概念进行验证,其目的不仅在于确定该词汇的生成机制、合法性与清晰度,更重要的是,确认这一"用户画像"与指称对象之间是否存在情感关联。

一、虚拟民族志的技术路线:大数据分析与共情体认

从历史层面看,1914 年,功能学派创始人之一马林诺夫斯基(Malinnowski)前往特罗布里恩群岛开展的田野调查,为现代社会人类学研究奠定了学科基础。随着《西太平洋的航海者》(Argonauts of The Western Pacific)一书的出版,田野调查范式开始成为人类学、民族学等多个人文社会科学的基本研究方法,也确立了民族志研究作为现代科学的地位。自此,一度被诟病的"摇椅上的人类学家"从书斋走向户外乃至"异域"。人类学家选择固定的田野点,进行历时性的考察,通过亲历当地生活的"浸染"方式来形成研究结论。由此,"直接的观察"构成了人类学研究的重要根基。

值得注意的是,一个世纪以来,"田野"概念所指称的具体场域空间,正随着社会环境的发展而产生位移和变动,"从经典民族志对被视为'异文化'的土著部落的研究,到对'本文化'特别是城市和乡村社区的关注,以及从单一地点向多点(Multi-Sited,Marcus,1995)研究的转变,'田野'的多元化和不断变化的性质在学界已成为一项共识。"1990 年代初,为了观察和感知互联网语境下多义丛生的社会文化新兴现象,社会学家开始越过三维空间界限,将"虚拟田野"纳入其行动和观察范围,从而催生了虚拟民族志②(Virtual Ethnography)研究。

在 2000 年出版的《虚拟民族志》一书中,克里斯汀·海因(Christine Hinn)详细论述了基于互联网推进民族志研究的路径方法,为研究范式的推广和实操提供了理论支撑。国内有学者参考海因对虚拟民族志的定义,将其界定为"以网络虚拟环境作为主要的研究

背景和环境,利用互联网的表达平台和互动工具来收集资料,以探究和阐释互联网及相关的社会文化现象的一种方法。"由此,虚拟民族志研究可以根据网络自身的群落特质,追踪研究互联网世界与线下活动的社会互动机制。作为传统民族志研究的拓展区间和新兴领域,虚拟民族志的开展有赖于新技术条件的支撑,其数据采集方式和观察访问的技术路线也随之发生变化。由于数字媒介涉及到的用户群体极为庞大,人类学家若想要在"虚拟田野"开展"深耕细作",就需要在问卷调查、面对面访谈等传统的研究方法之外,引入大数据搜集、文化地理学分析等手段,针对从网络空间抽取的海量基础性信息进行过滤、提炼和总结。

需要引起虚拟民族志研究者注意的是,作为基础资料的大数据信息,其科学性、客观性评价往往会受制于资本技术的垄断和影响。原因在于,网络用户的基础行为数据大多集中于流量运营方——互联网资本手中,他们拥有大数据技术在具体应用过程中的阐释权,某些时候,出于资本的趋利本能,他们会释放出经过伪装、修饰的数据信息,例如百度搜索引擎屡次被指责将"竞价排名"置于依靠自然搜索量进行检索结果排名的规则之上;某些时候网站平台的大数据统计规则也会遭到第三方运营商有针对性的利用,譬如层出不穷的"僵尸粉"和机器人"水军"隐形操控网络舆论并造成大数据污染。面对网络中的海量数据和无界的空间,身体"缺席"的研究者难以注意到研究对象的习惯性动作和现场反应,甚至无法确定某些网络用户的身份真实性与行为准确性,对此,有学者指出,"研究者需要在田野中感受和经历与其他网络使用者的直接的、情感的连接,这种社会的连带在文本分析、内容分析与图像分析等二手资料的分析中是缺失的。"为了体察并破除资本与权力对网络数据的垄断与伪装,虚拟民族志的研究者需要在身体直接"缺席"第一现场的情况下,与研究对象建立起基于"了解之同情"的共情关联。面对大数据分析图表中的一连串冰冷数值,虚拟民族志研究需要重建浸染体验，一面积极通过线下调研对大数据信息进行补充、修正，一面将"了解之同情"的观念应用于网络受众研究，在经验判断之外不断强化与研究对象之间的情感关联。

二、虚拟民族志与电影受众研究

电影产业文化与民族志研究的逻辑关系较为复杂。一方面，电影在很长一段时间是影像民族志研究者通用的信息记录手段。电影具备"语境强化"的重要功能，摄影机长期扮演了在民族志研究中从事信息、资料采集的角色。早在 1898 年，英国人类学家阿尔弗雷德·科特·哈登开创性地运用这一具备现代性色彩的影像纪录手段，在托雷斯海峡进行了较为系统的田野调查研究，从而确定了影视人类学的基本形态。此后，经过玛格丽特·米德（Margaret Mead）、让·鲁什（Jean Rouch）等一批人类学家的努力，1973 年第九届国际人类学和民族学大会通过了《关于影视人类学的决议》，由此，在学术合法性的意义上明确了影像记录可以作为人类学研究的重要途径和方法论之一。另一方面，电影也被视为媒介人类学研究的基本情境之一。美国人类学家鲍德梅克（Hortense Powdermaker）曾运用民族志方法对1940 年代好莱坞电影工业系统进行过研究。电影不仅改变了大众支配闲暇时间的方式，还兼具"艺术形式、经济机构、文化产品和技术系统"等多重属性，进而在人类政治、经济、文化和社会生活等多个层面上产生影响。因此，电影工业系统和市场受众就具备了作为民族志研究对象的可能。

就我国而言，电影多数情况下是被用作一种记录工具来服务于民族志研究的。20 世纪 90 年代以降，《达巴》《隆务河畔的鼓声》《端午节》《虎日》等一系列民族志影像文本相继问世，为人类学研究提供了大量一手材料。

　　由于研究途径自觉与理论工具的缺失,国内针对电影受众群体的民族志调查尚不多见。而事实上,随着"网生代"③观众及其关联市场的崛起,我国影像民族志文本开始在传统媒介平台与虚拟空间之间不断穿越与迁移。按照传统的纪录影像发行模式,《舌尖上的中国》等作品大多通过电视台首播,随后进行网络平台跟播。2015年7月,讲述中国非物质文化遗产的《指尖上的传承》却反其道行之,先在爱奇艺、优酷等多家网络视频播放平台放映,两个月后才登陆央视纪录片频道。更为典型的案例当属携带着影像民族志基因的《我在故宫修文物》,影片于央视纪录片频道首播,却意外在青年亚文化群体集聚的B站(哔哩哔哩)走红。传统的纪录影像被崇尚"鬼畜"与二次元的年轻人视为弹幕狂欢与"饭制"视频的素材,比如他们称呼影片中主人公王津师傅为"故宫郑少秋"的做法,就投射出浓厚的青年亚文化气息。青年受众呼唤续集的声音不断扩大,反过来又促成了《我在故宫修文物》的大银幕之旅。此类影像民族志文本以互联网作为爆炸式传播的重要渠道,而与之相关联的网络受众观影与社交行为,则被视为虚拟田野调查的重要内容。

　　虚拟民族志为研究当前新兴电影文化现象尤其是青年受众文化消费行为提供了新的思路。传统的田野调查方法或许可以适用于县城、村落等区域空间的质性研究,却难以承担更广大地域乃至国家层面的电影观众研究工作,其原因在于调查对象数量庞大、分布范围广泛、内部结构复杂且流动性较大,人类学家难以追踪、定位每位受众的身份(年龄、性别、所处地域、文化层次、收入水平等)和观影习惯(观影频次、类型偏好、审美偏好等),同样难以实现观众"普查"。相反,借助互联网技术之便,可以将每位用户的行为痕迹转化为可视数据,通过收集、整合、处理、分析,最终形成直观的大数据结果。这进一步确证了当前运用虚拟民族志方法开展电影受众研究的可能性。在移动互联网时代,电影观众的角色定位,正在从单纯的观看者转向互动经济模式下的参与者身份，其行为方式带有明显的网络痕迹。最为显著的变化是，线上购票入口已经成为当下电影观众的主流选择。有数据显示，2019 年本土电影市场线上购票率高达 84.4%。此外，观众还可以在观影之前从网络宣传平台获取影片信息，借助娱乐宝、众筹等方式参与电影金融产品和衍生品的投资，观影后在虚拟社区撰写评论并与他人交流观看体验。网络用户浏览、购票与评论的痕迹，逐步聚合形成基于大数据积累的"用户画像"，沉淀为网络营销的重要参数。举例而言，强调用户及时交流和二度创作的"弹幕电影"，正是片方主动迎合网络用户观看习惯的产物。

此外，近年来"互联网＋"思维迅速贯通中国电影全产业链，强力推进电影工业生产的流程升级和受众观影机制的迭代革新。互联网强势资本推动下行业融合的整体趋势，构成了以电影受众为对象进行虚拟民族志研究的基本情境。近年来，互联网领域的流量集聚渐成大势，这种情况自 2016 年至今表现得越来越明显。彼时，移动互联网月活跃用户数前 10 位的应用中，就有 8 个来自 BAT（百度、阿里巴巴、腾讯）。此后，凭借移动短视频类应用快速兴起的字节跳动也加入头部阵营。及至 2019 年，我国月活用户数排名前 10 位的应用中，有 8 款来自腾讯、阿里巴巴（及相关企业）和字节跳动；该年度全球月活（Monthly Active User，简称 MAU）用户数排名前 10 位的应用中，除了 Facebook 旗下四款产品，其余全部隶属 BAT 和字节跳动四家中国互联网巨头。在把控互联网流量的同时，行业巨头将其资本力量扩展到电影产业的各个领域，并依照其利益取向制定了大数据统计的基本规则。早前，BAT 倚靠巨额资本、庞大用户群和多年积累的用户行为数据进入电影行业，从营销、发行等产业链下游模块"逆流而上"，向内容生产等源头环节"跑马圈地"，IP、大数据、网络售票等新概念对传统电影产业思维带来巨大冲击。互联网"跨界覆盖"电影界的忧虑曾一度令业内人士为之忧虑，甚至不乏"电影公司未来都将给 BAT 打工"

的喟叹。时至今日,电影产业线上线下的融合发展逐渐成为业界常态。因受新冠肺炎疫情影响,2020 年的春节档成为"消失的档期",此时产品月活总量超 15 亿的字节跳动,通过旗下抖音、西瓜视频等网络平台免费播映影片《囧妈》《大赢家》,触动了传统电影发行"窗口期"模式最敏感的"神经",全国多地电影行业从业人员发布《关于电影网络首播的联合声明》,认为新的模式创新应遵循基本市场准则。

互联网语境对网络用户的观影行为模式进行了新的定义,运用虚拟民族志方法开展相关研究,既要承认大数据分析的有效性,更应该注意规避技术背后的权力机制。依此方式对近年来争议不断的"小镇青年"现象进行剖解,不难看出,"小镇青年"是资本驱动力基于其市场需求、利用大数据分析对中国电影受众市场进行"预设性判断"的产物。该概念的诞生与流行,恰恰说明了在共情体验基本缺席的情况下,运用虚拟民族志来研究青年观影群体所带来的方法论启示及其视角偏差。面对缺乏历时性产业数据支撑的"小镇青年"概念,需要经得起层层诘问:其一,在快速膨胀的市场容量背后,"小镇青年"究竟是维持市场高位运行的引擎,还是讲述中国电影票房神话这一故事的征候式表现?其二,再往深处探究,有一个初级数据无法厘清的问题,即"小镇青年"与票房市场高企这两者之间,究竟属于因果关系还是同源关系?

三、产业大数据"预设"的"小镇青年"概念

"得'小镇青年'者得票房",一度被视为国产电影制胜市场的重要口诀。电影产业语境中的"小镇青年"概念,是经由网络空间生产、发酵而来的。早在 2015 年,易观智库、艺恩智库、淘宝电影发布的电影产业调查报告中,就纷纷将"小镇青年"列为潜力无限的新一代市场主

体,并通过大数据分析描绘出"小镇青年"的"用户画像"。不同的是,前两则报告中"小镇青年"指三四五线城市观众,而艺恩咨询发布的《大地影院暨小镇青年洞察研究白皮书》却认为该词汇"泛指二三线城市及以下城市、县城、乡镇观众"。由此可见,在媒体和业界的使用习惯中,三线及以下的市、县甚至乡镇的观众均属"小镇青年"之列,双方的分歧点仅仅在于二线城市观众能否纳入其中。

仅从字义层面进行经验评判,"小镇"与"青年"的"地缘＋受众"概念合体是否成立,就很值得商榷。从语义组合来看,"青年"作为该词组的主语所存争议不大。有调研数据显示,2015 年三四五线城市中 19 至 35 岁的观众所占比例就已达到 78.5%、76.9% 和 67.8%,占各区域观影人群的绝大多数。然而,将"小镇"一词编排入这一短语组合,却容易导致阐释上的歧义。按照我国省、地、县、乡、村的行政区划方式,"小镇"属于乡级行政区划单位,但三四五线城市基本上都属于地级、县级行政单位,以"镇"代"市"并不妥当。电影产业语境中的"小镇青年"概念,以乡级行政区划单位来代指一二线城市以外的广阔地域,容易产生语义分歧。一方面,北京、上海等一线城市的内部也不乏"小镇",按照当前的语义范围,诸如北京李桥镇、上海南翔镇的青年观众显然被排除在"小镇青年"行列之外,因为前者的票房贡献,按照大数据统计方法,已经被计入所在城市的总收入。另一方面,尚无数据表明农村青年群体是否可以算作"小镇青年"。现代社会中农村青年不必忍受地缘的束缚,可以自由选择去县城或者市里看电影。仅从概率的角度看,长期生活在城市里的以青壮年为主体的 3 亿多农民工必然会对寄居城市(包括中小城市)的电影市场有所贡献,但这部分票房贡献也未被计入"小镇青年"的票房贡献。

另有一种说法,可以用"小城镇青年"的称呼来取代"小镇青年"概念。从字义上看,"小城镇"所指称的地域集合可以将"小城市"和"小镇"均囊括在内,但此处须对以"小城镇"指涉"集镇"的涵义进行社会学意义上的甄别。费孝通认为,"小城镇"是"比农村社区高一层次的社会实体的存在",属于城市和乡村的中间地带。他也注意到"小城镇"一词可能会引起歧义,建议用"集镇"的说法进行替换。如果取"小城镇青年"的表面字义,用来指称三四五线城市甚至县城、乡镇的主要观影群体,要比"小镇青年"一词更准确。

即便如此,我们也要避免在使用"小城镇青年"一词时过于笼统和宽泛,以至于忽视了该群体的内部分层,将真正推高了春节档票房的"返乡青年"与尚未完全养成观影习惯的"留乡青年"混为一谈。呈"钟摆型"奔波于家乡与大都市间的适龄学生、白领和进城务工人员,每逢春节便如候鸟般季节性"归巢"。该群体构成了"小城镇青年"内部的最大变量,也是推动春节档期三四五线城市票房高涨的重要力量。曾有影院经理介绍,只有春节档才是该影院的黄金档期,其他档期的票房表现较为一般。也有专家指出,"春节返乡潮把观影主力'小镇青年'送回老家,让那些小城影院在新年时人满为患。"以 2016 年春节档为例,许多三四线城市影院几乎场场爆满,在没有票补的情况下仍旧一票难求,三四线城市票房增幅分别为 65.8% 和 104.97%,合计票房贡献比首次超过 50%,强于一二线城市的票房占比。仅从三四线以下城市票房产出的节律性变化来看,2016—2018 年,上述地域在春节档的票房占比分别约为 49.1%、51.6% 和 53.2%,在非春节档的票房占比分别约为 35.6%、36.2% 和 36.6%。2019 年春节档,该地域的票房贡献占比约为 52.8%,在线购票观众增长数较多的城市前五名为南通、台州、盐城、茂名和南充等三四线城市。上述变化显然受到了"返乡青年"在乡土与都市间之间季节性迁徙的影响。

四、透视数据"迷雾":"小城镇青年"及其隐现的文化声张

即使不细究"小城镇青年"群体的内部分化,姑且承认"小城镇青

年"在客观上确实拉动了国产电影的票房增长，那么需要进一步辨析的问题是，该群体的价值除了为大银幕电影作品买单，其文化声张是否在电影消费过程中得到展现？或者说，将经由该群体推高票房的影片作为"小城镇青年"网络民族志研究的样本，其在文化社会学层面的效度与信度又该如何评估？网络调研提供的初级数据仅仅可以判断出该群体的票房贡献率，但若要真正深入体察当代"小城镇青年"群体之于市场需求侧的文化声张，需要通过虚拟民族志研究，与其建立直接的情感关联和共情体认。

历时地看，"小城镇青年"并非电影票房波状浮动的"搅拌棒"，相反，其文化肠胃的养成却是大众传播媒介滋养的结果。进入 20 世纪 80 年代，国产电影逐渐丧失了银幕吸引力，相对高昂的电影票价成为阻碍"小城镇青年"进入影院的壁垒，他们开始将目光转向电视、录像机和 DVD 等低廉、便利的新兴大众传播媒介和取代电影院的 KTV、旱冰场、台球厅等娱乐场所。影院观影逐渐成为大城市观众的文化"特权"，难以第一时间接触到消费"专供品"的"小城镇青年"逐渐被主流电影市场边缘化。

近些年，"小城镇青年"群体在中国电影产业市场化改革大背景下重新浮现在公众视野中，但该群体所贡献的票房增量，与其说是他们观影意愿和主动选择的体现，倒不如说是电影院粗放型野蛮生长与"人口红利"二者结合的结果。在一线城市电影院数量趋向饱和后，国内电影院线布局向三四五线城市下沉，出现了重点经营中小城镇影院的院线，如大地院线、红鲤鱼院线。从 2012 年至 2015 年，我国县城影院数量从 865 家增长至 2 635 家，占全国总量的 36%。在这一阶段，猫眼电影、微票儿、淘宝电影等网络购票平台展开了电影购票"入口"之争，它们在中小城镇的票补力度更是强于一二线城市，动辄以 8.8 元、9.9 元的超低票价吸引当地观众。多方因素共同作用下，中小城市的票房呈现出增长趋势。另一方面，我们也注意到，尽管三四线城市的年票房占比正在稳步提升,但至今并未对一二线城市的关键票仓地位构成威胁。④三四五线城市是传统电影宣发市场的"蓝海",但就目前而言,还未成长为具有战略决胜意义的票房必争之地。⑤

"小城镇青年"在票补让利的引导下做出观影选择,整个购买过程引发两个思考:其一,在线售票平台用于票补的成本支出,最终由谁来承担?其二,去除票补的部分,"小城镇青年"的票房贡献量还剩余多少?唯票房论效应在线上购票平台得到了凸显,电影产业数字繁荣的背后也存在购票平台设置的GDP陷阱。购票平台既可以"零成本"培养用户,又能在"入口之争"中打击对手,"小城镇青年"这一群体不过是用来盛放产业泡沫的"想象的观众"。事实上,近年来电影票房的"井喷"式增长,并非如媒体所言那样得益于"小城镇青年"观影意识的突然觉醒。有一个颇具深意的对比,"在2014年票房系统升级完成之后,单银幕贡献忽然从连续三年下滑变成了正增长,而2015年,以前曾被业内公认的某票房管理重灾区的人口大省,默默成为增长率最高的省份。"此前屡屡遭受诟病的花式"偷票房"恶行,在规范电子票务系统的相关法规颁布、电子票务系统升级、线上购票普及后,逐步受到抑制。巧合的是,曾因"偷票房"现象屡屡被中国电影发行放映协会点名批评的影院中,有多家系三四线城市影院加盟的院线。这也部分地说明了,"小城镇青年"并非突然释放出他们的票房贡献能力,只不过这部分成果此前处于"潜水"状态。

除此之外,还有一种"票房注水"方式,就是为某部影片开放"幽灵场次"。2015年10月,为了打击票房作假行为,⑥国家新闻出版广电总局电影局颁发了《关于转发〈电影院票务系统(软件)管理实施细则〉的通知》,国家电影事业发展专资办随后发布了《关于规范影院票务系统硬件配置工作的通知》。2016年3月,电影局发文制裁了顶风作案的《叶问3》,认定该片票房中不实之数高达3 200万元人民币。据粗略统计,在为该片提供虚假排片的情节较为严重的73家影院中,有43

家位于三四线城市。这一数据再次证明了"小城镇青年"的消费实力遭到资本改写的可能性。

无论是"小城镇青年"征候显形还是电影票房的高增长率，其核心动力和发展源头都是金融资本的大量涌入。在经济增速放缓、传统工业形势低迷的情况下，电影产业的"口红效应"反而被放大，从 BAT 挟资本优势大举进军到聚少成多的小规模众筹项目，共同托起了火热的电影金融市场。分散市场风险的方法越来越多，传统的联合投资逐渐成为必备条件，新兴的保底发行为片方增添了又一重保障。以《美人鱼》为例，片方此前已与某基金签订天价保底协议，影片未上映就已稳赚不赔，职业操盘手的介入进一步为影片撬动了利润杠杠，加之全媒体营销、大规模路演等多种宣传策略的辅助，"小城镇青年"与一线城市观众在怀旧之情的煽动下主动归还"欠"周星驰的那张电影票，终于成就了我国首破 30 亿票房大关的现象级影片。然而，随着《叶问 3》《梦想合伙人》《致青春·原来你还在这里》《绝地逃亡》《封神传奇》等影片的保底发行策略接连宣告失败，证明部分资本游戏开始遭遇"闭门羹"，"小城镇青年"不再随时准备解囊购票。

事实上，大数据所摹画出的"小城镇青年"及其票房贡献能力，受到了三四线城市影院数量、票补政策、市场规范程度和资本运作方式等多个因素的影响。随着票补政策的退潮与国家严厉打击票房作假行为，电影市场的"浮肿"与泡沫开始消散。尽管自 2016 年来我国已超越美国成为世界上电影银幕数量最多的国家，但该年度总票房为457.12 亿，同比增幅为 3.73%，由此可见，银幕数量的增加与票房市场增量并未表现为正相关关系。上述结构性矛盾从 2016 年以来一直延续，2019 年中国电影银幕总数达 69 787 块，同比增长约 16%，但是单银幕的年度票房产出却从 2015 年 139.34 万元人民币的峰值跌落至92 万元人民币。[⑦]考虑到新增银幕重点布局在三四线城市但年票房增速较低这两个因素，可以说，"小城镇青年"并未如预期那样助力中国影市维持高位运行态势。微观层面也是如此,以影片《三少爷的剑》为例,出品方博纳影业将营销重点放置在二线以下的1 800余家影院,三四线城市的排片率也高于一二线城市,但"小城镇青年"并不买账,影片上映一月票房仅有1.0069亿元,回收成本无望。不难判断,将"小城镇青年"视为中国电影未来主要受众群体还言之过早。

"小城镇青年"的观影抉择受到了大众传播媒介的诱导,他们的文化诉求却没能得到声张。尽管业界通过大数据调研结果来揣测"小城镇青年"的口味喜好,普遍认为爱情、喜剧和科幻类型的影片更符合其审美和消费习惯,但是这恰恰反映了大数据方法的弊端,受众做出了观影选择,并不意味着就会给予影片正面评价,也不意味着该影片比其他作品更能够体现其文化诉求。被"喂养"与被误解,正是缺乏区别和评判能力的"小城镇青年"所面临的文化尴尬。

"小城镇青年"是否真正具备引领电影文化取向与价值观念建构的能力,这尚且有待观察。举例而言,《何以笙箫默》《小时代4:灵魂尽头》等作品口碑较差,但却依靠三四线城市观众的支持取得了不错的票房成绩;《刺客聂隐娘》《路边野餐》《长江图》等文艺气息浓重的影片最终票房都不甚理想,显然也无法博得"小城镇青年"的"欢心"。由此看来,若电影一味迎合"小城镇青年"被预设的文化趣味,甚至将中小城镇青年看作经济收入水平较低、艺术鉴赏能力薄弱的"土包子",将中小城镇市场作为片方恣意倾销"烂片"的"垃圾场",那么接踵而来的"山寨文化"危机或将加速电影艺术气质的消亡。电影如何在保持文化价值引领性的同时,又能充分照顾到未来崛起的城镇和农村青年的口味,需要持续的商榷与磨合。

针对"小城镇青年"问题进行的虚拟民族志研究,背后起主导作用的应该是研究者与研究对象的情感连接,而非资本市场赖以获取商业利益的数据游戏。廓清缠绕着这一概念的重重疑问,不仅是为了指出预设判断背后的概念误区,更重要的是剖析电影产业背后的资本与文化权力运作机制,进而探寻构成电影受众主体的青年观影人群与中国电影未来发展之间的关系。按照传统民族志研究的逻辑,无论是"小镇青年"还是城市青年,若该群体与电影市场的有机融合得以实现,那么此时的主导性银幕文化一定能够反映出他们的人生诉求,因为青年们可以通过用脚"投票"来决定电影艺术气质的走向。

反观当下,部分关于电影受众的大数据分析涂抹了过于浓重的资本"叙事"色彩,忽略了虚拟民族志研究应与考察对象达成共情体认的情感要素,由此造成了"小镇青年"与"小城镇青年"的概念误差。基于这种受众预设进行创制的电影文本,自然也难以成为侧面印证"小城镇青年"群体精神追求的研究样本。"小城镇青年"缺乏更多的机会来通过银幕影像释放他们的精神追求,记录他们的文化生长。其中一个非常重要的原因就在于观众话语权的缺失。不可否认,当前部分电影创作者将其视觉焦点停留在短平快的资本"接龙游戏",却忽略了通过创作与作为市场主流消费群体的青年观众对话;影评人和媒体虽有能力代替观众发声,但其中不乏"红包评"和"博眼球"者。资本与媒体之间鏖战正酣,却恰恰凸显出被"忽视"的青年观众的无力感。青年受众的"失语",不但增加了该群体在银幕上进行自我主体性表达的障碍,也使得该群体的文化声张被遮盖在大数据"迷雾"中。当下,中国电影的工业生产能力正在不断增强,但唯有实现与青年主流观影群体的精神共振,才有望真正突破业界和媒体预估的本土电影市场"天花板",尽快实现多样化繁荣。

注 释

① 历时地看,三四五线城市的票房占比已从 2012 年的 28.2%跃升至 2015 年的 36.7%。及至 2019 年,该比例已上升至 41.2%。详情请参见卢扬、陈丽君:《小镇青年:电影消费新主力》,《北京商报》2016 年 1 月 20 日;猫眼专业版:

《2019 中国电影市场数据洞察》,"猫眼研究院"(微信公众号)2020 年 1 月 3 日。

② 除了"虚拟民族志"这个概念,也有学者尝试使用网络民族志(Internet Ethnography)、在线民族志(Online Ethnography)、赛博民族志(Cyber-Ethnography)、虚拟人类学(Virtual Anthropology)、数字人类学(Digital Anthropology)等术语,来指称网络领域内的社会民族志研究,但大体看来,其研究要旨与操作方法基本相似。

③ "网生代"的概念由影评人王旭东提出。学者尹鸿认为"网生"有两层含义:一层是指创作者依赖互联网而获得影响力、知名度,转过来去做电影的一代人;一层是指由网络生产出来的一代观众。参见尹鸿、朱辉龙、王旭东:《"网生代"电影与互联网》,《当代电影》2015 年第 3 期。

④ 2017—2019 年,三四线城市年票房占比从 38.9%增至 41.2%,一二线城市仍是国内电影市场的主力票仓。参见猫眼研究院:《2019 春节档数据洞察》,"猫眼研究院"(微信公众号)2019 年 2 月 11 日。

⑤ 我们也注意到有一些个案,充分显示出"小镇青年"的票房动员力。如诞生于 2017 年暑期档的中国影史票房冠军《战狼 2》,四线城市贡献 26.1%票房占比超过一线的 14.5%。参见盖源源:《红鲤鱼院线获 B 轮亿元融资 "小镇青年"成为票房增长助力》,http://www.nbd.com.cn/articles/2018-01-24/1186555.html,2018 年 1 月 24 日。

⑥ 以影片《捉妖记》为例,该片正是在上座率高达 108%的"幽灵场"和"十分钟场"帮助下,才成功超越《速度与激情 7》,登上中国电影市场票房冠军的宝座。国外权威电影评分网站 IMDB 以"票房作假"为理由,撤销了《捉妖记》的词条。

⑦ 2015 年我国电影单银幕产出数据参见中国电影家协会、中国文联电影艺术中心:《2019 中国电影产业研究报告》,北京:中国电影出版社 2019 年版,第 148 页。2019 年单银幕产出数据由笔者根据《中国电影报》发布的年度票房数额和银幕总数计算得出。详情参见郝杰梅:《2019 中国电影"成绩单"发布:642.66 亿元票房创新高》,《中国电影报》(微信公众号)2019 年 12 月 31 日。

参考文献

［1］刘少杰.网络化时代的社会转型与研究方式[J].学习与探索,2013(7).

［2］赵旭东.线索民族志：民族志叙事的新范式[J].民族研究,2015(1).

［3］卜玉梅.虚拟民族志：田野、方法与伦理[J].社会学研究,2012(6).

［4］同上。

［5］赵培云.搜索引擎竞价排名对消费者权益的影响及其改进设想[J].图书情报导刊,2019,4(1).

［6］杨慧芸.隐形操纵与数据污染：社交媒体中的机器人水军[J].新闻知识,2010(1).

［7］张娜.虚拟民族志方法在中国的实践与反思[J].中山大学学报(社会科学版),2015,55(4).

［8］Peter Loizos. Admissible Evidence? Film in Anthropology [A]. Peter Ian Crawford and David Turtonin (eds.), *Film as Ethnography* [C]. Manchester：Manchester University Press, 1992：61.

［9］保罗·基奥齐.民族志电影的起源[J].知寒,译.民族译丛,1991(1).

［10］罗伯特·艾伦、道格拉斯·戈梅里.电影史：理论与实践[M].李迅,译.北京：中国电影出版社,1997：3.

［11］猫眼专业版.2019中国电影市场数据洞察[EB/OL]."猫眼研究院"(微信公众号),https：//mp. weixin. qq. com/s/Y93jy7Wg－XlDTZp4Dkoq1g,2020-1-3.

［12］Analysys易观.2016年上半年中国移动互联网用户分析专题报告[EB/OL]."Analysys易观"(微信公众号),https：//mp.weixin.qq.com/s/kQAvM1AW4-dBoIo_cE-n9g,2016-9-9.

［13］App Annie.2020年移动市场报告[EB/OL]."AppAnnie"(微信公众号),https：//www.appannie.com/cn/go/state-of-mobile-2020？utm_source＝wechat&utm_medium＝social&utm_campaign＝apac-gcr-organicsocial-mobile－202001－som2020&utm_content＝report-som2020&sfdcid＝7016F000002XZD1,2020-1-16.

［14］虎嗅.于冬：未来的电影公司都将为BAT打工[EB/OL].http：//www.

huxiu.com/article/35671/1.html,2014-6-16.

［15］张超.回顾字节跳动 2019：全系列产品 MAU 超 15 亿,业务覆盖 150 个国家和地区［EB/OL］. https：//awtmt.com/articles/3582094,2019-12-31.

［16］淘宝电影、华谊兄弟研究院.淘宝电影 X 华谊兄弟研究院联合发布——2015 中国影市(中)：谁在看电影［EB/OL］."中国电影市场报告"(微信公众号), https：//mp.weixin.qq.com/s/ycEZ9uMI-YattEoCwrNuCw,2016-2-3.

［17］艺恩咨询.大地影院暨小镇青年洞察研究白皮书［EB/OL］.http：//www. 199it.com/archives/474173.html,2016-5-22.

［18］同上。

［19］费孝通.小城镇大问题［A］.费孝通文集(第九卷)［C］.北京：群言出版社, 1999.

［20］李凌达.电影市场的"小镇青年"现象［EB/OL］. http：//www.wenming.cn/ specials/goodstoryofchina/manager/ghome/201504/t20150401 _ 2536139. shtml，2015-4-1.

［21］王彦."回家过年"让观影成为全新的春节文化年俗［N］.文汇报,2016-2-10.

［22］EBOT 艺恩日票房智库［EB/OL］.http：//www.endata.com.cn/BoxOffice/ index.html，2017-2-10.

［23］猫眼研究院.2018 中国电影市场数据洞察［EB/OL］."猫眼研究院"(微信公众号),https：//mp.weixin.qq.com/s/FwuWHM-ky2-0SAoZd2_1dQ, 2019- 1-1.

［24］猫眼研究院.2019 春节档数据洞察［EB/OL］."猫眼研究院"(微信公众号), https：//mp.weixin.qq.com/s/qoA-OoGRqjFKj25CcyeOsw,2019-2-11.

［25］灯塔研究院.2019 年春节档电影市场数据报告［EB/OL］."灯塔电影实验室" (微信公众号),https：//mp.weixin.qq.com/s/xc3Kb4w_uN-9L4WgM4kdZg, 2019-2-10.

［26］艺恩网.中国县城影院发展势头 hold 不住［EB/OL］.http：//www.entgroup. cn/Views/30084.shtml,2016-2-17.

［27］凡影.凡影 2015 电影市场总结：被资本不断推高成本的市场供应,被误读成"小镇青年"的观众需求［EB/OL］."凡影 Fanink"(微信公众号),https：//

mp.weixin.qq.com/s/4YVsDSTfXis50F_sAD6wsw,2016-2-25.

[28] 郝杰梅.电影局制裁《叶问3》：3200万票房无效发行方暂停业务[N].中国电影报,2016-3-19.

[29] 郝杰梅.2016年中国电影票房457亿元观影人次超过13亿[N].中国电影报,2016-12-31.

[30] 朱德蒙."小镇青年"有力量[N].山东商报,2016-12-29.

数字媒体在创意产业发展中的地位[*]

肖永亮^{**}

人类社会经历了以农业为主的自然经济,以制造业为主的工业经济,以服务业为主的商业经济,以知识服务为主的智能经济,发展到今天以文化艺术为主的创意经济。同时,文化的发展也从传统的精英文化,即商业的流行文化过渡到了产业文化、内容产业和创意产业。产业的文化化和文化的产业化成为了我们新经济时代的特征。创意产业已成为其他产业的核心,美国文化创意产业年产值为 5 351 亿美元,英国创意产业出口额高达十几亿英镑,全球创意经济每天的产值为 220 亿美元。中国在世界的经济地位必然要从"中国制造"走向"中国创造"。

对创意产业的定义虽然有不同的版本,但产业的范围基本上包括有:视觉艺术(绘画、摄影、广告、雕塑、建筑)、表演艺术(戏剧、歌剧、音乐、舞蹈)、广播媒体(录音制品、电影、电视、网络)、大众娱乐(工艺、时尚、玩具、游戏)、平面媒体(报刊、书籍、杂志)和软件开发(设计、应用、智能工具)等。他们的共同特征是具有知识产权或版权,通过版权运作,即通过各种传播途径产生的品牌效应,使作品的文化因素与商

* 本文原载于《现代传播》2005 年 05 期。

** 作者简介:肖永亮,北京师范大学艺术与传媒学院副院长、教授、博士生导师。

业因素对接起来,将作品巨大的无形价值转变成产品丰厚的经济利益。产业化发展和运作,有两个因素不可或缺,一是科技进步,二是资本经营。

中国的科技进步基本上是和世界同步的,新兴的数字媒体技术发展极为迅猛。数字媒体,广义而言,是指各种传播媒介的数字化形态,它代表了数字化环境中产生的信息与传播的所有形式。代表21世纪最先进生产力之一的数字媒体,将成为解决创意产业发展过程中桎梏的关键,其发展亦将关系到一个国家在全球政治经济中的地位问题。数字媒体是以信息科学和数字技术为骨架,以大众传播理论为依据,以现代艺术为灵魂,将信息传播技术应用到文化、艺术、商业、教育和管理领域的,科学与艺术高度融合的,多学科综合交叉的新领域。

创意产业立足于"内容"和"渠道"两个方面:以丰富的数字艺术为表现形态的数字内容是数字媒体的血液,渠道主要有电影、电视、音像、出版、网络等媒体和娱乐、服装、玩具、文具、包装等衍生行业。可以看出,数字媒体在创意产业中占据着重要的地位,以高新技术为核心的数字媒体就像是创意产业的发动机,极大地推动了创意产业的发展,主要表现在影视制作、动漫创作、广告制作、多媒体开发与信息服务、游戏研发、建筑设计、工业设计、服装设计、仿真系统、图像分析、虚拟现实等领域,并涉及科技、艺术、文化、教育、营销、经营管理等诸多层面。我们有必要对主要应用领域进行分析,从而深入了解诸多媒体发展对推进创意产业发展所起的重要作用。

影视后期:目前在美国,通常每部电影的特技制作约占总成本的10%,按美国年产量约500部电影折算为30亿美元;另一方面,从票房来看,美国每年排名前十几位的电影几乎都是采用了大量电脑特技。如《泰坦尼克号》,它的全球总利润已经超过了19亿美元,同时在艺术上的成功也是破纪录的——获得过14项奥斯卡奖。在中国,张艺谋的《英雄》耗资三亿人民币,其中一半是用于后期制作。它创造全球一亿八千万美元的票房奇迹,无论从艺术水准上,还是从商业意义上讲,都获得了巨大的成功。商业电影越来越依靠特殊视觉效果赢得观众,数字镜头比例越来越高。在世界影坛,一种被称为"数字中间片"的电影中间环节技术越来越受瞩目,它正在改变电影业,而在若干年后,它可能会发展成为电影业的一种必备技术。

电脑动画:近年来,动画之所以在全球的影视娱乐业中被刮目相看,主要是得益于高新技术的应用。迪士尼的动画一直是世界动画的风向标,奥斯卡奖也从好莱坞散射出全球电影人向往的万道金光,近年来,动画成为了各大电影公司的王牌。各国纷纷选择本国最具优势的媒体迅速打出品牌,并借助品牌效应推动更多媒体的传播乃至授权衍生,品牌效应也在继续传播的过程中得到增强。美国动漫产业的特点是靠电影起家,电视是动画品牌的延伸。日本动漫产业的特点是以漫画来推动整个动漫产业。一般流程是:漫画杂志连载——漫画单行本——电视动画——剧场版动画——授权衍生。韩国动漫产业的特点是以网络为突破口。欧盟成员国动漫产业的特点是注重移动娱乐,依靠个性化技术而开展的休闲活动。

全球计算机动画市场保持稳步增长,行业统计从 1997 年 157 亿美元增长到 2001 年 354 亿美元。按照国际惯例,播映与衍生产品的收入比例为 1∶3(美国为 1∶4),2001 年全球动画片衍生产品市场超过 1 000 亿美元。我国根据国家广电总局的规定,每个电视台每天必须播出 10 分钟以上的动画片(省台要求 30 分钟以上),其中 60%必须是国产片。到今年年底,全国总共会有 47 个省市少儿频道和 13 个卡通卫视频道开播,原创动画的节目需求量迅速增长,动画节目的需求量一年将达到 100 万分钟。如果制作成本按 1.5 万元/分钟计算(中央台的制作费已达 3.364 万元/分钟,国际通常平均制作费仅中期即可达 12 万美元/分钟),播映与衍生产品的收入比例按照 1∶3 计算,打入国际市场的国产电视动画片按 1/3 计算(国内、外播出价格按 1∶4

计算），中国动画业将会增加 100～150 亿元的制作产值，300～450 亿元的衍生产品收入，以及 150 亿元的国际播出收入。

由于中国动画市场的不成熟，对动画的观念仍然停留在卡通和少儿的定位上，动画产品的成本投入和资金回报严重倒挂，申报立项和实际生产悬殊巨大，论坛展会的浩大声势与投资立项的徘徊观望形成强烈反差，培训教育的火爆和求职碰壁的灰心产生极大的落差，中国动画产业的发展道路还需要进一步探索。创意产业的产品不同于其他生活品，只能出精品，不能出次品、废品，不能依靠量来取胜。

电脑游戏：全球电脑游戏行业年销售额已超过好莱坞的全年收入。网络游戏已经显示了成为一个巨大的新兴产业的潜力。据国外有关统计，仅仅 2002 年，世界网络游戏的产值就突破了 60 亿美元。选择上网娱乐游戏的人群所占互联网人群的比例超过 30%，而在一些发达国家这一数据甚至超过了 60%。2000 年，美国全年计算机与视频游戏软件销售金额达 60 亿美元。日本游戏软件业从 1983 年任天堂公司推出 8 位电视游戏机至今，不到 20 年的时间里销售金额达到了数十兆日元。韩国已把发展游戏产业上升为基本国策，其网络游戏产业的发展据称已超过汽车工业，创造了网络游戏的"神话"。几乎是白手起家的韩国游戏产业，也诞生了多个年利润达数千万美元、跻身世界顶级游戏厂商行列的龙头企业。

在中国，网络游戏消费之巨大已经成为业界共识。根据 2005 年 7 月的一项统计，中国上网用户总数已突破 1 亿（1.03 亿）人次，其中一半以上网民使用宽带。网民中以"休闲娱乐"为主要目的排名已跃居第一，占 37.9%；用户最常用的网络服务中，选择"网上游戏"的占 23.4%；全年用户购买网络游戏虚拟物品的市场销售总额约为 80 亿元。2002 年底，中国网络游戏产生 10 亿元人民币的市场规模，并以每年近 50% 的速度快速增长。统计表明，目前中国网络游戏市场规模约为 25 亿元人民币，网络游戏产品近 200 款，玩家超过 2 400 万人，其中 19 岁至

25 岁的占 59.9%,网络游戏厂商接近 300 家,其中游戏开发商约为 150家,仅次于韩国而位居世界第二。中国网络游戏市场规模在 2004 年为24.7 亿元人民币,对通信业务收入的直接贡献是 150.7 亿元,对创意产业的直接贡献是 63.7 亿元,对媒体及传统出版业的直接贡献是 35.8 亿元。预计 2009 年中国网络游戏出版市场销售收入将达到 109.6 亿元,2004 年到 2009 年的年复合增长率为 34.7%。

近年来,电影和游戏的关系越来越紧密,以至于任何娱乐内容的设计都要考虑到资源共享,包括电影、游戏、形象产品等全方位开发。近年来,好莱坞大举进军电子游戏,《指环王》导演彼得·杰克逊联手游戏制作公司和环球影业,同步拍摄电影与游戏制作,电影《骇客帝国》导演沃卓斯基兄弟为其两部续集设计了游戏,华人导演吴宇森为世嘉公司开发电子游戏,同时将游戏改编成电影。最近这种趋势也蔓延到了电视圈,中国导演徐克拍摄电影《七剑》后,又陆续开发了《七剑》的动漫版、游戏版,全方位打造品牌,充分利用数字内容资源。网络游戏是数字媒体为创意产业带来捷报频传的用武之地。

商业广告:广告是震撼力非常强的视觉艺术产品,一段电视广告或视觉产品,能不能做到抢眼,关键在前八秒钟。电视广告要用充分利用电影语言来表达思想,人们要传达广告信息,将其中包罗万象的视觉元素紧凑地组合在一起,就得深入挖掘数字技术的表现力。体现电视广告的水准,靠对受众心理的深入研究,对艺术的把握和技术的发挥。简言之,电视广告是促使数字艺术发展的另一方面因素。美国将数字技术应用在传媒上只不过十到十五年时间,但发展势头十分迅猛。当初要生产优质的广告,产品的造价不菲,但为了达到视觉效果,很多公司不惜血本使用数字技术,高质量的电视广告造价为每秒钟一二万美元。中国的广告市场每年也是近千亿人民币,而且市场对质量要求和数量需求会越来越大。

移动娱乐:移动娱乐包括利用移动通讯来传播和交流音乐、影视、多媒体短信和互动游戏等。中国移动娱乐的市场爆发力不可忽视,中国已有 3 亿手机用户,它意味着中国将是全球最大的手机娱乐市场。手机本身具有随时在线、用户随身携带、忙里偷闲的特点,手机电视、手机电影、手机游戏随着无线通信技术的普及将产生巨大的内容需求,数字技术的发展对数字内容的跟进提出了严峻的挑战。手机电影这一新的数字娱乐形态的出现,必然要求和带来一套新的创作和思维方法、新的题材和表现风格、新的技术和规范标准。第四代无线通讯技术和高清小屏幕的发展使人们能享受到具有电影效果的互动游戏。"手游"以移动运营商为产业龙头、手机生产制造商为终端、无线增值内容服务商为提供者,建立起一条成熟的产业链。专家估计,至 2005 年,包括手机与掌上型电脑等的无线通信电子产品的游戏工业,每年将有 60 亿美元的全球市场。中国手机短信市场有世界最成功的盈利模式,每年有上百亿的收入,这从央视的春节晚会和湖南卫视的"超级女生"观众投票中可见一斑。

数字电视:数字电视,简单说来,是拍摄、编辑、制作、播出、传输、接收等电视信号播出和接收的全过程都使用数字技术。从影视传播的技术手段上来看,三网并线已逐步成为现实,网络电视是在不远的将来能影响到千家万户老百姓日常生活的一项新的技术,它正在悄然地改变家庭中的视觉质量,由传统的模拟信号电视过渡到数字高清晰度电视。如果你能明白为什么有了网络电话后,使得跨洋国际长途电话,由 18 年前的每分钟话费一美元,降低到如今的一美分,你就不难理解今后通过宽带网传输的网络电视会给我们的生活带来多么经济实惠的享受。

目前中国在发展创意产业方面潜力极大,但暂时处于明显弱势。国家整体经济实力不强,经济文化发展不均衡,人们的消费观念和购买能力都跟不上技术的发展。美国每年生产 400 多部电影,平均造价约为 6 000 万美元,拷贝和宣传发行费用还要追加约 4 000 万美元。

中国的一部电影,投入二三百万元人民币就算不错的。美国游戏软件开发的平均成本为 700 万美元,超出上千万美元也是常事,还要加上上市开销 300 万至 500 万美元,开发耗时约为两年,试运行约一年。而在中国,有一定规模的企业,注册资本和固定资产分别在 100 万元以上,人员规模在 50 人以上,50 万元是一款单机游戏的最低开发费用,200 万元是一款网络游戏的平均开发费用,管理、营销费用也在100 万元以上。美国动画电影制作的花费为平均每秒投入为 1 万美元,中国动画片的制作成本平均为每分钟 1 万元人民币,但播出渠道的出价仅为 1 000 甚至低于 100 元。动画公司 10 万元注册资本的低门槛会造成许多小本经营者血本无归。只有需求愿望而无购买实力的市场会导致恶性循环,因此,随着国家经济高速增长,创意产业公司应逐步提高自身实力,扩大竞争和市场潜力。

在中国社会、经济平稳健康发展的 2004 年,国内生产总值达到13.65 万亿元,财政收入 2.63 万亿元,社会消费品零售总额 54 万亿元,进出口贸易总额 1.15 万亿美元(居世界第三位),人均收入实际增长达到 7%左右。国家的经济实力明显提升,为创意产业的发展提供了必要条件。渠道的开拓和技术的进步齐头并进,中国传媒产业也取得了长足进展,正在走上产业化发展的规范道路。中国传媒产业规模庞大,目前共有报纸 2 119 种,期刊 9 074 种,出版社 570 家,广播电台282 座,电视台 314 座,电视频道约 2 000 多个,制作电视剧 12 000 集(2004 年),城乡居民拥有电视机数达到 4 亿台,电视的国内人口综合覆盖率为 94.83%,是世界第一电视大国,有 6 000 多家电影院(3 000多家专业影院),36 家电影制片厂和 100 多家民营制片公司,国产影片破纪录达到 212 部(2004 年),电影主要营收达到 36 亿元,电视电影110 部(2004 年),音像制品出版单位 320 家,电子出版物单位 121 家,互联网站点总数约为 677 500 个,上网计算机总数为 4 560 万台,网络游戏厂商接近 300 家,手机用户超过 3 亿居世界第一。中国传媒产业已到达 3 270 亿元的市场规模（广播电视 700 多亿，新闻出版 1 500 亿），电信产业 5 000 亿。传媒与文化产业是中国最有可能尽快进入世界前列的产业门类。而在传媒产业纷纷迈入数字化的行列这一大势面前，解决数字媒体专业人才严重不足的问题已经时不我待了。创意产业发展的要素是市场、技术和运营，而核心是人才。

无须赘言，创意产业在全球的迅猛发展给我们民族提出了多么严峻的挑战。显而易见，中国以计算机图形图像为科学基础的影视、音像、动画、游戏、广告、交互式新媒体、网络和移动通讯等数字媒体的应用市场如此之浩大，外强的压力和市场的驱动，势必要求数字媒体发展具有合理的管理分工模式，发行渠道畅通，各环节有机配合，人力资源充沛，形成产业链，这样才可能真正推动创意产业在中国的蓬勃发展。

全球游戏市场格局演进视域下的中国游戏"走出去"机遇与策略分析[*]

刘静忆　李怀亮[**]

一、引　　言

电子游戏作为大众传播媒介[①],经过近四十年的发展,将计算机技术、互动媒体技术、艺术设计、经济系统、商业模式等进行了充分融合应用,作为"第九艺术"已经成为文化产业的重要支柱,其硬件和软件创新也不断改变着人们的娱乐消费和互动方式,部分原因是游戏赋予了消费者超越其他任何媒体所能给予的能动性。近三十年来,中国游戏砥砺前行,20世纪90年代初期,作为家用游戏机替代品的小霸王学习机曾一度风靡全国,此后有台湾地区技术助力的《仙剑奇侠传》等单机游戏完成了对电脑游戏玩家的启蒙。世纪之交,在网络信息技术和《传奇》等韩国进口网游的推动下,中国网络游戏市场从无到有,渐成星火燎原之势,游戏产业以几何级指数迅速发展,终于在2010年以后

　＊　**基金项目:** 2017国家社科基金重点项目"中国文化走出去效果评估研究"(项目编号:17AZD035)、中国传媒大学科研培育项目(项目编号:CUC11B07)研究成果。本文原载于《文化产业研究》2020年第23辑。

　＊＊　**作者简介:** 刘静忆,中国传媒大学经济与管理学院讲师。李怀亮,中国传媒大学人文社科部部长、教授、博士生导师。

移动游戏时代弯道超车,迎来了属于中国游戏的黄金年代,2018 年中国凭借 2 144.4 亿元的收入成为当年全球第一大游戏市场。同年,我国自主研发网络游戏海外市场实际销售收入达 95.9 亿美元,成为中国文化"走出去"的重要旗帜。

习近平总书记指出:"古今中外,文艺无不遵循这样一条规律:因时而兴,乘势而变,随时代而行,与时代同频共振。"回顾文化产业的国际贸易史,无论二十世纪一二十年代美国的电影业、八九十年代日本的动漫游戏业以及 2000 年前后的韩国网络游戏,它们之所以能够取得国际竞争优势,无一不是得益于当时产业类型的创新突破。因此在 5G 时代,游戏产业尤其是移动游戏也将是中国文化产业蜚声中外的重要突破口,游戏的互动参与感、即时性、沉浸感、碎片化、社交黏性使之非常适合成为媒介资源盈余时代"讲述中国故事"的载体,这也正契合了习近平总书记的要求,"要把中华民族最基本的文化基因,以人们喜闻乐见、具有广泛参与性的方式推广开来"。游戏产业受行业特点影响演进速度较快,要想真正抓住机遇推动中国游戏"走出去",需对全球游戏市场的竞争格局进行深入分析,因此本文将在对国际主要游戏市场竞争格局对比分析基础上,探讨中国游戏出海的机遇和策略。

二、全球游戏市场竞争格局探析

(一)全球游戏市场总体格局及趋势概述

2019 年全球游戏市场收入将达到 1 521 亿美元,年同比增长 9.6%。简而言之,全球游戏市场呈现亚美欧三足鼎立、移动游戏占优、强国大厂垄断的竞争格局。首先,从全球游戏市场区域格局来看,亚太地区由于中日韩游戏市场的崛起已成领军区域,收入预计为 722 亿美元,占比 47%;北美、欧洲紧随其后,中东和非洲、拉美地区占比较小

(见图1)而且亚太地区的游戏发行商垄断程度更高,赫芬达尔——赫希曼指数(HHI)显著高于美欧地区。

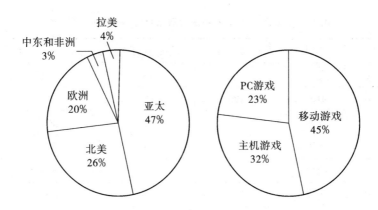

图1　2019年全球游戏市场收入区域占比　图2　2019年各游戏终端细分市场占比

数据来源:Newzoo. Newzoo Global Games Market Report 2019。

　　第二,从国际游戏市场的国别结构来看,集中度也颇高,游戏市场规模前十国(见表1)收入占全球游戏收入的76%以上,TOP20占比90%以上。具体来说,美国游戏进入黄金年代,中国游戏虽与美国旗鼓相当(见图2),但监管政策的不确定性为之蒙上一层阴影,日本游戏备受"孤岛化"魔咒困扰,韩国游戏逐渐自蛰伏中复苏,英国游戏以创新见长,俄罗斯、印度、东南亚等新兴市场蓬勃发展增速很快。第三,从国际游戏市场的设备及终端类型结构来看,移动游戏市场②自2016年首次超过PC游戏之后蝉联第一(见图3),随着优质内容的跨平台运营、云游戏③以及5G技术的推广,未来会进一步扩大规模;新一代游戏主机Switch的大量销售以及整体市场向"游戏即服务"(GaaS, GameasaService)的商业模式转变,将推动主机游戏进一步复苏;PC游戏市场发展则并不乐观,既缺乏移动游戏的便利和受众基础,又没有主机游戏电影版的视觉表现和超凡脱俗的游戏体验,想要取得竞争优势,需在产品力、玩法创新、游戏体验上深耕细作,着力年轻用户的培育和获取,兼顾精品化和差异化战略。

表1 截至2019年6月各国游戏市场收入排行榜TOP10

排名	国别	人口(百万人)	网民(百万人)	总收入(百万美元)
1	美国	329	274	36 869
2	中国	1 420	901	36 540
3	日本	127	121	18 952
4	韩国	51	49	6 194
5	德国	82	77	6 012
6	英国	67	65	5 616
7	法国	65	59	4 091
8	加拿大	37	35	2 772
9	西班牙	46	40	2 735
10	意大利	59	42	2 689

数据来源:Newzoo.Newzoo Global Games Market Report 2019。

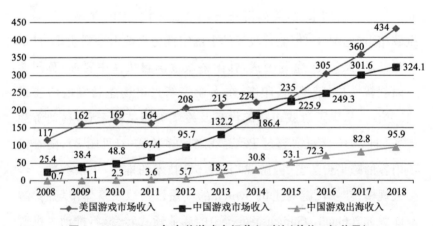

图3 2008—2018年中美游戏市场收入对比(单位:亿美元)

数据来源:Essential Facts About the Computer and Video Game Industry, ESA;中国游戏产业报告,GPC & CNG。

总体来说,全球游戏市场的分销平台、组织类型和商业模式都在不断演进升级,加上受5G等技术进步和分销渠道全球化的影响,游戏产业在多个领域呈现不断革新的趋势,例如游戏IP化推动着产业融合向纵深发展,电竞与直播推动游戏服务产业链的拓展,移动游戏领域重度化程度加深与休闲趋势并举,云游戏、虚拟现实等创新游戏类型稳步发展等。

(二)各国游戏市场发展状况对比

我们对美、中、日、韩、英、俄、东南亚等国家(或地区)从市场规模、分级制度、主流游戏设备、玩家特征、类型偏好以及中国游戏针对该国出口机遇等7个方面进行了梳理(见表2),并在此基础上有针对性地分析影响全球游戏市场竞争优势的关键因素以及中国游戏出海的机遇。

表2　各国(地区)游戏市场发展状况对比

国别(地区)	市场规模(亿美元)①	分级制度	主流设备	玩家特征	移动游戏类型偏好	出口机遇
美国	369	ESRB	主机/移动/PC	玩家成熟、女性玩家比例较高	益智、策略、动作、博彩	策略、博彩
中国	365	无官方	移动/PC	基数大、付费转化率低、重度玩家黏性高	动作、战术竞技、RPG	—
日本	190	CERO	移动/主机	ARPU⑤值高、付费率高、品牌忠诚度高、从众心理强	RPG、消除、策略	策略、二次元
韩国	62	KMRB	移动/PC	全体用户比率下降、年轻玩家多	益智、动作、RPG、策略	策略
英国	56	PEGI/BBFC	主机/移动/PC	玩家付费率较高、热衷于创新	休闲益智、策略	休闲益智

(续表)

国别 (地区)	市场规模 (亿美元)⑤	分级 制度	主流 设备	玩家特征	移动游戏 类型偏好	出口 机遇
俄罗斯	18	CRL	PC/移动	偏好战斗题材	策略、RPG	策略
东南亚	46	MDA 等⑥	PC/移动	文化折扣低、年轻玩家多	RPG、策略、博彩、动作	MOBA⑦、大逃杀

(三) 影响全球游戏市场竞争优势的关键环节

美国哈佛大学商学院迈克尔·波特教授用波特钻石模型来分析一个国家的国际竞争优势。他认为,能够影响国家竞争优势的因素主要有资源要素、需求条件、辅助行业、企业战略/结构四大要素以及政府、机遇两个影响变量。囿于篇幅所限,人才、资本、技术、资源等要素不是本文关注的重点,本文只重点分析对于各个游戏大国获得国际竞争优势至关重要的三个因素:需求、企业战略和政府。

1. 需求

波特重视国内需求在增强国家竞争优势中的作用,如果一国内的消费者成熟复杂而苛刻的话,会有助于该国企业赢得国际竞争优势。但随着国际贸易复杂程度的增强,"需求条件"对游戏产业的影响也成为一把双刃剑,时常需要在本土化或全球化的抉择中权衡取舍。

以传统游戏强国日本为例。作为全球第三大游戏市场,日本付费移动玩家人均年消费全球排名第一,从过去到现在一直在全球游戏产业中扮演重要角色。多年以来,日本游戏市场一直是相对封闭、自给自足的,鲜有海外公司能成功进入,本土游戏份额曾一度高达90%,呈现出笼罩日本手机产业的"孤岛化"(亦称"加拉帕戈斯综合征"⑧)特征。美国人类学家鲁思·本尼迪克特曾在著作《菊与刀》中,将日本人矛盾的性格描述为"喜新而顽固,服从而不驯"。正是这种岛国文化的双重性,使得日本民族在文化心理上趋向于封闭和警惕,日本游戏产业的孤岛性也根源于此。从行业结构（Structure）来看，日本游戏产业已经形成了寡头垄断的市场结构，产业准入门槛非常高，产品也呈现出同质化趋势，更多的是依托 ACG 产业完备的链条达成高收益，而坚持创新与独特风格的中小型游戏厂商处境艰难。从市场行为（Conduct）来看，日本游戏厂商竞争策略较为保守，为此在手游时代曾一度失去先机。从市场绩效（Performance）来看，许多原本处于领先地位的日本游戏厂商生产规模持续缩小，一线开发人才流失，对于国际市场动向反应迟滞，面临前所未有的挑战。日本游戏的国际竞争力也因此受到重创。基于日本游戏业 SCP 范式的简单分析告诉我们，一味追求本土化需求的满足有时反而损伤了其国际竞争力。

2. 跨国公司战略

产业国际竞争优势的取得最终还要落脚到跨国公司的全球化扩张。当前全球游戏市场呈现出较强的寡头垄断特征，2018 年全球游戏公司的市场集中度 CR5 为 43%，前 35 家上市游戏公司的收入达到 1 140 亿美元，占当年全球游戏市场规模的 82%。对于跨国游戏公司而言，聚焦化战略、差异化战略、成本领先战略等固然有助于竞争优势的获得，但对于产品生命周期较短的游戏业来讲，核心竞争力仍然在于产品力。在宽松型寡占市场⑨里，是该侧重模仿还是创新？追求自主研发的游戏产品"走出去"还是资本"走出去"？这些问题并没有定论，跨国公司往往因地制宜各有侧重，在不同国家采取不同策略，构建多层次、多样化的战略矩阵。毕竟最终决定企业规模的是效率，而不是垄断。（钱德勒，1977）

我们采用大矩阵模型⑩为分析框架对跨国游戏公司的战略进行探讨。（见图 4）以世界排名第一的游戏公司腾讯为例，在面对像美国这样处于第二象限（市场增长迅速、弱竞争地位）的国家时，可以重点采取横向一体化即资本"走出去"的战略，如腾讯已持有动视暴雪、拳头、Epic Games 等美国核心游戏公司的股份；在出口东南亚各国这类位

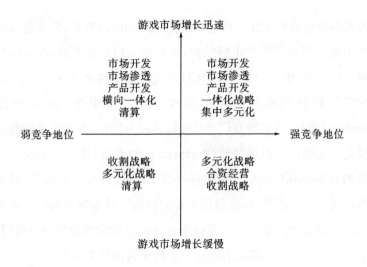

图4　跨国游戏公司的大战略矩阵

于第一象限内的市场，可以侧重市场培育、开发和渗透，推动拳头产品"走出去"；在出口位于第四象限的东欧诸国时，可以采取收割战略。这样多样化的战略矩阵才有助于持续提升国际竞争优势。

3. 政府治理

对游戏这种新兴媒介来说，政府治理是影响其竞争力的主要变数。政府主要从监管态度导向、扶持政策体系两方面影响游戏业的兴衰。从监管态度来看，美国早在二十世纪七八十年代就曾经历过对新兴游戏文化恐惧的时代，并于1994年制定了ESRB分级制度。近十年来，长期存在的针对游戏玩家的成见在美国逐渐消失了。ESA调查结果也显示，美国游戏玩家被认为相较于普通人来说有更为健康的社交和生活方式，参与公众事务也更为积极；家长们对视频游戏的态度也在发生变化，74%的父母认为游戏可以为孩子提供教育，57%的家长喜欢每周与孩子一起玩游戏。因此越来越多的其他行业如服装、汽车、金融等选择用游戏的方式与消费者建立联结。游戏在美国已真正成为大众媒介，也是人们娱乐消费、接收知识和传递技能的新媒介，其中功能游戏[①]是拓展游戏功能的重要尝试。而游戏在儒家文化背景下背负着"业精于勤荒于嬉"的原罪，往往导致社会舆论的负面认知和政策监管的不确定性，这也成为中国游戏行业快速发展背后的隐忧。2018年3月底至12月底，中国游戏版号的冻结被认为预兆着游戏行业的凛冬将至，受此影响，当年游戏行业的收入增速骤降至5.3%。与美英等国相比，我国对游戏的非议从未改善，反而愈演愈烈，廖祥忠(2005)发出的疑问"我们是不是正在重蹈历史的覆辙？什么时候人们才能相信这样一个事实：网游代表了一种新的鲜活艺术，如同机器时代的电影，它是数字时代的艺术！"时至今日仍具有启发意义。

从政策扶持体系来看，政府对游戏业的扶持政策包括财政税收、版权保护、资金扶持、人才培养、技术培育等各方面。以英国为例，政府支持和税收减免是提升英国游戏业全球竞争力的重要因素，例如视频游戏税收减免(VGTR)[12]政策，每年减免几千万英磅的税收；如果没有VGTR，VGTR所支持游戏中的68%不会在英国被开发出来。而近年来持续以韩剧、K-POP、网游等标志性文化产品风靡亚洲的"韩流"，从出口贸易额来看，游戏产业占韩国文化内容总出口量的一半以上，直接关系着韩国文化出口的核心利益。而韩国政府自1998年亚洲金融危机以后对游戏业推行的各种资金、技术、人才、组织机构扶持政策，成为推动韩国游戏产业跨越式发展的重要因素。

三、国产游戏出海的机遇分析

近十年来，在人口和互联网技术双重红利、政策、资本推动下，中国游戏市场销售收入从2008年的185亿元迅猛增长至2018年的2144亿元，占全球市场的24%。国内自主研发网络游戏海外市场实际销售收入也从十年前的0.7亿美元增长至95.9亿美元，与同期中国电影的海外票房增长相比，在"走出去"方面表现更为突出。(见图5)

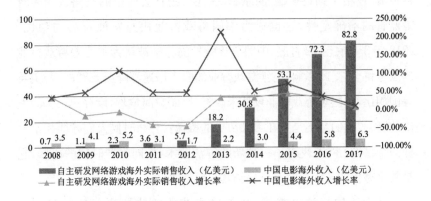

图5 2008—2017 中国网络游戏及电影票房海外收入

数据来源：GPC & CNG《中国游戏产业报告》，国家电影局。

可以说，我国目前已经成为游戏出口大国，游戏产品类型丰富多样，实现了海外地区的"多点开花"。中国游戏企业也在持续引领全球移动游戏产品类型的迭代，产品品牌地位提升，海外影响力增强，真正做到了"文化和前沿科技融合、创意与全球市场对接"。当然国产游戏在商业上的成功也在倒逼中国游戏人的"初心"，3A级精品游戏大作匮乏，题材玩法亟须创新，游戏质量有待提升，盈利模式尚需优化，这都是困扰中国游戏多年的痼疾。在游戏产业国内发展空间受到压制的当下，抓住游戏出海在平台、技术、类型、路径等多个层次的机遇，才能真正推动我国从"游戏大国"向"游戏强国"迈进。

（一）平台/终端选择与技术创新

中国作为全球游戏市场的"后发国家"，应该通过技术模仿与引进所带来的技术创新来获取"后发优势"，寻求要素禀赋结构所决定的动态比较优势（林毅夫，2003）。结合当前全球游戏细分市场，曾经长达14年的游戏机禁令使得中国游戏厂家已无力与国际主机游戏寡头进行竞争，而强大的资金、技术、品牌壁垒也使得中国PC游戏前途晦暗，那么唯有抓住移动游戏这个正成为全球主流游戏终端的风口,通过前期模仿积累创新能力,在全球市场上动态地获取竞争优势,并在 AR\VR\MR、人工智能等新兴领域,充分利用与传统游戏强国尚在同一起跑线的时代机遇,推动新兴游戏类型的出海。

(二)内容/类型

电影学者保罗·沃森(1996)认为,类型(genre)是一条编织起工业考量与观众需求的金线。游戏类型虽与电影类型的语境不甚相同,体现了更多的"由新技术发展带来的制度化的互文性和彻底的折中主义的后现代文化"(安德鲁·达利,2000),但它仍能在吸引和控制玩家的特定诉求、期待和愉悦中起作用。本质上,游戏产品是以规则(玩法)、目标、乐趣为核心,这与以叙事内容为核心的影视产品相比,受"文化折扣"的影响更少,毕竟文化尚有高低语境(爱德华·霍尔,1966)之分,但人类对规则、目标和乐趣的追求基本一致,这也能部分解释游戏出海为什么比影视产品更容易"走出去"。

基于全球主要游戏市场的类型偏好分析,我们概括了中国游戏出海的类型机遇(见表2)。例如,针对美国移动游戏玩家的类型偏好,中国移动游戏在出口时重点选择了策略、动作、RPG 和博彩类游戏,成功在美开拓了 10%的市场空间。策略类游戏往往与 MMORPG 游戏[13]、MOBA 游戏重合,是可以凭借少数用户获取大量收入的类型,不同于休闲游戏必须依赖庞大的用户量,因此也正是适合中国游戏出海单点突破的类型(不同类型游戏的需求曲线大致如图6所示)。

日本畅销游戏类型中的消除游戏基本上自给自足,于是策略类和二次元游戏成为中国游戏厂商的重要突破口。在这样的类型策略指引下,日本本土厂商长期霸榜的现象有所改变,中国游戏厂商表现亮眼,例如网易"大逃杀"(战术竞技)游戏《荒野行动》、Bilibili 二次元游戏《碧蓝航线》、腾讯 IP 改编游戏《拳皇98》登上收益排行 TOP20。这

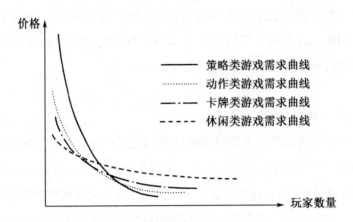

图6 不同类型游戏的需求曲线

些案例说明,深度结合日本特色文化的二次元、航海类游戏以及创新玩法更容易得到当地玩家的青睐,是中国游戏出海日本的机遇所在。

作为新兴游戏市场领头羊,俄罗斯玩家偏好战争题材的策略类和RPG游戏,中国游戏出海厂商也正是凭借战争策略类游戏拿下了俄罗斯移动游戏的半壁江山。这充分说明良好的本地化和精准的类型突破能够有效助力新兴市场的挖掘。东南亚地区与中国在文化、地理、历史等方面有深厚渊源,在文化折扣方面存在天然优势,对中国游戏的题材、风格、类型接受度很高。凭借这种优势,中国游戏在东南亚取得了绝对竞争优势地位,但也应立足各国具体国情,因地制宜,避免产品同质化竞争,抓住移动电竞的风口,巩固扩大国际竞争力。

(三) 路径

在出海路径上,中国游戏出海应动态地抓住比较优势的机遇,建立"中国——儒家文化圈——'一带一路'沿线国家——游戏强国"的多层次地理版图,不断扩大其国际影响力。

我们根据 App Annie2018 年度各国(地区)移动游戏收入排行数

据绘制了图7,尝试对多国(地区)移动游戏市场的同质性和多样化程度进行分析。位于对角线之下的中国台湾地区、东南亚、俄罗斯等新兴市场中,本地游戏所占份额较低,与全球游戏收入 TOP10 的重合度也较低,这说明市场尚待开发,而传统的美国、日本厂商并没有在这些地区取得绝对竞争优势,为我国游戏出海提供了绝佳的机遇。而对位于对角线之上的美国、日本等游戏强国,中国游戏应该奉行差异化战略和一体化战略,在相对成熟的市场空间里找寻机遇。

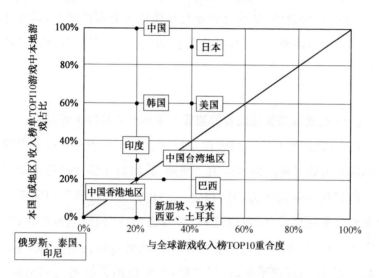

图7 2018年多国(地区)移动游戏收入榜 TOP10 同质性与多样化示意图①

特别地,跟随"一带一路"倡议的指引,中国游戏"走出去"的步伐也应沿着丝绸之路经济带和21世纪海上丝绸之路涉足欧亚大陆和非洲,在俄罗斯、东南亚、中东欧、阿拉伯地区等地,多点开花。这些区域往往被视为新兴游戏市场,在互联网红利基础上逐渐产生了庞大的游戏需求,但本国的游戏产业尚不能满足玩家需求,因此,中国游戏应该把握这个战略机遇窗口期,立足国内并辐射"一带一路"沿线国家,打造属于中国游戏的时代。

四、中国游戏产业"走出去"策略分析

纵览全球主要游戏市场的竞争格局，对中国游戏产业来说，立足本土，协同出海，时不我待。中国游戏要想成为中国文化和"中国创造"的名片，打造美国电影之于美国文化、日本动漫之于日本文化的地位，需要积极探索政府、社会与市场智慧平衡的空间，兼顾"本土化"与"全球化"表达，推动资本与产品"走出去"，尊重人才、创新玩法，维护社会责任，推动游戏业与其他产业的深度融合，这样才能真正成为中国创新、匠心与品质的代表，为中国文化"走出去"添砖加瓦。

（一）构建政府强底线和弱监管并举的产业扶持政策体系

杨小凯（2000）认为，后发国家只注重技术模仿而忽视制度模仿是其后发劣势形成的根本原因。当前，我国对于游戏产业的治理制度是影响其国际竞争力的短板之一。其实美、日、韩等国家都曾有过对游戏业的恐惧，但中国这种"游戏恐惧症"的影响范围之广、持续时间之长、打击力度之大非常罕见。政府管制、公众舆论与游戏市场三方，应该互相平衡，合作共赢，借鉴他国曾经走过的道路，构建资金、技术、人才、法律等多层次的产业扶持政策体系，并适时推出游戏内容分级制度，在坚持"强底线"基础上，明确主体责任，适当弱化监管，以明确标准代替怀疑猜测。中国是世界前十大游戏市场中唯一一个尚没有实行游戏分级制度的国家，要与世界接轨、规范化运作，还需从标准上为游戏"走出去"做好准备。

（二）"本土化"与"全球化"的平衡

日本游戏业的"孤岛化"教训告诉我们，中国游戏想要成功出海，必须对"孤岛心态"加以警惕，将"全球化"和"本土化"战略有机结合。

我们需要构建游戏市场的国别信息服务和国别投资指南,在深度了解海外市场的前提下理性选择出海目的地,并根据不同市场的差异特征,实施"海外本土化"策略。在进入海外市场前,充分认清目标市场的用户偏好、发行渠道以及市场发展趋势等,尽可能与当地工作室、玩家联盟、发行商合作,实现人才、资本、创意和用户的全方位全球化。在"本土化"的过程中,既要了解当地的民俗风情、用户喜好、审美情趣,根据当地玩家所喜爱的游戏类型精准设计研发投放;还要充分考虑当地的宏观与微观环境,包括政策法律法规禁忌及经济社会发展状况等。此外,在拥抱"全球化"的过程中,中国游戏人还需坚持通过游戏表达中国传统文化和哲学人文精神,例如"重天道""法自然""尚人道"的人本主义、"尚中贵和"的"中和"思想、"克己复礼"的礼仪主义"(胡健,2011),"诚意、正心、修身、齐家、治国、平天下"的文化自觉追求以及中国文化对于"天人合一"、生死命运等问题的哲学式解读。这些"中国品格"通过游戏表达出来,不仅有助于国内社会的价值弥合,也可能被国际社会广泛接受,助力"一带一路"倡议的顺利推进。

(三) 产品"走出去"与资本"走出去"相结合

文化"走出去"是"道",产品"走出去"是"势",生产"走出去"是"技",资本"走出去"是"术"。国内自主研发的游戏产品受到国际玩家欢迎才是中国游戏达到全球顶尖水平的硬指标。游戏产品自身的品质、玩法创新仍是开拓海外市场的基石。当前国内游戏公司在产品"走出去"方向偶有亮点、单点开花,未能形成规模优势。生产"走出去"是指海外研发、全球运营等中外合作模式,这在整合全球资源方面有突出优势。资本"走出去"是中国游戏出海的重要实现方式。通过资本"走出去"带动游戏生产、研发、产品、服务"走出去",这被腾讯游戏证明是行之有效的路径。对于自主研发能力尚不够强大的中国游戏来说,将"道、势、技、术"有效结合,可以全方位、多层次、宽渠道地推动中国游戏贸易。

（四）社会责任与商业利益的兼顾

中国游戏业经过近三十年的野蛮生长，毋庸置疑在商业层面取得了成功。随着粗放型增长到存量博弈的转变，游戏产业应该借此"阵痛期"思索对于社会责任的担当和社会良心的守望，如习近平总书记所言，"坚守中华文化立场、传承中华文化基因、展现中华审美风范"，加强行业自律，突出社会责任，尊重"玩者之心"（岩田聪，2005），降低负外部性，并推进与旅游、教育、医疗等其他产业的深度融合。唯其如此，才能推动中国游戏真正融入各国经济社会发展的大格局，助力"人类命运共同体"的伟大实践，探寻游戏对于现代文明的真正意义。

注　释

① 马歇尔·麦克卢汉在《理解媒介——论人的延伸》一书中认为，游戏是"大众传播媒介"，是人和社会肢体的延伸，是心灵生活的戏剧模式，是人为设计的场景，旨在容许很多人同时参与他们自己团体生活中某种有意义的模式。这与约翰·菲斯克（John Fiske）在《理解大众文化》中对电子游戏的阐释不谋而合："电子游戏是有相关性的，是有实际功能的，因为它的结构能与社会体制发生关联，因此，电子游戏玩家能够重演被统治者体验到的社会关系。"

② 移动游戏市场包括智能手机及平板电脑，其中智能手机游戏占据 80% 的份额。

③ 云游戏是以云计算为基础的游戏方式。在云游戏的运行模式下，所有游戏都在服务器端运行，并将渲染完毕后的游戏画面压缩后通过网络传送给用户。也就是说，所有游戏都可以在任何设备上游玩，而消费者不必像之前一样，必须拥有处理游戏的硬件设备。

④ 为保证数据可比，数据来源统一为 Newzoo 截至 2019 年 6 月的数值。

⑤ ARPU（ARPU-Average Revenue Per User）即每用户平均收入，是衡量用户价值的重要指标。一般来说，高端用户越多，ARPU 值越高。

⑥ MDA 为新加坡分级制度，泰国在《电影和视频物法》中，将游戏规定为视频的

一种,因此也像电影一样,受到内容分级的限制。印度尼西亚于 2016 年推出《关于电子互动游戏分级》制度。

⑦ MOBA(Multiplayer Online Battle Arena)即多人在线战术竞技游戏,以《王者荣耀》为典型代表。

⑧ 是指产业内部封闭保守,自身特点鲜明,但呈现与世界其他国家相异的发展特征。最早被应用于日本手机行业。日本的 3G 手机在日本国内市场广受好评,但在海外市场完全无法流行开来。京都大学研究所在当时率先提出:"日本的手机就像是达尔文在加拉帕戈斯群岛上遇到的特有物种,与它们的大陆表亲们相比起来,它们存在着惊人的演变和分歧。日本手机产业饱受'加拉帕戈斯综合征'之苦,它们的形式太复杂,根本无法在国外的环境生存下来。"

⑨ 尼克博克(Freaerick T. Knickerbocker)的寡头垄断行为理论将市场结构分为三种:完全竞争市场、紧张型寡占市场、宽松型寡占市场。紧张型寡占市场(一般等竞争者不超 4 个),每家公司都拥有相当程度的垄断力量,公司之间会倾向于共谋而非竞争;而在一个宽松型寡占市场里,各竞争者的战略性行为就会互相制衡或产生激励的反应。

⑩ 大矩阵模型是由市场增长率和企业竞争地位两个坐标所组成一种模型,在市场增长率和企业竞争地位不同组合情况下,指导企业进行战略选择的一种指导性模型,它是由小汤普森(A. A. Thompson. Jr.)与斯特里克兰(A. J. Strickland)根据波士顿矩阵修改而成的。

⑪ "功能游戏"的主要目的是解决现实社会和行业问题,在游戏的娱乐性基础上增加了专业性以及实用性,根本目的是通过游戏帮助人们去解决工作、教育、医疗和生活等实际问题。例如华盛顿大学贝尔实验室曾开发一款名为 *foldit* 的功能游戏,玩家在 3D 画面下试着操纵简单的类蛋白质构造,变形、折叠、拼接。该游戏在开放一年后就有 8.2 万台计算机成为这一项目的活跃志愿者,曾经花费科学家 15 年之久研究的一类艾滋病毒逆转录蛋白酶的结构,在 10 天之内被玩家们破解。这项科研成果发表在英国《自然》杂志的结构分子生物学分册上,玩家们成了该文的主要作者。

⑫ VGTR(Video Games Tax Relief)规定,如果游戏或软件为英国制造,且 25%的游戏关键支出用于提升在欧洲经济区内的服务,英国视频游戏公司可以申

请税收减免，游戏开发人员将能从税收减免中获益。

⑬ 大型多人在线角色扮演游戏。

⑭ 根据 App Annie2018 年各国（地区）移动游戏排行数据计算所得。

参考文献

［1］廖祥忠.网络游戏：带刺的玫瑰［J］.现代传播，2005(05).

［2］李怀亮.浅析中国文化走出去效果评估体系的构建［J］.南开学报：哲学社会科学版，2018(3).

［3］李怀亮，方英.国际文化市场报告［M］.北京：首都经济贸易大学出版社，2019.

［4］胡键.文化软实力研究：中国的视角［J］.社会科学，2011(5).

［5］胡一峰.廿年面壁图破壁：我国网络游戏研究(1998—2018)的轨迹、范式与趋向［J］.艺术评论，2018(10).

［6］王亚晖.中国游戏产业风云［M］.北京：中国发展出版社，2018.

［7］北京大学互联网发展研究中心.游戏学［M］.北京：中国人民大学出版社，2019.

［8］游戏产业网.2018 中国游戏产业报告(摘要版)［EB/OL］. http://www.cgigc.com.cn/gamedata/20752.html.

［9］林毅夫.后发优势与后发劣势：与杨小凯教授商榷［J］.经济学：季刊，2003(03).

［10］Newzoo. Newzoo Global Games Market Report 2019：Light Version［EB/OL］, https://newzoo.com/insights/trend-reports/.

［11］ESA. *2019 Essential Facts About the Computer and Video Game Industry* ［EB/OL］. https://www.theesa.com/esa-research/2019—essential-facts-about-the-computer-and-video-game-industry/.

新时代电子竞技和电子竞技产业研究[*]

杨　越^{**}

　　"电子竞技"是信息时代人类体育行为的一种演化,是以电子游戏内容为载体,借助电子交互技术和硬件工具实现人与人之间竞技比赛的竞技体育活动。2017 年是电子竞技在世界范围内得到人们的重新认识的一年,也是电子竞技产业爆发增长的一年,在经历了国际奥委会确认、技术手段突破、社会各界热议的洗礼后,电子竞技产业已经从 1998 年开始的第一轮产业周期进入到第二轮产业浪潮,世界电子竞技产业的重心也转移到了中国。鉴于电子竞技在青年人群中的巨大影响力,电子竞技已经成为未来我国科技、经济、社会、体育文化政策制定中无法回避甚至必须高度重视的产业形态。面对电子竞技在互联互通的社会形态中所形成的最有活力的新兴产业,我们该如何行动? 是严加管教还是放任自流? 当前要关注和研究问题是什么? 未来电子竞技会向哪个方向发展? 采取什么样的政策才能保证它的健康发展? 本文将就此进行一次探索。

---

　*　原载于《体育科学》2018 年第 38 卷第 4 期。
　**　**作者简介**: 杨越,国家体育总局体育科学研究所研究员。

一、电子竞技发展态势和存在的问题

(一) 电子竞技正在成为世界性体育文化现象

电子竞技(Electronic Sports)是进入 21 世纪以来快速崛起的世界性文化现象,吸引了大量的参与者和观赏者,其主体是青少年。在多种因素作用下,这一文化产品风靡世界,并产生了极为广泛而深远的社会影响。

2017 年 10 月 28 日,在瑞士洛桑举行的国际奥委会第六届峰会上,国际奥委会同意将电子竞技视为一项"运动"。国际奥委会官方声明是这样表述的:在世界各国青年人群中,"电子竞技"表现出强劲的增长势头,可为奥林匹克运动提供平台。竞争性质的"电子竞技"可被视作一项体育运动,参与者需要进行各项准备以及训练,强度与传统运动中的运动员相当。

这一决定的公布加快了电子竞技运动由普通娱乐项目向正式体育项目转变的发展速度。在 2018 年雅加达亚运会上,电子竞技被列为表演赛项目。

电子竞技运动正在获得越来越多的国际组织的认可和重视,人们对电子竞技运动的认识正在逐步加深,电子竞技规范发展的时机已经成熟。

(二) 电子竞技已经从网络游戏中独立出来,成为引人注目的体育赛事

首先,电子竞技行为模式已经不同于网络游戏。电子竞技从网络电子游戏而来,又独立于传统网络电子游戏。社会上对电子竞技的一个重要误解就是混淆了电子竞技行为与网络游戏行为。虽然电子竞技的内容大多数来自于网游,但电子竞技与网络游戏相比具有更明显的体育特征:第一,功能性质不同,网络游戏的功能是娱乐和社交,电

子竞技的功能是运动和比赛,网络游戏主要是在虚拟的世界中以沉浸式体验为目的的虚拟角色扮演游戏活动,而电子竞技则是在信息技术营造的虚拟环境中,借助电子手段实现人与人之间智力和体力的对抗;第二,游戏规则不同,电子竞技虽然也是游戏,但有明确统一的比赛规则,无论是职业选手参加的正规比赛还是普通玩家参与的游戏比赛,都要遵守时间、回合、技术、行为等一整套规则限制;第三,追求的精神境界不同,电子竞技比赛是运动员之间秉承公正公平的体育精神的竞赛,通过人与人之间的智力和体力对抗,以决出输赢为精神追求,而网络游戏主要是人机之间或人与人之间的交流互动,以虚拟空间中的多样化自我满足感为精神追求;第四,技术要求不同,电子竞技运动员需要专业的系统训练、技术储备和运动天赋,普通人难以胜任,这一点随着电子竞技职业化的深入已经非常明显。

其次,电子竞技的产业构成不同于网络游戏产业。电子竞技和网络游戏的最大不同是,电子竞技产业是围绕电竞赛事传播产生的产业,而传统网游是围绕游戏版权和游戏时间而产生的产业。电子竞技产业的主体是电竞赛事传播(包括线上与线下),电竞用户是以观众而不是玩家的身份参与电子竞技产业,这一点与篮球、足球的赛事产业没有区别。从当前电子竞技产业链而言,已经远远超出了一般网络游戏的范围,属于职业体育范畴(见表1)。

表1　电子竞技产业组成和结构

电竞产业链	电竞收入	收入比例(%)
电竞核心	俱乐部收益	18.9
	联盟版权收益	11.6
	选手收入	6.9
	赛事赞助	7.1
	内容制作	7.4

（续表）

电竞产业链	电竞收入	收入比例（%）
电竞衍生	直播平台	23.5
	场地配套	10.9
	经纪公司	5.2
	主播解说	5.3
	电竞教育	3.2

资料来源：根据艾瑞咨询《2017电子竞技生态研究》调查数据整理。

最后，电子竞技的增长速度比网络游戏更快，大有赶超之势。有数据显示，2017年中国电竞市场规模同比增长高达59.4%，市场规模首次超过客户端游戏，达到整个游戏市场的30%。无论从增量还是存量的角度来看，当前电子竞技游戏产业价值创造远远超过了原有网络游戏本身。当然，不可否认的是，很多经典电子竞技项目的文化来源是原始网络游戏的内容设定。然而，一旦该游戏成为正式比赛，那么它就不再是网络游戏文化的范畴，而是竞技体育赛事范畴。在这一点上，早期的星际争霸、CS到现在流行的英雄联盟和王者荣耀都是如此。

综上所述，当前电子竞技已经从网络游戏中独立出来，形成了独特的"体育化"发展方向，具备了竞技体育的基本特征。从我国统计分类角度看，电子竞技产业主要包含"互联网游戏服务"中的电子竞技游戏服务业、"体育竞赛表演业"中的电子竞技表演业、"互联网信息服务"中的电子竞技直播服务、"数字出版物"中的电子竞技出版业、"娱乐业"中的电竞场所服务业等，是以上这些产业的合集。从文化属性归类看，"电子竞技文化"是体育文化与电子游戏文化的交集。

（三）电子竞技产业影响已经不容忽视

从产业角度看，当前全球电子竞技场产业已经从1998年开始的第一轮产业周期进入到第二轮产业浪潮,世界电子竞技产业重心也从韩国转移到了中国,扎根于广大青年人群的电竞产业已经对我国经济、社会管理政策提出了新的机遇和挑战。

首先,电子竞技产业潜力较大、社会关注度极高。2017 年我国电子竞技产业规模将达到 400 多亿,电子竞技用户规模将达到 2.6 亿人,潜在用户规模 4.5 亿人。当前电子竞技产业无论是市场规模还是用户数量都远远超过了很多传统体育项目,并且未来仍有较大增长空间。

其次,电子竞技对传统体育产业造成了巨大冲击。根据我们 2017 年的调查显示,国内 16—25 岁青年人群平均花费 33% 的闲暇时间用于电子竞技和其他网络游戏活动,在某些深度游戏人群中,这些活动甚至占据了其 90% 以上的空闲时间。挤压和替代了大量传统体育活动的时间。不仅中国如此,在以美国、德国为代表的传统体育产业发达国家,电子竞技产业也已经对传统以电视为主要传播媒介的体育项目的观众人数、门票销售、有效转播时间造成了巨大冲击。据美国市场研究公司 FrankN.Magid Associates 的研究显示,美国的电子竞技观众人数近年来持续走高,2015—2017 两年幅增长幅度超过 200%,与其同时,传统体育项目在大学生中的关注度却下降了 15%,两者之间存在直接的此消彼长关系。对此,连一向瞧不起电子竞技的 ESPN 也在 2016 年成立了专门的大型电子竞技报道团队;以 NBA 为代表的美国职业体育联盟甚至直接投资组建了自己的电竞部门,这些产业活动的目的就是通过电子竞技抓住青年人群的流量入口和注意力,力图重新掌握面向青年人群的体育话语权。当前,如何面对电子竞技对传统体育项目的挑战、如何因势利导地借助电子竞技重新把青少年吸引回来到传统体育上来,已经成为摆在各国体育管理者面前的突出问题。

再次,电子竞技产业的科技含量越来越高。从目前全球科技发展趋势来看，主要国家都在围绕人工智能、5G、新一代芯片等这些高科技展开激烈竞争。在技术投入越来越大、技术与消费关系越来越紧密的今天，科技成果能否迅速转化为实际社会需求成为各国高科技产业能否持续发展的关键。从现状看，各种新技术最先落地的应用都不约而同地选择了电子竞技产品。以目前最热门的人工智能科技为例，2017 年 7 月，我国政府发布了《新一代人工智能发展规划》，确立了以人工智能技术为代表的中国高新科技发展战略。同年，2017 年 11 月，韩国首尔世宗大学举办的星际争霸 AI 对抗赛，人类星际选手 Stork 通过四场连胜将 AI 杀得溃不成军。"击败了人工智能，为人类赢得荣耀，还获得了 500 万韩元奖金"，这一结果同棋类项目中人类屡屡败北的局面形成了鲜明的对比，引发了国际和国内人工智能研究者的持续关注和研究热潮。研究者普遍认为：人类在电竞比赛中的胜利不能说是巧合，它有着深刻的技术含义，跟传统的"智力游戏项目"（棋牌类为代表）相比，电子竞技更能展示出人类的创造性思维，展示出人类能力的多变性、可能性和复杂性，是人工智能技术的终极目标和对手。一个有趣的现象是，当前谷歌、微软等国际高科技领军企业都纷纷把人工智能开发的首选挑战聚焦在电子竞技的人机对抗目当中，并投入了最优秀的团队。不仅仅是人工智能技术，其他前沿科学技术，如区块链技术、大数据技术、量子通信技术、新型可视化技术、体感技术等等，都不约而同地选择了电子竞技作为其首要应用。电子竞技已经成为目前人类前沿科技的最大试验场和最直接的应用载体。

（四）电子竞技对青少年的不利影响需要正视和深入分析

"孩子容易沉迷电子游戏"一直是近 20 年来社会的焦点话题。在通讯技术越来越发达，游戏端口越来越方便，游戏种类越来越丰富的今天，这一问题正在变得更加严重。电子竞技游戏脱胎于网络游戏，而且其受众面更广、对青少年的吸引力更强，也因此不可避免地会影响到青少年。这种负面影响可以分为两个层面：主要负面影响来自于电子竞技的母体—网络游戏，同时电子竞技产业自身发展中也出现了一些新的问题，对此我们应该区别对待。

1. 电子竞技与传统网络游戏的共性问题：青少年健康、社会心理负面影响

首先是青少年健康问题。网络游戏（包括其中的电竞游戏）对青少年健康生活方式造成了巨大障碍。比如，对中小学生来说，国际上通行的标准是每天娱乐性屏幕时间不超过 2 小时，电子竞技玩家无论是自己玩游戏还是网上看游戏直播，都会大大增加青少年的娱乐性屏幕时间，从而强化其不健康的坐姿生活方式。根据我们 2017 年调查，国内 16—25 岁青年人群平均花费 33% 的闲暇时间用于电子竞技和其他网络游戏活动，这必然占用青少年参加其他正常体育活动的时间。虽然我国管理部门陆续出台了《网络游戏防沉迷系统开发标准》和《网络游戏防沉迷系统实名认证方案》等管制措施，并且大部分有职业操守的游戏开发商也研制开发了一些防沉迷设置，但不可否认的是，目前未成年人接触电子游戏的年龄更加提前、接触游戏的方式更加难以测控、玩游戏或者看游戏的时间长、游戏兴趣难以转移等仍然是目前家长们最头疼的健康问题之一。

其次，青少年社会心理影响问题。电子竞技游戏与网络游戏一样，会产生对青少年带来逃避现实、空虚、甚至暴力倾向等心理问题。考虑到电竞游戏和电竞直播明星在广大青少年人群中的巨大关注度，电子竞技赛事传播过程中出现的消沉、沉迷、低俗、拜金、作弊等等不良游戏行为都会对广大青少年带来负面消极影响，预防和阻止这些负面影响已经迫在眉睫。

2. 电子竞技产业化发展中出现的独特负面问题

首先，电子竞技职业化中出现的运动员低龄、运动寿命短问题。我们对国内电竞俱乐部的初步调查发现，目前国内大部分职业电竞选

手到 20 多岁就退役，运动周期极短，且缺乏后续保障。电竞职业选手每周最低 50 小时的高强度训练经常会导致体力透支、神经疲劳、甚至出现了局部使用兴奋剂的案例，造成了恶劣的社会影响。这些问题的出现都说明目前电子竞技行业的管理和规范程度仍有待提高，对运动员的保护和安置需要引起全社会的重视。

其次，电子竞技赛事中违反体育道德的问题。当前电子竞技行业中出现了收入畸形、攀比、主播与运动员收入倒挂、做选手不如做主播、为了获取点击量不惜开挂作弊等一系列违反体育精神和体育规律的社会问题，并且呈现出愈演愈烈的趋势。从根源上来看，这些问题的出现既有平台经济中付费模式转型的经济原因，但更有行业内部缺乏体育教育、缺乏社会监督的社会管理问题。这些问题的出现不仅影响了行业本身的健康发展，更对向广大青少年灌输了不良的价值观、道德观，同样需要引起我们的重视和警惕。

3. 电子竞技行业管理政策仍需完善

当前，如何克服电子竞技对青少年健康生活方式负面影响，改善电子竞技产业中存在的突出社会问题；发挥电子竞技对经济增长、科技进步、体育文化教育的正面影响，已经成为摆在各国体育管理者面前的重要命题。然而，从实际情况看，当前我国电子竞技产业管理仍存在比较严重的缺位问题。

首先，当前涉及我国电子竞技行业管理的部门众多，力量分散，管理分工仍不明确。各部门出台的政策多为迫于当时社会舆论而出台的应急性政策，政策的连续性、导向性和有效性均不理想。

其次，电子竞技的行业管理政策制定一直缺乏有效理论的支撑，对电子竞技管理政策的研究力量仍然薄弱。

最后，不得不说的是，目前国内学术界对电子竞技的关注度普遍不高。由于电子竞技脱胎于网络游戏，长期处于社会舆论压力之下，因此学术界这一对青年人影响巨大的行业往往采取回避态度，与美国、韩国等电子竞技产业发达国家形成了较为明显的差距。

二、电子竞技产业发展的重要意义

（一）电子竞技产业是国家科技创新的重要抓手

1. 电子竞技是科技创新最亲密的伙伴

电子竞技是技术特征极强的产业。每一次信息技术的升级换代都会对电子竞技产业带来一次洗牌和跨越，这是电子竞技产业区别于其他娱乐产业的最突出特征。

回顾电子竞技从诞生到今天的发展历程，电子竞技和电子竞技产业的发展第一取决于技术革命，第二取决于商业模式变革，而商业模式变革的依托其实依然是技术。比如移动技术决定了电竞平台收费模式的可能性，信息技术革命使电竞产业不断演化出如网络直播、网咖等新产业链。

电子竞技与科技两者之间互为因果，相互促进。每一次重大科技革命，都会带来电竞端口的变革和提升，从而诞生新一批主流游戏和赛事，比如局域网技术的普及催生了《星际争霸》《反恐精英》等竞技比赛的火爆；4G普及诞生了《王者荣耀》《绝地求生》等手机端游戏；我们认为，未来的5G大规模商用必将带来新一代电竞游戏端口和内容的更新换代。另一方面看，历史上每一次重要电竞游戏上市或者版本的升级也都肯定会引发大批玩家更新自己的电脑、手机、外设等游戏装备，比如去年火爆的《绝地求生》由于硬件要求较高，已经让过去若干年逐渐衰落的网吧再次人满为患，变成了新一代硬件设备打造的"网咖"，成为深受青年人欢迎的休闲娱乐模式和场所。与其他传统体育、文化、娱乐业等技术敏感度不高的传统服务业相比，电子竞技是现代科学技术创新和应用如影随形的最亲密伙伴。

2. 电子竞技是信息消费的重要组成部分，是实现国家科技创新的重要抓手

党的十九大报告提出，创新是引领发展的第一动力，是建设现代化经济体系的战略支撑。要从维护国家长远战略意义的高度认识科技工作的重要性。

从对电子竞技科技含量的分析中可以看到，电子竞技不仅是新技术的试验田，更是能将各种新技术以最快速度转化为消费的新型信息消费行为。

信息消费的基础是信息科技创新，每一次科技大革命或者颠覆性科技创新，都会带来信息消费升级或者信息消费方式的革命，比如智能手机，互联网，4G，人工智能等。

鼓励电竞，就是鼓励通过社会消费加大对全社会科技创新的投入，消化单一国家对科技投入的风险，消费者买单或者积极消费都是鼓励科技创新的一种最有效的市场化方式。电竞消费的意义就在这里，它在青年中的影响力大、消费潜力大、科技转化效果显著、是消化创新风险，鼓励全社会科技创新的重要抓手，也是新时代新出现的重要的新型信息消费产业，从长远看此意义重大。

（二）电子竞技产业可以成为体育产业的"新动能"

电子竞技由于其便利性、经济性、高娱乐性，大量占用了青年人群进行传统体育项目的时间，这是对传统体育极大的挑战，必须进行有效引导。同时，我们也要看到了电子竞技的技术发展趋势和电竞本身的传播可能会为传统体育带来新的机遇。

首先，从传播学角度看，人们在观赏奥运会时往往不会仅限于自己最喜欢的个别项目，而是会延伸到其他更多的项目上。这种注意力的外溢效果对今天的奥林匹克运动有着重要的现实意义。将电子竞技引入奥运会可以让更多的年轻人重新关注奥运会本身，提高奥运会

在青年人中的影响力和关注度,增加青年人群对奥运会和奥林匹克精神的体验和热爱,重新认识身体活动的重要意义和传统体育项目的价值,有利于在新的技术环境中继承和发扬奥林匹克精神与文化。

其次,电子竞技项目中的一个大类就是体育类游戏,体育类游戏是传统体育项目电子化的载体和重要的宣传手段。在我们前期调研中,我们注意到当前西方体育强国都已经开始强调发挥电子竞技对传统体育项目的文化普及、技能储备和实际运用中的积极作用。

再次,从技术发展趋势看,在 VR、AR 以及可穿戴技术日趋成熟的今天,电子竞技的活跃端口也有突破的趋势,尤其是在未来 5G 技术大规模应用之后,未来电子竞技很可能向"大运动量身体活动"的方向转变,成为崭新的体育项目。"让游戏者站起来"的倡导已经成为国际主流游戏开发者的新思路。当然,目前这类游戏受成本和技术的约束,正处于发展的初期阶段,政府和产业规划部门可以密切关注并在恰当时期给予支持。

最后,从学校体育角度看,电子竞技蕴含的场景内容更容易为青年学生所接受、电子竞技催生的一系列互联网技术手段更灵活方便,因此电子竞技也有潜力成为传统体育教学的重要辅助工具和延伸手段。

(三)电子竞技产业是我国争夺国际体育话语权重要突破口

第一,电子竞技虽然是一种新型体育运动方式,但本身也具有独特的文化传承。尤其对我国而言,虽然我们是电子竞技消费大国,拥有世界上规模最大的玩家人数,但电子竞技的文化主导权仍然缺失,大多数主流电竞的知识产权依然掌握在别人手里。这提示我们有必要研究电子竞技的文化基础问题。我们注意到,电子竞技除了具有体育竞技的共性特征外,也有来自不同文化的个性特征。比如 2017 年以来最新的电竞项目《荒野求生》(即"吃鸡"游戏),其背景是以美国作家苏珊・柯林斯的《饥饿游戏》为蓝本改编。我国游戏公司虽然也逐渐开发出了《王者荣耀》这样的带有民族文化特征的电竞游戏,但其中混乱的历史人物设定也引起了较大的争论。我们还注意到,与传统体育项目不同的是,电子竞技项目本身的生命周期很短,但玩法却相对固定,如即时战略类、射击类、多人战术类、体育类等等,每种玩法的游戏其实都是传承了历史上的一些经典游戏,形成了基于电子游戏独有的文化传承与文化内核的滚动发展模式。因此,学术界对电子竞技这种文化的分类和文化架构的研究也十分必要。

第二,更重要的是,中国本土电竞文化建设是未来我国依托中国崛起之势,树立中国电竞国际体育话语权的重要一步。

长期以来,国际体育界仍处于以奥运会为代表的大多数传统体育项目来自于西方文化的格局。作为体育强国,中国体育不仅要有维护体育秩序的责任,更应该有制定规则的实力。在中国全面崛起的同时,我国的国际体育话语权也有必要与中国的经济话语权、政治话语权相匹配。

当今,中国的崛起已是一个不争的事实。在"十三五"期间,我国经济仍保持着中高速增长,经济总量稳居世界第二,对世界经济增长贡献率超过百分之三十。另一方面,当前我国网民数量世界第一,互联网＋的应用和普及程度位居世界前列,电子竞技产业规模世界第一,增长速度领先全球,已经有实力去引领世界电子竞技潮流。

因此,在外部条件占优势地位的情况下,在电子竞技为代表的新型体育形态已经被国际奥委会和越来越多体育组织接纳和重视的背景下,在发达国家高技术巨头企业纷纷进入电竞体育市场争夺话语权的今天,我们有必要从现在起就从战略高度重视培养本土的电竞企业和电竞文化,抓住当前电竞产业二次浪潮的历史性机遇,从电子竞技游戏项目开发、国际赛事的项目选择、国际电竞赛事的规则制定这三个方面牢牢把握住未来电子竞技国际体育项目的话语权。

三、电子竞技负面问题及解决手段

（一）电子竞技产业发展带来的主要负面影响及其成因

电子竞技产业发展的负面影响可以分为同性和个性两个方面。共性问题主要指电子竞技与网络游戏一样，会对青少年的健康、社会、心理层面带来不良影响；个性问题是指电子竞技产业化职业化过程中出现的运动员职业发展和体育道德的负面影响。其中，第一种负面影响是影响最广泛和争议最大的，已经超过了行业本身而成为整个社会的问题。第二种影响是行业内部的，可以通过借鉴其他体育项目的成功经验用体育规范化管理的手段克服，难度相对较小。这里我们重点分析第一种争议最大的负面影响。

我们的研究发现，电子竞技对青少年人群造成的负面影响可以从经济、文化、心理、社会多个层次分析，其中经济因素是最重要却最容易被忽视的原因，以下将分别详细论述这四个层面负面影响的成因。

首先，经济层面原因。从经济学角度看，与劳动生产率较低，主要依靠劳动投入发展的传统服务业本质上不同，电子竞技服务业存在典型的范围经济、规模经济和效益递增特点。这也就意味着电子竞技产品（比如赛事内容和游戏本身）具有高趣味、低门槛、低成本的特征。造成这种产品特征的最主要经济因素是电子竞技产品跟网络游戏一样，其价格形成机制是非对称分担机制，即玩家获取时往往是免费，但会在游戏和观赏直播的过程中不断增加付费，因此构成了一种高粘性、低弹性的隐形价格形成机制。在互联网经济中，这样的产品无处不在。在这种商品的生产过程中，厂商的目标是用可以无限复制、规模效应几乎无穷大的产品来吸引流量，通过流量带来的广告、赞助等变现为利润；而消费者虽然获得了免费产品，但必须提供自己的流量和滞留时间以获取更多的免费使用权。这种生产和消费的非对称性导致电子竞技产业中的消费者事实上处于被动和被支配的地位，导致了青少年对游戏产品产生难以抗拒的消费动机，最终导致青少年过多地在游戏上消耗其闲暇时间，进而影响青少年从事正常体育运动和其他健康娱乐方式的消费选择和消费时长。在这个过程中，电子竞技产业的生产者和消费者的诉求落脚点不同，交易本身是公平的，用道德标准指责生产者并不合理。但同时，消费者承担的额外损失等是外溢的、事后的、难以量化的，需要某种补偿机制。类似的现象在互联网经济中还有很多，比如"大数据与隐私""隐私换便利"等等。

其次，文化层面原因。电子竞技是典型的文化产品，电子竞技的游戏内容、网络传播的内容，本身就具有高娱乐性、高趣味性的文化特质，这种文化的本质就是娱乐，是一种典型的"娱乐消费"，即满足精神和心理需求的消费文化。这种文化产品特点就是以最大程度地取悦消费者的心理和精神满足感为目的，价格弹性低、定价脱离成本、而且容易让人上瘾和产生心理依赖。

再次，心理层面原因。从根本上说，玩游戏是人类的天性，而且是青少年探索世界的重要方式之一。根据国外学者的研究，如心理学家 Jamie Madigan 在他的博客中向游戏爱好者们解释了为什么我们会如此沉迷游戏。其原因在于每个人脑袋里都有的"多巴胺能神经元（Dopamine Neurons）"和在漫长人类进化过程中产生的应激机制。然而，这种生物科学的解释并不能完全解答电子竞技产业中出现的更多负面问题。原因在于人类的精神和心理需求的构成很复杂，除了正常的自我满足之外，人们的心理需求在互动过程中还会产生炫富、猎奇、攀比、嫉妒等复杂情绪，这些负面的心理表现也存在于当前的电竞行业中，尤其在直播打赏的过程中，可谓比比皆是，这种现象很难用道德标准约束，也很难克服。与此同时，与成人相比，青少年心理自我约束能力较差，好奇心更强，因此也更容易受到这些心理因素的干扰，从而放大负面影响。

最后,社会层面原因。虽然目前对电子竞技和网络游戏进行监督和管控的呼声很高,相关的政策也制定了不少,但从实际效果来看,社会对这一问题目前仍然缺乏系统性认识和科学的方法指导,对这种负面影响的监管和治理机制还需要进一步理顺。

通过上述分析我们能看到,电子竞技产业带来的不良影响有着内在而深刻的经济原因、文化原因、心理原因和社会原因,这些原因是电子竞技产业内在的,而带来的负面影响和由此产生的转嫁给家庭与社会的社会治理成本是高昂的,需要引起我们高度重视并找到合乎逻辑的办法解决。

(二) 电子竞技产业负面影响的解决途径

事实上,包括电子竞技在内的互联网经济在很多方面已经超出了传统经济学可以有效解释的范围,对类似经济现象的分析需要理论创新和实践的证明。比如当前国内经济学界正在热烈讨论的"高度联通社会中的资源重组与服务业增长理论"就是针对互联网经济学问题提出的新理论体系,我们尝试在此理论基础上,根据电子竞技产业的特点,提出如下解决办法。

首先,经济的手段。从电子竞技产品的经济分析中,我们看到,电子竞技产业的生产者和消费者的诉求落脚点不同,虽然交易本身是公平的,交易双方都没有错误,但消费者承担的额外损失肯定存在的,而且这种损失经过时间的积累,对青少年的健康、心理的影响是长期而巨大的,是一种明显的负外部效应。因此从经济政策的角度看,需要在电子竞技产业中设立某种消费者补偿机制,但这种机制应该是市场化的,而不是以往那种以市场失灵为大旗的政府直接干预(几十年来国内外电子竞技发展的事实证明,那种基于对生产者道德评价标准而出台的干预和管制只会干扰市场,引发更大的争议,而且实际执行中也难以长期奏效）。为了构建这种补偿机制，我们建议从流量的产权界定出发，针对不同年龄层的青少年玩家给出不同的产权定价。基本思路是玩家的年龄越小、游戏时间越多、身体活动越少、那么其流量价格应该越高。只有建立在流量产权明晰基础上的差别定价，才能够最恰当地把生产者和消费者重新联通起来，在不影响市场运行的基础上，将电子竞技产业的负面影响降到最低和可控的范围。

其次，法律的手段。当前我们的任务并不是因为电子竞技产业出现了负面问题就要彻放弃这个产业，而是既要保障电子竞技产业的健康发展，同时又要顾及社会负面问题的发生。类似的情况其实在互联网经济中的其他领域也同样存在。比如在保护隐私和大数据产业发展过程中，就存在同样的两难选择问题。而国外的经验是必须用法律的手段对此加以约束。比如 2015 年 12 月 5 日，欧盟委员会通过了《一般数据保护条例》（General Data Protection Regulation，简称GDPR），以法规的形式确定了对个人数据的保护和监管方式，其中包括数据所有者的个人数据删除权。这是目前阶段互联网经济中最引人注目的一项法律。同样的思路在未来也可以引入到对电子竞技产业的法律建设中来。

最后，职业体育的手段。电子竞技的国际发展经验教训告诉我们，电子竞技运动之所以能够逐渐脱离网络游戏走上独立发展道路，其中的核心就是电子竞技的职业化和体育化。只有将电子竞技产业作为职业体育来发展，才能发挥体育的教育功能，弘扬体育精神，同时也才能更好地克服电竞游戏本身存在的网络游戏通病。以韩国电子竞技的发展经验看，职业化发展到一定程度后，玩家会把更多的时间用于观看赛事转播、传播体育文化、从事公益活动等健康的电竞方式上。根据 2017 年 Newzoo 的统计结果看，目前全球观看流媒体视频游戏的人中已有 42% 自己不再经常玩游戏，而仅仅是作为观众和爱好者参与其中，这与足球、篮球等传统体育项目没有什么不同。即使在最流行的电竞游戏,如英雄联盟、反恐精英、DOTA2 三大游戏中,也有 23%的观众仅观看比赛而自己并不玩游戏,剩余观众中的大部分只是轻度玩家,只有12%的观众属于重度游戏者。这种影响在其他娱乐活动中均属正常比例。更可喜的是,当前国内电子竞技产业已经出现了由线上向线下拓展发展的良性趋势,我们相信,未来会有更多的玩家逐渐从电脑前走出来,参与到线下的电竞综合赛事娱乐活动当中。最后,针对当前电子竞技负面影响中的个性问题,如职业选手低龄化、运动寿命短、保护不足等问题,也是其他职业体育项目发展过程中均可能出现的普遍问题,可以通过借鉴其他传统职业体育的发展模式,如建立职业联盟运动员委员会、出台行业管理条例等体育手段进一步规范。

总之,电子竞技职业化、体育化的良性发展才是解决电子竞技负面影响的最终途径。这既是电竞产业自身的发展规律,也是未来电竞产业行业监管的突破口。这方面政府部门尤其是体育部门有充分的经验可寻,可以发挥更大的作用。

四、促进电子竞技健康发展的政策建议

当前阶段,我国电子竞技和电子竞技产业正处于高速发展的关键时期,发展电子竞技产业的战略意义很大,同时,电子竞技产业的负面影响也越来越突出,企业与社会均期待政府相关政策的出台和引导。

此外,从实际情况看,当前涉及我国电子竞技行业管理的部门众多,力量分散,管理定位不明。不同部门对于电子竞技的发展认知并非完全统一,在政府各部门关于电子竞技的发展方向上存在着多方行政力量博弈,监管措施的出台往往取决于当时的社会舆情强度,政策的稳定性和可操作性不佳。监管的混乱实际上说明当前我国管理部门对电子竞技的认识仍然有很多误区和模糊。

因此，在前文分析基础上，本文就下一步促进电子竞技健康有序发展提出几点建议：

（1）"虑长远，补短板"，继续保持和扩大我国电子竞技产业的领先优势。

通过上文分析和国际比较，我们已经明确：电子竞技是当前我国信息应用和体育扩展的优势产业，中国电子竞技实践也快步走向职业体育发展道路，推动和引领了世界范围内电子竞技发展潮流。与此同时，我国电子竞技的产业发展过程中仍然存在体育话语权不牢固、民族文化优势未能有效发挥等短板。未来，在面对以 5G 为代表的新一轮信息技术应用即将落地的背景下，我国管理部门应当在充分总结前两次电子竞技产业发展浪潮的经验教训，抓紧布局补足自身的短板，发挥我们的制度优势，有效把控电子竞技的科技和体育发展方向，因势利导地提出更高的战略性要求，牢牢掌握住我国电子竞技的国际产业主导权和体育话语权。

（2）以市场手段解决电子竞技的负面问题。

从电子竞技 20 年的发展历程看，过去我国管理政府部门往往采取管制的方式对电子竞技产业进行干预，但这种明令禁止的治理手段既不合理也不可能将青少年从电脑桌赶到体育场去。我们认为，从国际经验来看和我国当前实际情况来看，对电子竞技这种一直由企业主导创新、消费者自由选择、价格形成独特的新产业而言，传统以解决信息不对称为出发点的政府干预手段既缺乏逻辑的合理性，实际操作中也难以取得成效，未来更重要的还是依靠市场手段，依靠电竞市场本身机制建立来解决电竞行业的负外部性问题。政府经济管理的手段应当是从产权界定出发，通过影响价格形成机制，建立一种基于市场的消费者补偿机制，以市场的手段解决电子竞技产业中存在的负面问题，才是获得有效而长期的政策效果。

（3）密切关注电子竞技技术突破的时机与方向。

电子竞技是当前信息消费中与技术创新联系极为密切的产业,每一次重大信息技术变革都会引发电竞端口的质变并引发行业洗牌;与此同时,电子竞技也是与新一代青少年健康成长、体育习惯养成密切相关的长期性体育工作抓手。因此,在当前新一代5G场景即将落实,人工智能技术、体感技术等前沿技术手段随时可能取得突破的今天,我们建议科技部门密切关注电子竞技的技术发展方向,通过产业引导政策,鼓励社会资本和企业研发部门进行更多的与身体活动直接相关的电子竞技技术创新,主动引导整个行业向更加健康、更有趣,更积极的方向发展,引领和掌握电子竞技产业发展的新浪潮。

总而言之,电子竞技从电子游戏中诞生,经过20年的曲折发展,今天最终走向了职业体育和竞技体育的发展道路,虽然在电子竞技发展过程中仍然存在这样那样的问题,但我们坚信,只要我们遵循社会发展的规律、经济的规律、体育的规律,秉承社会主义核心价值观,坚持使用科学的方法分析,坚持以市场的手段引导,那么中国的电子竞技和电子竞技产业就一定能够在新时代走出一条具有中国特色的健康发展道路。

上 海 经 验

世界城市数字创意产业全球价值链：竞争格局与上海地位[*]

解学芳　陈冰心　臧志彭[**]

　　数字创意产业集群沿着全球价值链的升级，不是一个自然而然的过程，而是在"不进则退"的激烈竞争中进行的[①]。城市是世界经济价值环节的空间载体。近年来，不少学者将全球价值链引入城市研究，深化了对城市价值创造和增值过程的认识。而关于数字创意产业价值链的探究却刚刚起步。加快把脉当前中国数字创意产业的城市价值链分布格局，进一步提高对新一轮全球数字创意产业发展和国际分工的系统认识，是当下亟需关注的重要理论和现实命题。

一、数字创意产业价值链的研究设计

（一）现有文献回顾

　　随着城市功能的不断演化，发展知识密集、高附加值、高辐射性的创意产业成为衡量城市发展的重要指标（李亚薇，2012）[②]。创意产业

　　* **基金项目**：上海市社科规划一般课题[2019BCK008]中期成果。本文原载于《上海文化产业发展报告（2020）》，上海书店出版社出版。

　　** **作者简介**：解学芳，博士，同济大学人文学院教授，博士生导师；陈冰心，同济大学人文学院艺术与文化产业系研究生；臧志彭，华东政法大学传播学院教授，硕士生导师。

集群有助于提升城市品牌认知度、知名度和美誉度（潘登、蒋丽丽，2017）③。而产业集群的出现，相应地助推了价值链上功能分工成为可能，价值链分工日益成为城市间经济联系的主要形式，也是塑造城市网络体系的主要力量。王宝平（2014）从全球价值链视角切入世界城市网络研究④；周韬（2018）则关注城市群空间价值链，他认为城市群中的核心城市处于标准制定、创新、研发和设计等价值链高端，而外围中小城市则处于相对低端的制造环节⑤；文化产业集聚区作为新的"过渡空间"而被引入现有的城市结构中（Melchert，2004）⑥。

价值链即企业创造价值过程中各个环节的完整组合。价值链最早是由美国经济学者迈克尔·波特（1985）在《竞争优势》一书中总结企业相关经营管理活动而提出的概念模型，包括了基本生产经营活动（从原材料采购，到生产活动，再到售后服务）和一系列支持性活动（生产性和非生产性的开发与管理环节）（刘彦平，2007）⑦。国内外学者关于全球价值链升级的研究主要总结出两大战略路径：一是聚焦在原有价值链体系中的升级。如 John 与 Hubert（2002）认为处于全球价值链低端的企业可通过工艺、产品、功能的升级来实现链的升级⑧。二是寻找和建构新的全球价值链或区域价值链。如 Lee 和 Gereffi（2015）建议发展中国家的企业建立区域供应链和零售网络⑨；戴翔⑩、毛蕴诗⑪等人（2015）认为应抓住跨国公司"逆向创新"机遇，利用全球资源与智慧促使全球竞争格局发生结构性变化。

然而，现有全球价值链理论建构于以生产制造环节为重心的传统行业的逻辑框架（俞荣建、文凯，2011）⑫。郭梅君（2011）结合创意产业的特点强调创意产业价值链环节包括内容创意、生产制造、营销推广、传播分销和消费交换等⑬。臧志彭（2018）认为数字创意产业价值链从上而下可分为数字创意内容生产（核心层）、传输通道和消费平台（中间层）和技术开发（第三层）⑭。总体来看，关于创意产业价值链的相关研究较多，大体可分为两类：一类是偏向宏观的理论分析，如马凤娟[15]、王熙元[16]、黄志锋[17]等学者结合时代背景对创意产业价值链开发、塑造、结构乃至重构的研究；一类则聚焦国家、地区、城市、民族或产业，对创意产业价值链进行具体案例分析，代表学者有魏鸿宇[18]、范宇鹏[19]、王腾飞[20]、胡林荣[21]等。

2016年12月，数字创意产业在《"十三五"国家战略性新兴产业发展规划》中被确立为与新一代信息技术、新能源汽车、生物技术、绿色低碳、高端装备与材料并列的国家战略性新兴产业。发展数字创意产业成为国家的大政方针，这既是业界的共识，也具有现实的紧迫性。目前，学界对数字创意产业细分领域如游戏[22]、动漫[23]、创意设计[24]、网络文学[25]等的价值链研究正日益增多，但从整个产业层面对数字创意产业全球价值链进行的研究尚不多见。总的来说，全球价值链和城市发展的互动研究在学界已经引起了足够的重视，但关注上海数字创意产业这一新兴业态的研究较少，亟需加强。

（二）数字创意产业价值链模型

我国的数字创意产业主要有以下七个细分领域：网络文学、动漫、影视、游戏、创意设计、VR（虚拟现实）、在线教育。关于数字创意产业的内涵，国内外研究者最强调"创意内容"和"数字技术"这两个要素。如Garnham（2005）指出"创意产业"的概念是信息社会的产物，信息与通信技术赋予了创意产业生命力[26]；丁文华（2017）认为数字创意产业是由传统传媒产业、新兴创意产业和技术产业三者共同形成的，并受知识积累、制造水平和想象能力三方面的驱动力影响[27]；臧志彭（2018）提出数字创意产业是内容、技术与制度三维协同创新驱动的新型业态[28]；周荣庭、宋怡然等（2018）认为数字创意产业是以文化创意内容和设计服务为核心、以数字化为前提、以信息技术为依托的新兴文化产业[29]。

在明确数字创意产业内核和范畴的基础上，本文以2008—2017年全球各城市的数字创意产业上市公司数据为切入点，从数字创意产业的核心层即数字创意内容生产行业，位于中间层的数字创意产品传输流通类行业，以及支撑层数字创意设备制造行业等三个价值链环节（见下图），深入探讨每个环节的代表性数字创意产业行业，从价值链角度对全球城市的功能定位和集聚格局进行定量与定性分析。

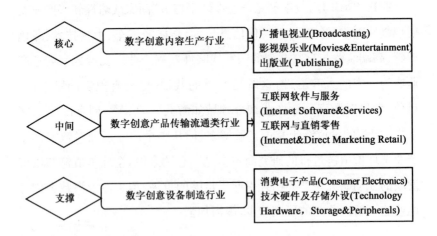

图1　数字创意产业价值链模型：三大环节及细分行业列举[30]

（三）数据来源和研究方法

从研究方法来看，目前国内外相关文献主要侧重于定性研究，定量研究较为缺乏。本文基于全球产业分类标准（GICS）构建统一的数字创意产业统计范围，借助国际权威的美国标准普尔全球上市公司数据库、上市公司年报和官方网站、雅虎财经及谷歌财经等渠道搜集整理，并筛选出2008年至2017年间全球数字创意产业上市公司经过审计的公开财报数据（数据检索截至2018年12月），从数字创意内容生产行业、分发传输行业、设备制造行业三大价值链环节进行重点解析，最后对中国城市及上海的所处位置进行判断，提出价值链导向的上海城市发展建议，以明确当前中国数字创意产业的城市价值链分布格局，进一步提高对新一轮全球产业转移和国际分工的认识，并为政府、企业和相关研究者提供借鉴与参考。

二、数字创意内容生产环节的全球竞争格局与上海地位分析

数字创意内容生产行业为消费者提供创意内容，是数字创意产业最为核心的价值所在，它决定了数字创意产业链的形成、衍生与增值能力，代表性企业如美国的华特迪士尼、时代华纳、康卡斯特、宏盟集团等。下面主要从上市公司数量、营收总值、营收均值三个维度，重点分析广播电视业（Broadcasting）、影视娱乐业（Movies & Entertainment）、出版业（Publishing）等三个内容类行业的全球城市集聚格局及上海的全球竞争地位。

（一）全球数字创意内容生产环节的竞争格局与区域集群

1. 广播电视业：亚洲城市集聚较多，德国城市居特斯洛（Gutersloh）遥遥领先

随着各国对创新驱动战略的重视，广播电视业正调整产业布局、形成新架构，以期实现广播电视高质量、创新性的发展，满足受众日益增长的视听需求[①]。从数据来看，2008—2017 年全球广播电视业共有 1 330 家上市公司，分布在 95 个城市中，营收总值约为 11 095.32 亿美元，均值约为 8.34 亿美元。通过对上市公司数量在 20 家以上的 14 座城市进行比较，发现整体分布较为均匀，数量差距不大。其中，亚洲的城市广播电视产业相对集聚，如前三名城市：东京 88 家，首尔 75 家，曼谷 60 家。

从综合营收均值、总值和公司数量来看，公司数量最多的东京均值排名第十位，营收总值以 1 953.62 亿美元位列第二，仅落后于德国中部城市居特斯洛的 2 102.19 亿美元。居特斯洛的上市公司数量仅有 10 家，但以 210.22 亿美元的营收均值雄踞第一，远远超过其他城

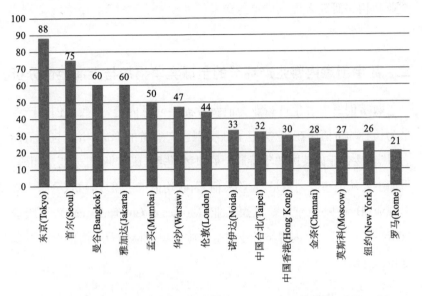

图2 2008—2017年全球部分城市广播电视业上市公司数量(单位:家)

市,这与总部位于居特斯洛、拥有184年历史、全球著名的内容制作和传播公司贝塔斯曼集团(Bertelsmann AG)密切相关。贝塔斯曼是德国第一大媒体集团,旗下业务涵盖影视(UFA影视公司,RTL集团,VOX电视台)、出版(兰登书屋Random House)、杂志(古纳雅尔G+J)、服务(欧唯特集团Arvato)和媒体俱乐部(直接集团DirectGroup)等众多领域,实力雄厚[②],引领着德国广播电视产业的发展潮流。

表1 2008—2017年全球广播电视业营收均值前10强的城市情况

均值排名	城市名称	营收均值(单位:亿美元)	公司数量(单位:家)	营收总值(单位:亿美元)
1	居特斯洛(Gutersloh)	210.22	10	2 102.19
2	卢森堡市(Luxembourg City)	75.51	10	755.10
3	恩格尔伍德(Englewood)	58.60	6	351.61
4	温特弗灵(Unterfohring)	38.89	10	388.94

均值排名	城市名称	营收均值 （单位：亿美元）	公司数量 （单位：家）	营收总值 （单位：亿美元）
5	米兰（Milan）	32.46	15	486.94
6	温尼伯（Winnipeg）	27.49	2	54.97
7	布洛尼比扬古 （Boulogne-Billancourt）	27.00	10	270.02
8	伊西莱穆利诺（Issy-les-Moulineaux）	24.91	7	174.40
9	诺克斯维尔（Knoxville）	24.76	10	247.56
10	东京（Tokyo）	22.20	88	1 953.62

2. 影视娱乐业：孟买集聚最多，纽约实力最强

当前，影视娱乐业正处于高速发展期，在"互联网＋"与粉丝经济带动下，与动漫、游戏、出版、网络文学等不断融合，呈现出良好的经营效益和发展空间[③]。2008—2017 年期间，共有 3 034 家影视娱乐业公司分布在全球 149 个城市中，营收总值约 12 122.03 亿美元，均值约为 4 亿美元。影视娱乐业的上市公司数量较多，披露营业收入且上市公司数量在 20 家以上的就有 29 座城市，其中孟买数量最多（见下图 3），高达 336 家；首尔次之，有 266 家；中国香港有 212 家，位列第三。从影视娱乐业的营收总值和均值排名来看，纽约稳居第一，巴黎位列第二，优势明显。纽约的影视娱乐业上市公司数量和巴黎不相上下，但却以 5 022.72 亿美元的营收总值和 106.87 亿美元的营收均值远超巴黎，堪称绝对的影视娱乐业的"超级巨头"。

究其原因，孟买（Mumbai）是印度的商业和娱乐业之都，是印度最大的电影生产基地，也是印度最大的电影城宝莱坞的大本营。印度的大牌电影演员、主要电影明星大都居住在孟买（Mumbai），相当一部分最具代表性的印度影片在这里诞生。韩流（K-wave 或 Hallyu）即韩国流行文化，如电视剧、电影、流行音乐、时尚和网络游戏等，随着社交媒

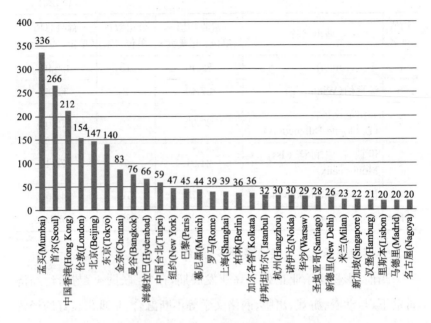

图3　2008—2017年全球部分城市影视娱乐业上市公司数量（单位：家）

体的普及与韩流在全球范围内的广泛传播，韩国影视产业成为国家的
支柱产业与提升国家形象的重要抓手。当前韩国约有1 000家娱乐机
构[34]，韩国"三大娱乐公司"即韩国SM娱乐有限公司（S. M.
Entertainment）、韩国YG娱乐有限公司（YG Entertainment）、韩国
JYP娱乐有限公司（JYP Entertainment）的总部均位于首尔（Seoul）。
作为亚洲的金融中心、创意中心，中国香港（Hong Kong）的影视娱乐
上市公司数量较多，除了产业基础稳固外，还与资本环境良好、上市政
策优惠、文化包容性高等因素有关[35]。充分借助香港影视人才优势和
文化资源，共同推动粤港澳大湾区影视创作生产将是未来影视娱乐业
崛起的重要战略选择。

　　3. 出版业：伦敦集聚效应最显著，巴黎产业实力最强
　　在数字化与网络化时代，出版业的出版形式、内容选题、编辑创

作、传播形式都发生了重大变革，传播更具时效性、共享性和广泛性⑧。从数据结果可知，2008—2017年期间，出版业共计有2163家公司分布在全球150个城市中，营收总值约9449.18亿美元，均值约为4.37亿美元。上市公司在20家以上的有25座城市，其中东京数量最多，高达144家，但营收总值约为353.26亿美元，排名第5，均值约为2.45亿美元，排名第58；伦敦的上市公司数量为126家，总值以2009.85亿美元排名第1，均值以15.95亿美元，排名第10。总的来说，世界出版重地"伦敦"的集聚效应最强。

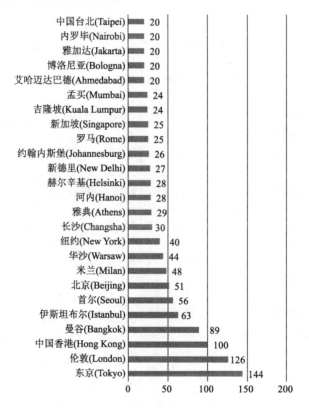

图4　2008—2017年全球部分城市出版业上市公司数量（单位：家）

法国出版业历史悠久，以高质量和创造力为主要特色，全国主要的出版社都集聚在巴黎附近；随着全球市场对法语读物需求量的增长，以巴黎（Paris）为首的法国出版业（Publishing）也迎来了新的发展机遇。从全球出版业营收总值和均值前十强来看，巴黎虽然上市公司数量不多，仅有 17 家，但总值以 970.99 亿美元位列第二，均值以 57.12 百万美元位列第一，总体产业实力最强。与此同时，伴随 5G 时代的到来，也为出版商提供了政策和技术上的支持，加速了行业的更新与成长[37]。

表 2   2008—2017 年全球出版业营收总值和均值前十强城市

排名	城市名称	公司数量（单位：家）	营收总值（单位：亿美元）	排名	城市名称	公司数量（单位：家）	营收均值（单位：亿美元）
1	伦敦（London）	126	2 009.85	1	巴黎（Paris）	17	57.12
2	巴黎（Paris）	17	970.99	2	马德里（Madrid）	1	53.58
3	纽约（New York）	40	522.60	3	柏林（Berlin）	10	39.26
4	柏林（Berlin）	10	392.57	4	雷丁（Reading）	5	30.78
5	东京（Tokyo）	144	353.26	5	利沃尼亚（Livonia）	5	22.72
6	赫尔辛基（Helsinki）	28	346.10	6	奥斯陆（Oslo）	10	22.69
7	米兰（Milan）	48	274.55	7	赛格拉特（Segrate）	10	18.15
8	奥斯陆（Oslo）	10	226.95	8	达拉斯－沃思堡国际机场（DFW Airport）	7	16.93
9	悉尼（Sydney）	15	194.33	9	达拉斯（Dallas）	6	16.26
10	赛格拉特（Segrate）	10	181.46	10	伦敦（London）	126	15.95

（二）上海在全球数字创意内容生产环节的竞争地位

中国城市在数字创意内容生产环节的突出特点主要表现在：北京和香港的上市公司数量优势明显——香港有 212 家影视娱乐业上市公司，位列第三；北京有 147 家，位列第五。香港有 100 家出版业上市公司，位列第三；北京有 51 家，位列第七。

从上海的发展现状来看，数字创意内容生产环节和全球相比还有差距。从 2008—2017 年的数据来看，在数量排名上，65 个城市中上海有线和卫星电视业排名第 8，总值排名 17 名，均值排在 21 名。截至 2019 年，上海电视业已历经 60 年的发展，上海广播则已发展了 90 年。广播电视业的大众性和文化性，决定了上海广播电视业伴随着上海社会的变迁，不断发生着变化⑧。上海东方传媒集团有限公司（SMG）是中国目前产业门类最多、产业规模最大的省级新型主流媒体及综合文化产业集团⑨。此外，上海的影视娱乐业、出版业无论是公司数量还是总值和均值，在全球范围内都排名较为靠前，企业集聚效应凸显。但从与全球均值的差距可知，上海与头部城市相比仍实力悬殊。

表3　2008—2017 年上海数字创意内容生产环节公司数量及营收情况（单位：亿美元）

行业类型	公司数量	数量排名	总值	总值排名	均值	均值排名	全球均值
广告服务业（Advertising）	24	14/114	52.29	17/114	2.18	24/114	3.61
广播电视业（Broadcasting）	0	—/95	—	—/95	—	—/95	8.34
有线和卫星电视业（Cable & Satellite）	15	8/65	111.21	17/65	7.41	21/65	16.45
影视娱乐业（Movies & Entertainment）	39	14/149	37.84	27/149	0.97	52/149	4.00
出版业（Publishing）	14	32/150	42.33	47/150	3.02	48/150	4.37
家庭娱乐软件业（Home Entertainment Software）	62	5/63	153.97	4/63	2.48	7/63	1.47

三、数创内容分发传输环节的全球竞争格局与上海地位分析

处于中间层的数字创意产品传输环节主要通过软硬件开发，为创意内容提供传输通道和消费平台，代表企业有谷歌、亚马逊、瑞典爱立信等。自20世纪90年代以来，科技革命浪潮的爆发式普及与创新应用，催生了网络游戏、动漫、电影、新闻、出版、音乐等一系列数字内容业态的出现与变革，其营销手段与消费方式也发生了颠覆性的变化。下面主要从上市公司数量、营收总值、营收均值三个维度，重点分析互联网软件与服务（Internet Software & Services）、互联网与直销零售（Internet & Direct Marketing Retail）等行业的全球城市集聚格局及上海的全球竞争地位。

(一) 全球数创内容分发传输环节的竞争格局与区域集群

1. 互联网软件与服务业：东京集聚效应强，深圳产业实力强

在物联网、大数据、云计算、人工智能等信息技术和资本力量的共同催化下，共享经济、数字支付、跨界电商等新兴业态不断孕育发展壮大，互联网软件与服务业获得了飞速发展，对经济社会发展的引领作用显著[①]。2008—2017年互联网软件与服务业共有4 916家企业，分布在全球300个城市中，营收总值约为6 557.75亿美元，营收均值约为1.33亿美元。46个城市的上市公司数量在20家以上，且数量差距明显。位列第一的东京有884家，远远超过全球其他城市；公司数量在100家以上的城市共有5个：华沙、伦敦、首尔、悉尼、北京；其他城市的上市公司数量均不超过百家。

从互联网软件与服务业营收总值和均值的城市排名来看，东京经济总量庞大，以1 514.90亿美元的营收总值高居首位，集聚效应显著；但营收均值1.71亿美元，仅位列第44。反观中国深圳和德国的蒙塔

鲍尔(Montabaur)，这两个城市的上市公司数量均不超过 20 家,但营收总值分别位列第二、第三,均值又分别位列第一、第二,其竞争力和发展潜力不容小觑。其中,深圳的营收总值是蒙塔鲍尔的 3 倍多,均值是其近 2 倍,呈现良好的发展态势。

2. 互联网与直销零售业：东京集聚优势尚未形成,西雅图实力最强

互联网与直销零售业,主要是充分利用互联网优势来实现企业与客户之间的信息沟通、产品定制、产品传递等功能,是直销企业向互联网方向转型的新行业模式⑩。2008—2017 年互联网与直销零售业共计1 791 家上市公司分布在全球 155 个城市中,营收总值约为22 722.09 亿美元,营收均值约为 12.69 亿美元。在上市公司数量上,有 19 座城市超过 20 家,其中东京"一枝独秀",以 163 家企业位列第一,集聚特征明显,其他城市均不超过 70 家。

从互联网与直销零售业营收总值和均值的十强排名来看,除美国城市西雅图和圣何塞(San Jose)以外,其他十强城市在总值和均值的排名上都有些许浮动,其中,东京的变化幅度最大。东京以 914.29 亿美元的总值排在第六名,但均值仅有 5.61 亿美元,居于第 42 位,可见其龙头企业规模尚需扩展,产业结构有待优化升级。

表 4　2008—2017 年上海数创内容分发传输环节公司数量及营收情况

（单位：亿美元）

行业类型	公司数量	数量排名	总值	总值排名	均值	均值排名	全球均值
互联网软件与服务业（Internet Software & Services）	46	15/300	81.90	13/300	1.78	39/300	1.33
互联网与直销零售业（Internet & Direct Marketing Retail）	57	3/155	215.34	17/155	3.78	56/155	12.69

（续表）

行业类型	公司数量	数量排名	总值	总值排名	均值	均值排名	全球均值
非传统电信运营商业（Alternative Carriers）	0	—/115	—	—/115	—	—/115	5.67
综合电信服务业（Integrated Telecommunication Services）	7	136/183	2.50	152/183	0.36	152/183	57.69
无线电信服务业（Wireless Telecommunication Services）	0	—/105	—	—/105	—	—/105	62.64

（二）上海在全球数创内容分发传输环节的竞争地位

为了更加客观地判断上海所处的竞争地位，首先需要审视我国城市在数字创意内容分发传输环节的突出特点。其一，深圳互联网软件与服务业发展迅猛，以1 039.70亿美元的营收总值位列第二，以64.98亿美元的营收均值位列第一。其二，北京、香港、广州的互联网与直销零售业发展较好。在2008—2017年全球城市互联网与直销零售业营收总值和均值前十强中，北京以1 760.40亿美元的营收总值位列第二，以33.85亿美元的营收均值位列第十；香港以1 080.55亿美元的营收总值位列第四，以120.06亿美元的营收均值位列第二；广州以39.98亿美元的营收均值位列第九。

具体到上海（见下表5），2008—2017年上海互联网软件与服务业上市公司数量较多，以46家居于全球15位，总值和均值在世界范围内排名靠前，分别居于13位、39位，并以略微优势超出全球均值，相对来说是上海数创内容分发传输环节中最强的行业。上海的互联网与直销零售业上市公司数量多（57家），居于全球城市第3位，其营收总值和均值也高，但与全球均值相比尚有不小差距。进入"互联网＋"时代，数字创意产业与互联网的深度融合成为全球经济与社会发展的重要引擎[42]。据 2018 上海统计年鉴显示，2017 年上海信息传输、软件和信息技术服务业的从业人员由 48.60 万人升至 52.47 万人，产值高达 1 862.27 亿人民币，其中信息产业增加值占上海生产总值的 10.7%[43]。这与上海近年来网络游戏业、互联网信息服务业、网络视频、网络直播、网络音频以及文化软件业企业纷纷登陆资本市场的发展态势相吻合。

表 5　2008—2017 年上海数创内容分发传输环节公司数量及营收情况

（单位：亿美元）

行业类型	公司数量	数量排名	总值	总值排名	均值	均值排名	全球均值
互联网软件与服务业（Internet Software & Services）	46	15/300	81.90	13/300	1.78	39/300	1.33
互联网与直销零售业（Internet & Direct Marketing Retail）	57	3/155	215.34	17/155	3.78	56/155	12.69

四、数字创意设备制造环节的全球竞争格局与上海地位分析

数字创意设备制造行业支撑着整个数字创意产业发展的技术开发环节，包括制定产业技术标准、研发数字设备操作系统等，是一个国家和城市文化软实力的重要基础。下面主要从上市公司数量、营收总值、营收均值三个维度，重点分析消费电子产品（Consumer Electronics）、技术硬件（Technology Hardware）及存储外设（Storage & Peripherals）这两个设备制造行业的全球城市集聚格局及上海的全球竞争地位。

（一）全球数字创意设备制造环节的竞争格局与区域集群

1. 消费电子产品业：中国城市集聚明显惠州发展亮眼，日本城市实力最强

消费电子产品用户基础广泛、应用场景丰富、兼领时尚风向，是创

新最活跃、应用转化最快的领域⑭。2008—2017 年期间,消费电子产品业共计有 1 461 家企业,分布在全球 109 座城市中,总营业收入约为 34 967.28 亿美元,营收均值约为 23.93 亿美元。上市公司数量在 20 家以上的城市有 16 个,其中有 10 个都是中国城市,香港以 128 家企业的集聚位列第一,集聚特征明显,也体现出我国数字创意设备制造行业的竞争力和优势。

中国城市的企业数量排名靠前,但从消费电子产品业营收总值和均值前五强数据来看,仅有惠州入围,总值排名第 5,均值排名第 6。究其原因,广东省惠州市是全球最大的电话机、彩电、激光头生产基地,亚洲最大的组合音响生产基地,中国最大的汽车音响、DVD、手机生产基地之一,培育了有 TCL、德赛、华阳、侨兴等一批全国知名消费电子产品企业,另外还引进了美国通用电气(GE),日本索尼,韩国三星和乐金电子(LG),荷兰皇家飞利浦等跨国公司在惠州合作生产与经营,建构起了惠州在消费电子产品行业的独特竞争力。此外,营收总值和均值前五强的排名总体较为稳定。其中,日本有三座城市进入榜单,分别是东京、门真(Kadoma)、堺市(Sakai),不仅排名靠前,且整体实力强。日本的消费类电子产品业在 20 世纪 80—90 年代独领风骚,孕育了索尼、松下电器、夏普、亚马达、尼康等国际知名企业,引领着日本在消费类电子产品行业的持续变革、发展与创新。

2. 技术硬件及存储外设业:中国台湾表现瞩目,韩国水原(Suwon)和美国库比蒂诺(Cupertino)实力最强

从数据来看,2008—2017 年技术硬件及存储外设业的 3 266 家企业分布在全球 168 座城市中,营收总值约为 101 101.13 亿美元,均值约为 30.96 亿美元。上市公司数量在 20 家以上的城市有 30 个,其中,中国城市占 14 席,仅中国的台湾省就有新北、台北、桃园、新竹、台南、竹北等 6 座城市。

从总值前十强数据来看,中国入选城市最多,占据后六位;但未有

一个进入均值前十强榜单。而韩国京畿道的首府城市水原和美国硅谷核心城市之一的库比蒂诺稳居总值、均值前两名。究其原因，韩国最大的电子工业企业三星电子，同时也是三星集团旗下最大的子公司，其最大的生产基地和研发中心均位于水原市。全球知名的高科技公司苹果、全球领先的网络安全软件及硬件服务提供商赛门铁克（Symantec）、互联网基础架构软件公司 Zend（Zend Technologies）总部以及其他注明的巨头企业均位于库比蒂诺；而全球最大的硬盘、磁盘和读写磁头制造商希捷（Seagate Technology Corporation）、高成长性的跨国信息安全软件公司趋势科技（TMIC／Trend Macro）、数据库软件公司甲骨文（Oracle Corporation）的分部也位于此，从而造就了强势的技术硬件及存储外设业的发展。

（二）上海在全球数字创意设备制造环节的竞争地位

首先，从我国城市在数字创意设备制造行业的发展特点来看：其一，消费电子产品业中国城市的企业多而不强。上市公司数量在 20 家以上的城市中有 10 个都是中国城市，其中，香港以 128 家企业位列第一。然而仅有惠州进入消费电子产品业营收总值和均值前五强，总值 1 209.76 亿美元，排名第 5，均值 75.61 亿美元，排名第 4。其二，中国台湾的技术硬件及存储外设业较为发达。30 个上市公司数量在 20 家以上的城市中，中国城市占 14 席，仅中国台湾就有新北、台北、桃园、新竹、台南、竹北等城市入围，说明中国台湾在技术硬件与存储外设行业的集群度高、产业竞争力强。

从全国城市维度切入审视上海，2008—2017 年上海的消费电子产品业上市公司数量为 0；但技术硬件及存储外设业有 20 家上市公司，位列全球第 22 位；总值高达 161.21 亿美元，排名位于 26 位，但营收均值（8.06）与全球均值（30.96）相差较远，这与上海的文化基础、产业规划、劳动力成本等因素密切相关。近年来，伴随着数字创意产业成为国家战略性新兴产业,上海开始着手布局相关产业。例如,为推进文化与科技深度融合而成立的文化装备产业国家级基地和专业化大平台——上海国际高科技文化装备产业基地 TCDIC,主要围绕"文化装备服务"开展集成展示、交易租赁、信息整合、文化金融等服务,重点引进影视装备、舞台影院装备、广告会展装备、多媒体装备、游艺游戏装备六大类别装备贸易企业⑥。可以预见,上海将出现一批有竞争力的数字创意设备制造企业。

表6　2008—2017年上海数字创意设备制造环节公司数量与营收情况

（单位：亿美元）

行业类型	公司数量	数量排名	总值	总值排名	均值	均值排名	全球均值
消费电子产品业（Consumer Electronics）	0	—/109	—	—/109	—	—/109	23.93
技术硬件及存储外设业（Technology Hardware, Storage & Peripherals）	20	22/168	161.21	26/168	8.06	32/168	30.96

五、上海数字创意产业全球价值链地位提升的战略思路

从国内外城市比较来看,西方发达国家凭借多年累积的技术优势、知识产权优势、市场优势、资本优势和制度优势,在数字创意产业全球价值链中牢牢占据了高附加值的主导地位。以上海为代表的中国城市的数字创意产业竞争力明显不足。一方面,我国在广播电视业、影视娱乐业、出版业等方面与欧美国家相比均有不小差距。虽然我国的某些城市具备一定的行业影响力,但要形成与欧美相抗衡的全球竞争力尚有很长一段路要走。另一方面,在数字创意产品传输流通行业,我国城市形成了较为完善的线上线下软硬件体系,发展迅猛,前景广阔。在数字创意设备制造行业,我国城市集聚特征明显,中国台

湾优势突出，但总体处于数字创意产业价值链的末端。对上海来说，欲在数字创意产业全球价值链中从低附加值环节向高附加值环节攀升，需明确当前所处价值链位置以及数字创意产业的发展实力，同时放眼全球、全国与长三角，加快提升数字创意产业整体的竞争力与集聚度。

（一）认清所处价值链位置，发挥优势弥补不足

近年来，腾讯、字节跳动、网易、华为、阿里巴巴等中国企业纷纷拓展海外业务，在电影、游戏、新闻、VR、数创设备等数字创意产业领域攻城略地，让我们看到了中国企业、尤其是上海企业在数字创意产业全球价值链重构中的希望。城市升级是一个动态改善的过程，只有适合本阶段和自身发展实际的创新才能推动城市产业升级，因此识别并管理城市内部的价值增值机会和环节，发挥城市现有优势，弥补自身不足，是城市发展战略的基本思路[46]。就数字创意内容生产行业而言，位于价值高端环节的创意内容由欧美发达国家的高科技城市控制，上海应砥砺前行，与时俱进；在数字创意产品传输流通行业，上海的互联网软件与服务业发展亮眼，可加大科研投入，乘胜追击，促进产业结构优化升级。

（二）基于新兴数字科技产业跨界融合，带动城市价值链攀升

互联网作为跨界融合器，已将数字创意产业上市公司的发展界限与价值链全部打通，行业边界与地域边界日益被打破，数字创意产业上市公司与互联网呈现深度跨界融合、混业经营的特点[47]。鉴于此，数字创意产业内容创作与文化生产思维、数字文化生产运作流程等应基于跨界思维进行再造与重塑，建立起由互联网无缝接入的全新、无界、高效联通的现代数字创意产业发展体系。此外，紧跟高新技术发展潮流是数字创意产业实现价值链攀升的核心法宝。当前数字网络技术、

裸眼 3D 技术、全息成像技术、可穿戴技术、VR/AR（虚拟现实/增强现实）技术、区块链、人工智能技术等新一轮科技革新浪潮正在对初步形成的数字创意产业全球价值链格局带来了冲击与影响。中国政府提出的"一带一路"政策红利等国际政治经济新形势，为数字创意产业的全球价值链重构战略提供了绝佳的历史机遇期⑧。上海正在积极建设有全球影响力的科技创新中心，基于这一重任与科技创新优势，我们应正视自身数字创意产业龙头企业的匮乏、创意内容竞争力还不强、数字创意产品传输流通类行业与欧美日韩相比仍有差距，数字创意设备制造核心技术被发达国家城市控制等不足，充分挖掘自身科技、金融、贸易、文化等方面的特色资源，整合优质内容资源，实施差异化数字创意内容开发策略，通过自主科技研发、跨界创新和产学研体系获得技术溢出效应，推动上海数字创意产业沿着全球价值链网络不断向上攀升。

（三）树立全球视野，推动不同区域功能互补、协同发展

重视核心城市的作用，增强核心城市的辐射能力，推动城市数字创意产业集群发展，这些举措有助于促进城市数字创意产业价值链不断优化，实现城市可持续发展。在这方面，好莱坞电影的规模化优势以及秋叶原动漫的开发等，都是值得上海借鉴的成功案例。作为长三角城市群的核心城市，"一带一路"和长江经济带的交汇点，上海承担着国家战略赋予的历史使命，应充分发挥服务全国、联系亚太、面向世界的优势，进一步加强与长三角城市群、长江流域等地区的城市协同发展，形成区域合力，代表国家的文化软实力，强有力地参与国际市场竞争。作为新兴产业先锋的上海数字创意产业，更应加快提升集聚发展的水平。上海要积极出台有力措施，大力推动与长三角城市群数字创意产业进行联动与合作，在价值链上实现协作分工、优势互补与资源共享，同时发挥应有的带头引领作用；与此同时，各项扶持数字创意

产业的重大战略还需要依托和落实到上海具体的各个城区，即在上海数字创意产业整体顶层设计框架下，制定上海各功能区特色鲜明的数字创意产业空间发展与转型规划，从而实现长三角城市群、上海各城区等区域间的有序、协调、可持续发展。

注　释

① 张辉.全球价值链下地方产业集群转型和升级[M].北京：经济科学出版社，2007(7)：222.

② 李亚薇.文化创意产业视角下的城市发展——以北京市和上海市文化创意产业发展为例[J].特区经济，2012(11)：168—171.1

③ 潘登，蒋丽丽.城市空间理论视角下文化创意产业集群提升城市品牌路径研究[J].当代经济，2017(21)：90—92.

④ 王宝平.基于全球价值链的多元城市网络与价值空间分异研究[D].华东师范大学，2014.

⑤ 周韬.基于分工与价值链的城市群空间组织机理研究[J].财会研究，2018(7)：72—78.

⑥ Melchert，L.S.P. (2004)Transnational urban spaces and urban environmental reforms：Analyzing Beijing's environmental restructuring in the light of globalization，Cities，21(4)：321—328.

⑦ 刘彦平.城市价值链与价值网络[J].山东社会科学，2007(6)：111—113.

⑧ John H，Hubert S.How does insertion in global value chains affect upgrading in industrial clusters? [J].Regional Studies，2002，36(9)：1017—1027.

⑨ Lee J，Gereffi G.Global value chains，rising power firms and economic and social upgrading[J].Social Science Electronic Publishing，2015，11 (3/4)：319—339.

⑩ 戴翔，郑岚.制度质量如何影响中国攀升全球价值链[J].国际贸易问题，2015(12)：51—63＋132.

⑪ 毛蕴诗，王婕，郑奇志.重构全球价值链：中国管理研究的前沿领域——基于SSCI 和 CSSCI（2002—2015 年）的文献研究[J].学术研究，2015(11)：85—

93+160.

⑫ 俞荣建,文凯.揭开 GVC 治理"黑箱":结构、模式、机制及其影响——基于 12 个浙商代工关系的跨案例研究[J].管理世界,2011(8):142—154.

⑬ 郭梅君.创意产业发展与中国经济转型的互动研究[D].上海社会科学院,2011:41.

⑭ 臧志彭.数字创意产业全球价值链:世界格局审视与中国重构策略[J].中国科技论坛,2018(7):64—73+87.

⑮ 马凤娟."互联网+"语境下文化创意产业价值链的重构[J].中国文化产业评论,2016,23(1):142—153.

⑯ 王熙元.创意产业的价值塑造结构研究[J].理论与改革,2015(4):97—101.

⑰ 黄志锋.创意产业的价值链开发及其运行机制[J].科技和产业,2016,16(8):11—16.

⑱ 魏鸿宇.创意产业时代下的英国"时装设计"产品价值链研究[J].艺术科技,2018,31(11):182+211.

⑲ 范宇鹏.粤港澳文化创意产业协调发展研究——基于价值链系统视角[J].科技管理研究,2016,36(5):137—142+154.

⑳ 王腾飞.牡丹花导引下的菏泽地域创意产业价值链建构[A].中国地理学会经济地理学专业委员会.2016 第六届海峡两岸经济地理学研讨会摘要集[C].中国地理学会经济地理学专业委员会:中国地理学会,2016:1.

㉑ 胡林荣,刘冰峰.景德镇陶瓷文化创意产业价值链模式研究[J].科技创业月刊,2015,28(22):13—15.

㉒ 杨永忠,陈睿.基于价值链的游戏创意产品文化、技术、经济的融合研究——以竞争战略为调节变量[J].四川大学学报(哲学社会科学版),2017(3):121—131.

㉓ 刘斌.IP 运营视角下动漫产业价值链创新[J].中国出版,2019(3):37—40.

㉔ 赵岳峻,程利杰.大数据时代创意设计服务平台建设研究[J].文化产业研究,2015(3):189—197.

㉕ 吴赟,陈思.基于价值链理论的网络文学 IP 版权价值开发困境与对策研究——以阅文集团为例[J].出版广角,2018(21):36—40.

㉖ Garnham N. From Cultural to Creative Industries[J].International Journal of Cultural Policy,2005,11(1)：15—29.

㉗ 丁文华.中国数字创意产业的发展——在 BIRTV2017 主题报告会上的演讲[J].现代电视技术,2017(9)：27.

㉘ 臧志彭.数字创意产业全球价值链重构战略研究——基于内容、技术与制度三维协同创新[J].社会科学研究,2018(2)：45—54.

㉙ 周荣庭,宋怡然,田红林.2017 年度数字创意产业研究述评[N].中国社会科学报,2018-01-03(7).

㉚ 臧志彭.数字创意产业全球价值链：世界格局审视与中国重构策略[J].中国科技论坛,2018(7)：65.

㉛ 张君昌.“5G＋”赋能广电新动能[J].传媒,2019(10)：1.

㉜ 王才勇.德国广播电视业及传媒集团的构成现状[J].德国研究,2002(1)：61.

㉝ 朱晓燕,赵慧群.影视娱乐业上市公司经营绩效分析[J].北京印刷学院学报,2017,25(8)：109—111＋114.

㉞ JoongHo A，Sehwan O，Hyunjung K. Korean pop takes off! Social media strategy of Korean entertainment industry[P].2013.

㉟ 范宇鹏.粤港澳文化创意产业协调发展研究——基于价值链系统视角[J].科技管理研究,2016,36(05)：140.

㊱ 石朝雄.数字化时代传统出版社的变革与编辑转型[J].出版广角,2019(7)：37.

㊲ 英欢超.5G 时代出版业发展的研究论述[J].传媒论坛,2019,2(9)：145—146.

㊳ 刘敬东,张亚敏.上海广播电视的文化选择[J].现代传播(中国传媒大学学报),2008(5)：16—18.

㊴ SMG 简介 https：//www.smg.cn/review/201406/0163874.html 检索时间：2019.08.22

㊵ 陈南旭,段沛东,孙冬卿.互联网时代软件服务业市场竞争行为的路径依赖分析[J].经济问题探索,2018(3)：40.

㊶ 董校志.互联网直销的 C2M 模式分析[J].重庆科技学院学报(社会科学版),2016(12)：51—52.

㊷ 赵振.“互联网＋”跨界经营：创造性破坏视角[J].中国工业经济,2015(10)：

146—160.

㊸ 2018 上海统计年鉴 http://www.stats-sh.gov.cn/html/sjfb/201901/1003014. html 检索时间：2019.08.22

㊹ 温晓君,张金颖,王翠林,石岩,安晖.从 CES2019 看全球消费电子产业发展趋势[J].互联网经济,2019(3)：16.

㊺ http://www.tcdic.com/index.php？c＝page&id＝8 检索时间：2019.08.22

㊻ 刘彦平.城市价值链与价值网络[J].山东社会科学,2007(6)：111—113.

㊼ 马士远."互联网＋"时代文化产业发展新向度[J].管理世界,2018,34(2)：180—181.

㊽ 臧志彭.数字创意产业全球价值链：世界格局审视与中国重构策略[J].中国科技论坛,2018(7)：65.

长三角文化产业高质量一体化发展：战略使命、优势资源、实施重点[*]

花　建^{**}

一、引　言

　　在世界范围内，大都市群越来越成为一个国家综合实力的核心承载力量，也成为学界长期关注的一个重要领域。从 2018 年开始，中国政府把长三角一体化发展上升到国家战略的高度。这一战略设计突出了长三角在中国迈向 21 世纪全球大国进程中作为高质量发展样板的示范意义。推动长三角文化产业高质量一体化发展，正是实施这一战略的重要内容。本文从贯彻国家战略的现实需求和探索城市群文化产业发展规律的科学视角，在新的时代背景上研究长三角文化产业高质量一体化发展的战略使命、国际比较、优势资源、实施重点。

　　本文是在前人对于大城市群发展规律和长三角协同发展研究基础上进行的。对于大城市群发展规律和文化创意产业的研究是由欧

　　* **基金项目**：国家社会科学基金艺术学重大项目"习近平总书记关于文化建设重要论述研究"(18ZD01)。本文原载于《上海财经大学学报》2020 年第 4 期。

　　** 作者简介：花建(1953—　　)，上海社会科学院文化产业研究中心主任、研究员，北京大学文化产业研究院研究员。

美学者在 20 世纪中叶开始率先推动的。1957 年，法国学者戈德曼率
先提出了城市群（Megalopolis）这一新的研究范畴，引发了各国学者对
于大城市群作用的高度重视①。随着创意经济和数字经济的兴起，对
于城市群和城市文化产业的研究视角获得了不断更新。美国学者乔
尔·科特金提出数字经济对于美国大城市文化产业形态的重塑，包括
打造复合型的超级文化产业复合体②；而英国学者查尔斯·兰德勒提
出要打造都市的创意生活圈，联接过去、现在和未来，开发出创意经济
的新资产③。

　　中国作为一个后发的世界大国，其对于城市群的研究是与中国城
市化进程密切相关的。进入改革开放的新时期，中国的城市化率从
1978 年的 17.9%提升到 2018 年的 59.58%。这其中以长三角城市群
作为城市化率最高、大中小城市及街镇的层级结构发育最为完善、区
域一体化程度发展最为成熟的代表。姚士谋等分析了中国城市群的
发展趋势，指出长三角地区形成的超级城市群，拥有区位优势明显、经
济集约化程度高、区域布局合理和国际化程度高的四大优势④；朱荣林
以 2010 年上海世博会的重大契机为切入点，指出以上海为中心的长
三角城市圈，必须抓住国际产业转移的历史性机遇，成为中国融入世
界经济体系的枢纽⑤；姜卫红和胡亚龙以 1992 年长三角城市经济协调
会成立以来 10 多年的历程为经，以国家和长三角促进区域发展的实
践为纬，研究了长三角作为世界第六大城市群迈向区域一体化的广阔
前景⑥。随着多学科研究者的积极参与，长三角的文化产业建设也逐
渐引起关注。吴锋和孟磊分析了苏浙沪的文化产业发展历程和规划
布局，指出三省市要加强功能互补和结构优化，克服重复建设等短
板⑦；刘士林指出，要深入挖掘长三角所特有的江南文化资源，从人文
角度把长三角打造成为"不一样"的世界级大城市群。⑧李思屈则分析
了长三角向海而生、江海交汇的特点，提出了打造长三角海洋文化创
新经济带的构想⑨。

上述研究从不同侧面，为长三角文化产业发展研究提供了基础，而对于长三角文化产业高质量一体化的总体把握，有待于我们去更深入地进行研究。本文的研究思路是：从国家战略把握长三角一体化发展的意义，借鉴各个世界级城市群持续升级的规律，指出推动文化产业高质量一体化是长三角城市群以文化赋能的重要内容；研究长三角何以能够一体化发展的独特资源，传承江南文化的共同文化基因，阐发它对于文化产业建设的宝贵价值；研究长三角的文化产业集群，对促进互联互通的长三角全域一体化发展的作用；探讨长三角培育外向型文化企业，打造对外开放优势，发挥亚太门户作用。

二、国家战略与长三角的使命

（一）国家的重托：从地缘视角到战略视角

习近平总书记在首届中国国际进口博览会开幕式的主旨演讲中，宣布把长三角区域一体化发展上升为国家战略。这一战略设计突出了长三角在中国迈向 21 世纪全球大国进程中的重大意义，强调了世界级大城市群在综合国力竞争中举足轻重的作用，体现了几代中国领导人对发挥长三角在中国现代化大格局中战略作用的深谋远虑。而推动长三角文化产业高质量一体化发展，正是实施这一战略的重要内容。

对长三角定义的把握，可以从自然地理、大城市群和国家战略的多重视角来展开。从地理角度看，狭义的长江三角洲指长江在入海口因为泥沙冲击沉积而形成的三角洲平原，包括上海和毗邻江浙的苏锡常和杭嘉湖等地区。这里土地肥沃，水量充沛，航运发达，工商繁荣，是唐宋以后中国经济最发达、最富饶的地区。从城市群角度看，长三角城市群指分布在沪苏浙皖四省市，以上海为核心、联系紧密的 26 个大中城市及几十个小城市。这是国际上公认的全球六大城市群之一，也是改革开放以来国家通过多个规划而积极推动的一体化发展先导区域。从国家战略角度看，长三角区域包括沪苏浙皖四省市，是我国经济发展最活跃、开放程度最高、创新能力最强的区域之一。长三角作为中国沿海经济带和长江经济带的交汇处，在国家现代化建设大局中具有举足轻重的战略地位。早在 1990 年春天，邓小平在上海就高瞻远瞩地指出："上海是我们的王牌，把上海搞起来是一条捷径"⑩。作为中国改革开放的总设计师，邓小平强调要抓住历史性的机遇，以上海为核心，带动整个长三角和长江流域，乃至全国的改革开放："开发浦东，这个影响就大了，不只是浦东的问题，是关系上海发展的问题，是利用上海这个基地发展长江三角洲和长江流域的问题。⑪"

跨入新时代，党中央和国务院在中国全面迈向小康社会的历史背景下，对长三角的高质量一体化发展作出了更高层次的部署，明确了长三角的战略定位是"一极三区一高地"，即全国发展的活跃增长极、高质量发展样板区、率先基本实现现代化的先行区、区域一体化发展示范区、新时代改革开放新高地⑫。这一重要定位，是建立在长三角强大的综合实力和面向未来的战略谋划基础上的。长三角区域包括沪苏浙皖四省市，承载着以超大型、特大型和几十个大中小城市组成的城市群。它的陆域面积为 35.08 万平方公里，仅占我国总面积的 3.7% 左右，却在全国经济中具有举足轻重的地位，其全员劳动生产率位居全国前列。截至 2019 年，长三角常住人口 2.2 亿，占我国总人口的 16% 左右。2019 年我国国民生产总值为 99.08 万亿元，而长三角地区生产总值就达到 23.725 2 万亿元，占全国总量的 23.9%。长三角地区的巨大经济效益和强劲增长势头，对中国的现代化进程发挥了重要的区域带动作用。到 2035 年，长三角区域的一体化发展体制机制将更加完善，整体发展达到全国领先水平，成为最具影响力的强劲活跃增长极。

（二）国际的趋势：面向未来的规划

提出长三角文化产业高质量一体化发展，是长三角区域一体化发展的重要内容，是综合国力竞争的大趋势，也是推动大城市群全面升级的必然举措。从世界范围看，一个世界大国必然拥有世界级的大城市群，而且在深化城市群发展规律的意义上，推动城市群综合实力的不断升级。从可比性的意义上说，长三角城市群与其他五大世界级城市群相比较，其经济规模正在逐步逼近，而在人均 GDP、地均 GDP 的产出水平及综合实力等方面还有明显的差距（见表1）。

从 20 世纪末叶开始，世界级大城市群的发展战略在不断升级，不仅关注经济规模和增长速度，而且在不断反思中突破之前的片面性，上升到更自觉和更高级的阶段，特别是把创新驱动、经济规模、文化创意、智慧城市等多个目标进行有机的融合。这种升级过程先后经历了以注重经济增长为主的全球城市规划 1.0 版（1970—1980 年），如伦敦汇聚了大批金融机构而成为国际金融的中心之一；纽约凭借全球化的资本配置能力而成为最大的金融中心和经济中心等。以文化振兴为主导的全球城市规划2.0版（1990—2008 年），如伦敦市市长办公室开始连续颁布《世界城市文化报告》，把文化作为衡量城市群活力的重要指标；新加坡从 1999 年开始连续颁布多版《文化复兴城市战略》（Renaissance City Plan），注重塑造文化产业和繁荣艺术，建设"文化艺术全球城市"（Global City for Culture and the Arts）。以经济、文化与科创相融合的全球城市 3.0 版（2008 年至今），如东京提出包容文化多样性与生态平衡的"多彩城市"，深入实施"酷日本战略"；而伦敦的城市规划经过多轮更新，把新的目标定位于 2036 年，提出把伦敦建设成为一座具有国际竞争力、多样化、强大、安全，充满愉悦感、可以应对经济挑战和人口增长的城市；首尔则启动《经济发展蓝图 2030——首尔式创新经济模式》，聚焦于科技创新和智能化驱动的新经济模式，以建设强大的全球性城市等。

表 1　长三角城市群与其他世界级城市群的比较⑬

城市群	中国长三角城市群	美国东北部大西洋沿岸城市群	北美五大湖城市群	日本太平洋沿岸城市群	欧洲西北部城市群	英国中南部城市群
面积(万平方公里)	21.2	13.8	24.5	3.5	14.5	4.5
人口(万人)	15 033	6 500	5 000	7 000	4 600	3 650
GDP(亿美元)	20 652	40 320	33 600	33 820	21 000	20 186
人均 GDP(美元/人)	13 737	62 030	67 200	48 315	45 652	55 305
地均 GDP(万美元/平方公里)	974	2 920	1 370	9 662	1 448	4 485

2010 年以来，五大城市群及其核心城市都先后颁布了面向未来的发展规划。它们各擅胜场，也表现出诸多共性：如《迈向 2040：一个综合区域规划(芝加哥)》规划涵盖了芝加哥市和周边的 7 个县和 284 个自治市，形成了对大城市群的层级布局和整体协调，显示了注重大城市群一体化发展的理念；它强调可持续增长，把创新引领、经济辐射、文化魅力、智慧效能等目标综合起来；它注重人文关怀，让五大湖地区的城市和各级乡镇风貌充满愉悦感，并与湖区的生态保护相结合等。而《纽约：强大而公平的城市规划》则强调了面向未来的四大愿景：增长与繁荣、公正与公平、可持续增长、富于韧性，提出要把纽约建设成为保持文化多样性和广泛吸引力、能够应对各种挑战的世界之都。大城市群升级的四大重点：创新驱动、可持续增长、文化吸引力、智慧治理(见表 2)。

上述的重要趋势对长三角一体化发展提出了新的挑战。对比之下，长三角的区域内协同发展还不充分，跨区域共建共享共保共治机制尚不健全，城市群的基础设施、生态环境、公共服务一体化发展水平有待提高；科创与文创及相关产业的融合不够深入，具有引领性和示范性的创新成果还不够丰富，统一和开放的市场体系尚未完全形成，全面深化改革还没有形成系统集成效应，与国际通行规则相衔接的制度体系尚未建立。从这个意义说，新时代长三角的一体化发展，不仅是在原有基础上的继续深化，还需要跟踪世界范围内大城市群持续升级的趋势。

表 2　世界级大城市群及核心城市的愿景规划[①]

	2010 年 10 月	2013 年 10 月	2015 年	2017 年 9 月	2019 年
愿景规划核心理念	迈向 2040：一个综合区域规划(芝加哥)	大巴黎规划	2036 大伦敦发展规划	2040 东京发展规划	纽约：强大而公平的城市规划
	创造繁荣、更可以持续的中心地区	更具活力、绿色和可持续的大区	建设全球的最佳城市	安全城市、多彩城市、智慧城市	强大而公平的城市
主要内容实施重点	建设宜居社区；提高人力资本；改善社会治理；增强区域竞争力；维持全球经济中心	田园型全球城市；保护宜人的环境；自然和城市协调发展；增强文化吸引力；经济协调发展；服务可达性；土地有效利用	应对经济挑战和人口的不断增长；提升国际竞争力；让所有伦敦人享受丰富的文化遗产和文化资源；多样化、强大而安全；愉悦感和特色文化	包容性社区；土地优化配置；健康城市；可支配住房；经济繁荣；城市交通；韧性增长	增长与繁荣；公正与公平；可持续增长；富于韧性；多样性和包容性的城市治理

（三）文化赋能：升级转型的应有之义

2008 年全球金融危机之后，文化对于大城市群升级的赋能作用越来越受到人们重视。正如研究创意经济的知名学者理查德·佛罗里达在《重启——后危机时代如何重现繁荣》中指出：2008 年的全球金融危机对许多城市的经济和社会发展带来了巨大的破坏。我们不能沉溺在危机带来的沮丧和悲哀之中，要换一个角度思考，决不能白白浪费这次危机，而是看到每一次危机呼唤着新的"空间修复"。文化创新犹如冰层下的涌流，激发每一个人的创造天赋，集聚着技术创新、制度创新、资源创新的巨大能量，成为危机中重启繁荣的快捷键。"在危机中，创新并没有放慢脚步，它会在低迷的经济环境下先积累起来，一旦等到经济恢复便爆发出来。"文化创新在更新观念、解放思想、塑造新人、激发活力的意义上，为下一阶段更大规模的产业和城市更新积累了能量："一次真正的重启不仅会改变我们创新和生产的方式，还将开辟一个全新的经济格局"[15]。从产业层面上看，文化创新不仅仅是一种理念和心态，而且以具有创新内涵的设计、形态、品牌、时尚、产品等形式体现出来，而且作为高级生产要素而流动到工业、商贸业、城市建设业等相关领域。正如英国国家科学与艺术基金会的研究报告《软创新——创新变革的全景图》[16]指出：在创新的领域中，除了人们熟悉的技术、材质、工具等"硬创新"，还有针对人类情感、想象、象征意义的"软创新"。它是一种通过改变产品形态和象征意义而影响人的感官知觉、审美情趣、感情共鸣之创新。当一个国家和城市跨入中等收入阶段之后，消费的新动力是人们对体验消费、时尚消费、品牌消费、审美消费、教育消费等方面的需求，也就是既需要"硬创新"，也需要"软创新"。所以，一个世界级大城市群的一体化可持续发展，必须以文化创新作为强大动力，从供给侧和需求侧两端为激发新动能、促进新消费而作出贡献。

正是从这个意义上说，长三角要承担起国家的重托，建设世界级的大城市群和亚太地区的门户，成为新时代中国现代化建设的"一极三区一高地"，必须把文化产业的高质量一体化发展作为重要内容。所谓"高质量"是指要真正成为全国文化产业发展的活跃增长极和升级样板区，担当起中国参与世界文化产业的国际枢纽和亚太门户的作用。所谓"一体化"是指要实现长三角四省市文化产业在投资、政策、市场、人才、对外开放等层面的互联互通，形成一个紧密联系的整体。"高质量一体化"这两者是辩证统一的，又有机联系在一起。

这一要求不但体现了国家战略的深刻内容，而且体现了长三角特

有的产业优势，是因势利导、顺势而为之举。自从中国文化产业在 20
世纪 90 年代中期正式起步以来，长三角就逐步成为了中国文化产业
的强大增长极，在全国文化产业规模中占有三分之一左右的比重。以
2017 年为例，长三角的四省市各显优势，优势互补。其中，上海大力建
设现代文化产业体系，突出影视、演艺、艺术品、出版等八大重点领域，
全市文化产业增加值达到 2 081.42 亿元，占 GDP 比重达到 6.8%[⑰]；
江苏省依靠丰沛的文化资源和强大的经济实力，聚焦于文化科技融合
等环节，全省文化产业增加值达到 3 979.24 亿元，年均增长率超 10%；
浙江省全面贯彻"八八战略"，把一张蓝图绘到底，全省文化及相关特
色产业增加值为 3 744.68 亿元，增速达到 15.8%，占 GDP 比重为
7.23%；安徽省落实"文化强省"的战略，通过供给侧的结构性改革，推
动文化及相关产业的增加值达到 1 088.3 亿元，增长 11.5%，文化及相
关产业增加值占 GDP 比重在中部地区名列前茅[⑱]。在全国按主要区
域划分的环渤海、东北、西北、西南、中部、东南、长三角等七个区域中，
长三角四省市文化产业增加值占 GDP 的平均比重达到 5.67%，为全
国占比最高的地区，也是全国七个地区中第一个实现地区文化产业增
加值占 GDP 比重超过 5%，成为国民经济支柱产业的地区[⑲]（见图 1）。

图 1　长三角文化产业增加值及占 GDP 的比重(2010—2017)[⑳]

从 2010 年以来,在国内外经济形势不断变化,国内经济下行压力加大,国际贸易走势低迷的情况下,长三角文化产业增加值稳步增长,它占全国总量的比重始终保持在 30% 以上。2017 年长三角四省市的文化产业增加值达到 10 893.64 亿元,占全国文化产业增加值总量34 722 亿元的 31.3%(见图 2)。这也是全国七大地区中文化产业增加值占全国总量比重最高的地区,而且历年占七大地区的榜首。这为长三角文化产业贯彻高质量一体化发展的方针,打下了坚实基础。

图 2　长三角文化产业增加值及占全国总量的比重(2010—2017)[21]

三、优势资源与共有文化基因

(一)宝贵基因:江南文化的现代价值

长三角是中国区域一体化建设起步最早、大城市群机制发育最为成熟的地区。早在改革开放之初的 1982 年,上海经济区就率先成立。它在不改变行政隶属关系的条件下,探索上海及苏州、无锡、嘉兴等周边城市的协调发展;1992 年国务院界定长三角地区范围,正式设立浦东新区,推动了长三角地区的开放发展;1994 年上海牵头建立长三角城市协作部门主任联席会议,首次提出构建长三角城市群的概念,并且为此进行了长达数十年的持续努力。党的十八大以来，长三角一体化发展取得更加显著的成效，经济社会发展继续走在全国前列，四省市开放合作协同高效，形成了通江达海、承东启西、联南接北、辐射亚太地区的综合优势，常住人口城镇化率超过 60%。在这样良好的基础上，长三角文化产业推动高质量一体化发展，就要进一步发挥长三角的文化优势，既加强以江南文化为基础的共有文化纽带，又培育各具特色的丰富文化形态，从而建立彼此高度认同、共享文化基因、各显自身的发展优势。

从长三角共有的文化基因看，"文化之江南"是在"地理之江南"和"经济之江南"基础上建立起来的，并且进一步丰富了后世之"世界之江南"的内涵。在《二十四史》中，最早出现"江南"的文字是《史记·五帝本纪》："舜……年六十一代尧践帝位。践帝位三十九年，南巡狩，崩于苍梧之野。葬于江南九疑，是为零陵。"这里所指的是广义的地理"江南"。而根据历史传统，狭义江南即长三角地区是"水乡江南"，是江南文明之核心区的典型代表。长三角位于江海交汇之处，往内陆可以沿万里长江而深入中国腹地，直达皖赣、湖湘、荆楚、巴蜀、青藏地区，往海洋可以进入太平洋，直达世界五大洲主要国家的港口。

随着京杭大运河在隋朝（7世纪）和元朝（13世纪）的两次大规模扩展，江南获得了四通八达的水网，加强了南北的贸易往来，增强了江南作为中国最富庶地区对于中国政治和经济格局的深远影响，也吸取了中原文化中的有益因素[②]；明初的苏州被誉为"财赋甲天下，词华并两京"，恰好可以代表江南文化的特色：经济的高度富庶与艺术的精致昌盛双峰并举。而 1840 年以后，上海等城市的对外开埠，加强了东西方的贸易。跨越大洋的远距离贸易，为江南地区带来了依赖商业信用和契约关系所形成的"陌生人合作纽带"，极大地超越了乡土经济和原住民社会的封闭性。江南文化和西方文明相互碰撞而形成了一种崭新的文化，带动整个江南地区发展成为"世界之江南"。现代的江南文化不是单纯的地域文化，而是由南北文化、中西文明融合而成，集华夏文明与世界潮流之精华。江南地区依托于"四水"航运（长江、大运河、江南水网、海运），不仅成为了商品流通的中心，而且塑造了对外开放的性格，可以与成千上万公里之外的国际客户进行远洋贸易和商业合作，由此诞生了"不贵空谈贵实行"，重商致用、兴利济民的社会共识。在这个基础上形成的江南文化，其特点是务实、崇商、惠民、重信，而且精致、开放、多元，充满了诗性和审美情趣。正所谓："日出江花红胜火，春来江水绿如蓝。能不忆江南？"江南文化崇尚审美和艺术，在各个领域包括绘画、诗词、小说、演艺、工艺、建筑、音乐、园林、服饰等，都达到了前所未有的优秀和繁荣程度，被有关学者专家评价为中华文化长河中，自先秦文化、唐宋文化以来的第三座辉煌的高地㉓，是中华文化的三大高峰之一。

（二）文化谱系：自成一体和多样形态

中国学者刘士林教授指出：自成一体的、具有独特的结构与功能的某种区域文化，通常具备两个基本条件：一是区域地理的相对完整性；二是文化传统的相对独立性。江南文化正是这样一种相对独立的文化体系。它在本质上是一种诗性文化，代表了我国区域文化在审美和艺术上的最高水准，是中国本土最符合马克思"人的全面发展"和"按照美的规律来建造"的思想文化谱系㉔。海内外许多专家和艺术家直接以"诗画江南"来描述它，这一文化理念在长三角高质量一体化发展的背景下获得了政府和各界的高度重视，并且在现代意义上付诸了实践。如 2019 年 12 月浙江省人民政府颁布《浙江省诗路文化带发展规划》，提出打造浙东唐诗之路、大运河诗路、钱塘江诗路、瓯江山水诗路"四条诗路"，串联起诗画山水之"链"，成为浙江的魅力人文带、富民经济带和黄金旅游带，打造现代版的"富春山居图"。这正如马克思所说："动物只是按照它所属的那个种的尺度和需要来建造，而人却懂得按照任何一个种的尺度来进行生产，并且懂得怎样处处都把内在的尺度运用到对象上去；因此，人也按照美的规律来建造。"⑳现代文化产业是以创造精神文化内容为主的经济活动的集合，它的核心价值超越了"真"和"善"，并在更高的意义上实现了"美"。江南文化作为崇尚诗性和审美的文化体系，为长三角地区发展现代文化产业提供了宝贵的文化基因。一个地区有没有这样的优秀文化传统，实在是大不一样的。

江南文化不但崇尚诗性和审美，而且具有沟通南北、汇中西文明的巨大包容性。这使得江南地区特别是长三角城市群所拥有的文化资源，具有丰富的特色，形态多样，各有千秋，又多元互补。从城市规模来看，现代长三角城市群大致可以分为五种类型：一是超大型城市上海，常住人口近2 000万人，2019年GDP总量达到3.8万亿元；二是特大型城市南京，人口规模1 000万人；三是大城市，人口规模达到100万到500万人，包括苏州、杭州、合肥等，其中苏州的GDP接近2万亿元；四是中等城市，人口规模达到50到100万人，包括嘉兴、舟山、镇江等；五是小城市，人口规模约50万以下，包括昆山、东阳、张家港、桐乡等㉑。这些城市的建立年代相差很大，在时间轴上形成了错落有致的坐标。它们同属于江南文化的谱系，又以各自的特色丰富了江南文化的内涵。

从表3中可以看出，位于长三角城市群"一核五圈"的六个重点大城市，分别在公元前400多年、公元400多年和公元1 400年之后，逐渐形成了基本的雏形，而它们中的每一个，又把江南文化的多样特色发育得非常充分。古老的石头城在公元三世纪到六世纪随着东吴、东晋、宋、齐、梁、陈六朝的大规模建设，成为了中国长江以南最富庶的大城市；1368年明太祖朱元璋定都南京，建立了当时全国政治、经济和文化的中心；由大运河所贯通的杭州和苏州则以优美绝伦的山水风光和人文成就，成为吴文化和越文化的中心，在历史上被誉为"南剑北萧"；它们连同周边的扬州、无锡、嘉兴、湖州等城市在建筑、园林、工业、工艺、服饰、文学、戏剧等方面创造了辉煌的成就，成为无数人梦魂萦绕的名胜之地。它们以"二十四桥明月夜，玉人何处教吹箫"的典雅品质，推动了中国近现代美术、教育、音乐、戏剧、文博等的开创性业绩；而从 17 世纪开始，宁波就成为钱庄与航运的重镇，为整个江南地区输送了宁波商帮和商业文化的活力，影响远达东南亚。至于国际化大都市上海，原先只是一个小渔港。在开埠后的 100 多年里，它利用连接东西方文明的区位优势和航运便利，迅速崛起为远东最大的城市，成为 20 世纪以来中国最重要的金融中心、经济中心、贸易中心和航运中心，并且培育出江南文化的现代版海派文化。古都、巨港、名园、名宅、商埠，大江、深湖、寺庙、名校、工厂，自然景观和人文资源，科学成果与匠人匠心如此高度集中在长三角地区，达到中国历史上的极致水准，为江南文化的整体繁荣创造了重要条件，成为世界罕见的一大文化资源富集高地。

表 3　长三角城市群"一核五圈"重点城市形成过程[27]

年代	南京	杭州	苏州	合肥	上海	宁波
公元前 472 年	建越城	建于秦朝（钱塘）	秦代：吴郡治（公元前 22 年）	合肥县（公元前 1220 年）		
221—280 年	金陵				渔村	
317—420 年（东晋）	建邺	杭州	东吴		青龙镇	400 年建宁波
420—589 年	建康	开六井	苏州	合肥县（581 年）	唐天宝（746 年）	
937—975 年（南唐）	金陵	临安府	苏州		上海镇（1250）	
1421 年后(明)1853—1864 年1911 年	南京天京南京	筑城（1359）杭州城（1620）		合肥市（1949）	青龙镇上海港(明)上海市	宁波港宁波

（三）创意城市：历史和创意相辅相成

长三角所承载的江南文化传统，既有崇实、重商、精致、开放、多元，诗性和审美的共性基因，又包括了各个历史时期和各个城市所创造的个性化成果；既传承了中国本土自管子、墨子、商鞅、荀子、陈亮、叶适等人延续至今的经世致用主张，又在高度的开放中包容了来自欧美、东亚和东南亚的科技成果和文化元素，形成了包括海上画派、金陵画派等在内的近代优秀艺术成果。跨入 21 世纪以来，在联合国教科文组织全球创意城市的评选中，长三角地区入选的就有上海——设计之都(2010 年)、苏州——民间文化与手工艺之都(2014 年)、杭州——民间文化与手工艺之都(2014 年)、南京——文学之都(2019 年)、扬州——美食之都(2019 年)五座，占中国拥有创意城市总数的 35%。正如联合国贸发会议在《创意经济报告》中所说：联合国倡导"创意城市"的意义，是因为"城市有一种关键资源——它的人民，人的智慧、欲望、动力、想象力和创造力取代了地理位置、自然资源和市场通路而成为城市的资源。"建设创意城市有助于激发城市人民的创造性和想象力，并且把它们转化成为可增值、可投资的文化资产和社会财富。

这些长三角城市在申报创意城市的时候，都强调了自己对江南文化遗产的传承，努力把它们开发成为现代文化资产，形成可投资、可流通、可增值的文化财富。如南京在 2017 年以来申请"文学之都"这个过程当中，就特别强调南京与江南文化的深刻关联："让绵延数千年的中国江南文化历史在世界级的交流平台上得到展示"。中国历史上第一个"文学馆"、中国历史上第一部诗歌理论和批评专著《诗品》、中国历史上第一部文学理论批评专著《文心雕龙》、六朝时期最早的诗文总集《昭明文选》、明清以来的《红楼梦》《儒林外史》等文学巨作等都诞生在南京；鲁迅、朱自清、俞平伯、巴金、张恨水、张爱玲等著名作家和刘海粟、吕凤子、徐悲鸿、张大千、颜文梁、吕斯百、傅抱石、高剑父等著名艺术家也都跟南京有着千丝万缕的关系。诺贝尔文学奖获得者——赛珍珠写的《大地》系列三部曲,就是她在南京时期所完成的。南京作为六朝古都、十朝都会、江南重镇,将以绵延近两千年的文化艺术脉络,以厚积薄发之力,为建设全球创意城市积累强大的动能。这正如研究创意城市的英国学者查尔斯·兰德勒所指出的:"发挥创意并不意味着只关心新事务。相反,你要愿意以灵活的方式,去检视并重新评估一切状况……由于伟大的成就往往是新旧的综合体,所以历史与创意得以相辅相成。㉚"

四、互联互通与打造产业集群

(一) 必然趋势:文化产业的集聚发展

长三角是全国文化产业集聚度最高,拥有文化产业集群最多的地区。这是它推动文化产业高质量一体化发展的重要基础。从全球范围看,世界级大城市群与主要文化创意产业集群之间存在深刻的必然联系。从美国东北部大西洋沿岸城市群的设计、媒体和娱乐产业集群、伦敦中南部城市群的创意设计和数字内容产业集群、欧洲西北部城市群的会展和设计产业集群、日本太平洋沿岸城市群的动漫游戏、数字内容和媒体产业集群等,都成为国家文化软实力的重要代表,也成为推动世界级大城市群不断升级的活力引擎。

联合国教科文组织认为:"文化产业就是按照工业标准,生产、再生产、储存以及分配文化产品和服务的一系列活动"。文化产业"连接了无形的文化内容创作、制造与商品化过程。这些内容通常受著作权法保护并可以采用产品或者服务的方式"㉛。文化产业的集聚发展指的是在一个边界清晰的区域内,以一个主导产业为核心,吸引大量彼此联系密切的大中小企业和机构在空间上集聚,从而形成可持续的竞争优势。各种文化产业集聚区是它们的物质载体,规范化的文化产业园区是它们的管理形态,而文化产业的集群则是它们发展的高级形态。文化产业集群是一个有机的经济整体，它不仅包括主要的企业群体，而且还包括相关的政府机构、研发中心、金融机构、中介机构等。培育强大的文化产业集群，已经成为大城市群增强文化软实力的核心举措之一（见图3）。

世界前三、中国第一的	会展中心城市
全国规模最大的	数字出版产业集群
全国规模最大的	网络电台和网络教育基地
全国规模最大的	网络文学集群
全国规模最大的	对外文化贸易集群
全国规模最大的	影视生产综合基地
全国规模最大的	电视剧生产与流通平台
全国主要的	动画电视生产基地之一

图3 长三角文化产业集聚发展的优势

大量数据显示，长三角文化产业高质量一体化发展的澎湃活力，在于它多年来在多个细分市场领域形成的优势文化产业集群。这与长三角强大的经济基础、广阔的国际辐射、丰厚的人文资源、奋发有为的政府推动密切相关。长三角拥有中国最大的会展中心城市和会展产业集群，拥有中国最大的数字出版产业集群，拥有中国规模最大的网络音频服务平台和网络教育基地，拥有全球规模最大、全国市场占有率最高的华语正版网络文学平台，拥有全国产量最高的电影和电视剧制作基地之一、全国规模最大的文化小商品交易中心等。

中国已经成为全球会展大国之一，而长三角在全国会展市场中占有举足轻重的地位。根据中国会展经济研究会每年颁布的《中国展览数据统计报告》，在2018年全国十大会展城市中，上海排第一位，举办展览994次，占全国比重为9.13%，展览面积1 906万平方米，占比为13.19%；南京为第五位，举办展览516次，占比为4.74%，展览面积

490 万平方米,占比为 3.39%[②]。从 2014 年以来,上海和南京连续保持全国十大会展城市排行榜上第一名和第五名的位置,上海也被国际会展界公认为与纽约、伦敦并列的三大世界会展中心城市之一;长三角还是中国数字出版的核心地区,2008 年 7 月 16 日,全国第一个国家数字出版基地在上海张江挂牌成立。上海网络文学整体规模已占全国市场的近 80%。以上海为基地的阅文集团旗下囊括 QQ 阅读、起点中文网、新丽传媒等业界知名品牌,作为国内引领行业的正版数字阅读平台和文学 IP 培育平台。它拥有 1 170 万部作品储备,780 万名创作者,覆盖 200 多种内容品类,触达数亿用户,已成功输出《鬼吹灯》《盗墓笔记》《琅琊榜》《全职高手》《扶摇皇后》等大量优秀 IP 改编为影视、动漫、游戏等多业态产品,并且在香港联交所主板公开上市。

(二) 持续升级:创新成为主旋律

近年来,长三角的文化产业集群正在逐步从规模优化迈向创新型集群。其重点是建立一种创新型的组织架构,让所有参与该网络的企业共享创新的成果,以带动周边地区文化产业的发展,输出资金流、技术流、信息流。这种产业集群包含三层:核心层、联接层和相关层。第一层核心层,是由一个或者多个领军企业和研发机构所组成,具有创新研发的强大动力;第二层联接层,包括大量的服务商、供应商、相关的中小微企业和配套服务机构;第三层是相关层,包括为产业集群提供服务的外部政策和环境。经常有这种情况:中小企业具有强烈的创新愿望,而它们的成果可以很快地被大型企业和投资基金发现,从而获得有效的投资匹配,加快了创新成果的市场化和产业化转化过程。

长三角文化产业升级的基本动力来自创新型的企业。它的一批重点文化产业企业把创新作为内生的增长动力,激发创新的企业家精神、创意领导力和创新组织化管理,在三个战略维度上不断推进。第一,价值创新和成本创新,即通过技术创新和内容研发而率先开发新领域,形成新的价值链。如喜马拉雅 FM,率先开发"耳朵经济",手机用户规模突破 2 亿,成为国内规模最大的在线移动音频分享平台。第二,市场创新和容量创新,即敏锐把握整个大市场环境的变化,促进产业链上下游环节的联动,开拓大容量的蓝海市场。如上海"灵石中国电竞中心",集聚了 EDG、拳头游戏、视拳、量子体育、香蕉游戏等一批电竞企业,形成了内容制作、赛事运营等电竞生态。第三,学习创新和边界创新,从产品消费到服务消费再到体验消费,不断突破已有的产业边界,通过延伸服务链而激发消费市场的潜力。如宋城演艺打造六大强项,即演艺宋城、旅游宋城、国际宋城、科技宋城、IP 宋城、网红宋城,成为全世界规模最大的演艺娱乐企业。

正因如此,长三角成为全国范围内拥有文化产业领军企业最为密集的地区之一。长三角拥有的全国文化企业 30 强数量最多,在连续 11 届评选出的全国文化企业 30 强共 330 家(次)中,长三角占总数的 34%,包括上影集团、东方明珠、世纪出版、凤凰出版、宋城演艺、华策影视、安徽出版等,在各地区中遥遥领先。长三角四省市在 2018 年全国文化传媒类主板上市公司中占有 33.8%(见图4、图5)。它们并非各立山头,而是在各个细分领域发挥了"一马当先,万马奔腾"的领军作用,形成了创新研发的引领作用,成为文化产业集群的核心力量。

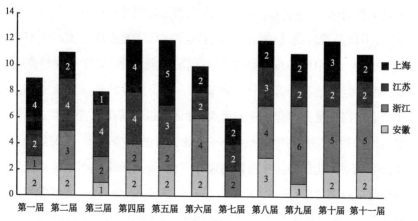

图4 长三角四省市拥有的全国文化企业 30 强㊿

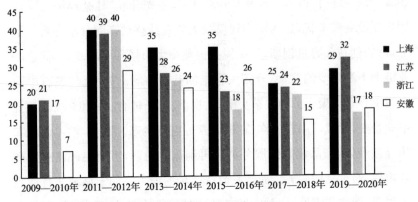

图5　长三角拥有的国家对外文化出口重点企业数量(家)⑥

（三）互联互通：数字经济的"五全基因"

2018 年联合国贸发会议报告《创意经济的前瞻——创意经济的国际贸易趋势》指出，创意经济推动了创新和知识的转化，用最小的物质消耗创造了双重的商业和人文价值："创意经济兼有商业和文化价值。它的双重价值在于既推动了全球治理的扩张，又成为经济多样化战略的组成部分。⑳"这就必然要求文化产业迈向高质量发展，即高附加值产品、高质量服务、高效率投入产出所组成的"三高"模式。那种依靠大规模的资金、土地和自然资源投入来增加低附加值文化产品生产的模式，不但是难以持续的，也是违背现代文化产业发展主流和生态文明要求的。在中国迈向世界创新强国的大背景下，文化产业创新驱动、优胜劣汰、逐步向高度化发展将是一个历史性的趋势。长三角文化产业向高质量一体化迈进的重点，就是加强市场在配置要素方面的决定性作用，充分发挥领军企业和产业集群的优势，同时形成互联互通的全域一体化优势。在路径的选择方面，长三角文化产业必须充分利用数字经济的"五全基因"，即"全空域、全流程、全场景、全解析和全价值"。㉑这种五全基因对文化产业的产业链和创新链的精准对接产生了深远的影响。产业链是一个完整的产业面向市场需求而形成各个企业间的协作关系；创新链是以某一个创新主体（大专院校、科研机构、研发中心、重点实验室等）为核心，形成多元主体协同配合的集合。创新链的本质是创新供给与生产需求的关系。长三角要提升文化产业的竞争力优势，应该充分发挥数字经济的全流程、全场景、全解析和全价值的特点，以产业链为引导，以创新链为驱动，以创新成果的研发和产业化应用为归宿，最终在全球文化产业的大格局中形成竞争力优势。

连续多次名列全国文化企业 30 强的宋城演艺，在世界演艺企业规模上位列第一，也是中国旅游演艺上市公司第一股。它强调："一切源于文化，一切围绕文化"，以城市文化的挖掘驱动演艺产业的发展，创造了年演出场次第一、年观众人数第一、年演出利润第一、剧院数第一、座位数第一的世界纪录，成为全世界规模最大的演艺娱乐公司。宋城演艺每年演出 15 000 多场、每年吸引观众 5 000 多万人次。在长三角一体化发展的背景下，宋城演艺在杭州、萧山、上海等地积极开展线下布局，而且利用"六间房"平台，集聚了 29 万名签约主播，每个月的活跃用户达到 5 621 万人次，每天直播时间超过 6 万小时，创造了中国和世界演艺历史的全新纪录㉑。中国电视剧上市公司第一股华策影视，于 2013 年并购了全国第二大影视公司——上海克顿传媒，成为行业龙头企业。它聚焦于电视剧、电影、综艺三大精品内容，年产精品电视剧高达 1 000 集、电影数十部、综艺十余档，其规模产量、全网播出量、市场占有率、海外出口额稳居全国前列，在全国电视台收视和视频网络排名前十部电视剧中占比 30%，网络年总点击量破 1 000 亿次。它以内容为核心全面布局泛娱乐产业，包括在长三角核心区域—上海松江科技影都，由它的母公司重点投资项目—首期用地 77 亩、投入资金超十亿元的长三角国际影视中心在 2020 年正式启动建设。它将作为拉动沪浙苏皖四省市的"G60 科创走廊"的重要项目，推动从剧本研发、拍摄、服化道置景、美术直到后期制作的整体联动。

(四) 平台助力:加快形成流量经济

长三角文化产业迈向高质量一体化发展,必须要适应数字经济背景下全球产业要素流通的规律,积极建设各个细分领域的专业服务平台,并且通过高端集聚,使产业要素流通加速。2018 年 11 月,首届长三角国际文化产业博览会在上海隆重举办,汇聚了来自长三角和海内外的 330 多家企业,形成了 10 个长三角文化产业专业联盟与合作平台,还有更多的专业平台在筹备和建设中。这显示了上海和长三角文化产业联动发展的强大活力。在互联互通、快速迭代、海量流通的数字经济时代,它们采用跨域合作、专业整合、协同推进的方式进行合作,其中包括长三角红色文化旅游区域联盟、长三角动漫产业合作联盟、长三角文创特展产业联盟、长三角文旅产业联盟、长三角影视制作基地联盟、长三角文化装备产业协会联盟、长三角 XR 创意媒体发展联盟、长三角文化金融合作服务平台等。它们连同已经有序运行多年的中国(义乌)文化产品交易博览会、中国国际动漫游戏博览会、ChinaJoy、中国上海国际艺术节演出交易会等大型会展交易平台,形成了一个规模庞大的平台体系,正在创造规模惊人的流量经济。

这些平台覆盖整个长三角地区,利用统一的供应链管理信息系统,管理了多用户、多供应商、多渠道的订单程序,包括用户数据、需求分析、内容搜索、产能分配、仓储运输等,实现用户与供应商、服务商的精准连结。它们对于用户来说,是一个可靠而灵活的低成本文化内容供应源;而对于生产商来说,是一个通往分散小众市场的海量渠道。它促进长三角文化产业跳出了本地化的狭隘空间,进入一个互联互通的巨大市场中,形成以流通为导向的运行模式。正如中国专家陈文玲所指出的:中国形成了超大的市场优势和内需潜力,2018 年市场规模大约为 363 万亿元,2019 年可能会达到 400 万亿元,"中国现在不但有市场规模,还会形成现代流通核心竞争力".⑰如长三角文化金融合作服务平台就是由上海徐汇及南京、杭州、宁波、绍兴、蚌埠 6 个长三角的市、区联合发起的。徐汇区作为上海文化金融合作试验区,正在探索文化与科技、金融跨界融合的新模式,而南京正在打造文化金融服务中心,杭州则在构筑文创融资的服务链。该平台针对长三角的文化企业进行融资项目的征集,共收集到 60 余个优质融资项目。目前这些平台的流通能量还不够强大,对长三角各市区县的渗透力还不够深入,但是它们预示着长三角文化产业以重点集群为基础,以网络平台为节点,以市场流通为导向,迈向一体化发展的方向。

五、开放优势与建设亚太门户

(一) 结构升级:培育外向型文化企业

长三角文化产业的高质量一体化发展,其重要内容是树立对外文化开放的新优势,以向内陆地区辐射和向亚太地区辐射的两大扇面,成为全球文化产业的国际枢纽和亚太门户。中国是全球化的参与者、贡献值和受益者,而长三角是中国参与全球化最为领先和最有深度的地区之一。根据中国学者张辉的研究,在有统计数据的 188 个国家和地区中,中国对外出口商品中最终消费品占所统计国家和地区前五位的有 123 个,中间品占所统计国家和地区前五位的有 73 个;从中国自国外进口的商品中,最终消费品占所统计国家和地区前五位的有 60 个,中间品占所统计国家和地区前五位的有 74 个。全球大约有三分之二的国家通过中间品和最终消费品贸易与中国紧密地联系在一起⑱。从宏观上看,在全世界商品的循环大体系中,中国已经处于中间枢纽的位置,广泛联系着世界上大部分的发达经济体和发展中经济体,这在文化产业和文化贸易领域也有相应的表现。根据联合国贸发会议颁布的数据,中国已经成为全球增长最快、规模最大的文化创意产品出口国,但是在文化创意的服务出口方面,中国仍然存在逆差。有鉴于此,中国在对外文化贸易方面,不仅仅要扩大规模,更要优化结构,加快产业升级。而要完成这一任务,必须培育一大批外向型和国际化的文化企业。

为适应这一产业升级的需求,长三角文化产业形成了全国规模最大的国家对外文化出口重点企业集群和重点项目集群,并连续 10 年在全国保持了规模的优势。长三角在首批 13 家国家对外文化出口基地中占有 4 家。在商务部连续颁布的历年国家对外文化出口重点企业中,长三角拥有的数量约占全国总数的 1/3,其中包括上海世纪出版、上海今日动画、江苏译林、江苏原力动画、浙江华策影视、浙江华谊兄弟、安徽华文国际经贸等一大批生机勃勃的文化出口重点企业。

(二) 双向流通:从引进到输出

长三角文化产业参与全球的产业链和供应链,是一个从引进消化到创新输出,进而促进双向流通的升级过程。长三角城市群要打造文化产业对外开放的新优势,不是一蹴而就,也不是单向输出,而是在这种双向流通的过程中,逐步熟悉国际文化市场的规则,吸引自己所需要的高端文化资源,对接世界优秀的文化艺术人才、机构和作品,同时提升自身的国际化运作水准和输出质量。如由中法两国领导人共同推动的"西岸美术馆与蓬皮杜中心五年展陈合作项目"在 2019 年 11 月正式对外开放,法国总统马克龙与时任上海西岸文化艺术委员会主席方世忠共同为之揭幕。在五年内,西岸美术馆计划呈现 3 个常设展和 10 个左右的特别展,展陈内容由西岸美术馆和蓬皮杜中心共同策划。蓬皮杜中心是国际上最重要的现代艺术收藏和展览中心之一,也拥有世界上最出色的新媒体艺术馆藏。它也将通过这一纽带，向法国和世界观众展示中国优秀艺术的魅力与价值。这些项目具有意味深长的象征意义：长三角文化产业的高质量发展，必须在不断扩大对外开放中推进中华文化走向世界，促进"东风西渐"和"西风东渐"的交融，形成"全球智慧、高端融合，联合出品，人类共享"的模式。

长三角文化产业打造对外开放的新优势，对于全国都具有示范的意义。改革开放以来，中国从原先一个被隔绝于世界经济体系之外的发展中国家，迅速发展为站立于世界舞台中央的大国。中国融入世界文化贸易体系的路径，具有鲜明的特色和创新性。它既不同于美国和英国等西方发达国家长期积累的文化贸易优势，也不同于韩国等后起的东亚经济体采用的追赶战略，而是既坚持中国自身的核心价值观念和优秀文化传统，又顺应国际文化贸易的规则，为世界贡献更多的中国文化财富。这一过程往往是从吸引国际跨国公司的文化投资开始，扩大先进文化技术、关键设备和优质内容的进口，使本土资源和国际要素获得优化组合，又在这个过程中通过自主创新，培育自身的高端文化生产能力，发展技术密集型、资本密集型、版权密集型的文化项目，努力进入全球文化产业价值链的中高端，把中国优质的文化产能向外输出，扩大中国在全球文化贸易市场上的话语权。这个前所未有的开拓过程，迫切需要长三角发挥首发、首创、首展、首创的示范和探索作用。比如上海国际艺术品保税服务中心的功能设计，展现了自贸区作为国家试验的创新意义和世界级的综合服务水平。该中心建筑面积 6.83 万平方米，是全球面积最大的艺术品综合保税仓库。它对标国际标准，安防等级达到美国 UL Class2。它集艺术品仓储物流、展览展示、拍卖洽购、评估鉴定、版权服务、金融服务六大功能于一体，依托上海自贸区境内关外的政策优势，开展保税/非保税展示、拍卖、交易、租赁等服务，而且包括"国际艺术品保税临时出区展示""国际艺术品海关保证金代垫""国内艺术品交易税费补贴"

等便利化措施，给来自全世界的艺术品投资商营造了一个固若金汤、便捷高效的"家"。

（三）高端整合：参与国际合作与竞争

长三角文化产业在新时代中国对外文化开放中正在发挥越来越重要的作用。这首先是由长三角的地缘优势所决定的。中国首倡的"一带一路"为中国文化产业的发展提供了新的空间视野，"一带一路"和"长江经济带"在空间上形成了三大发展轴：第一，为沿海发展轴，由中国沿海 11 个省市，形成了海上丝绸之路的动力长廊；第二，为亚欧大陆桥发展轴，从东海之滨的江苏连云港开始，向西通过海陆联动江苏、安徽、河南、山西、甘肃、青海、新疆 7 个省和自治区，从阿拉山口出境联动西亚、中亚和欧洲，进入地中海和大西洋沿岸，是新丝绸之路陆上经济带的主线之一；第三，为"长江经济带"发展轴，它包括上海、江苏、浙江、安徽、江西、湖北、湖南、四川、重庆、贵州、云南 11 个沿江省市，并且通过中南半岛铁路网，联接东南亚及南太平洋和印度洋。中国学者王战等指出：这三条发展轴，如同一个巨大的"π"字型战略[⑩]，而长三角正是在"π"字型战略的交汇点上；长三角打造对外文化开放的新优势，与它作为世界级大城市群的巨大包容性密切相关。正如《全球城市》的作者萨斯基娅·萨森所指出的："全球城市既是为生产、也是为执行多样化与复杂化的中介功能的极端空间。"[⑪]

近年来，长三角服务"一带一路"大局，积极打造体现国际文化融合的重大项目和重大平台，有一些成果堪称世界首创。它们实践了打造人类命运共同体的理念，推动了国际文化产业和艺术成果的互联互通。在 2015 年第十七届中国上海国际艺术节论坛期间，来自 18 个国家的 22 个艺术节代表联合发出倡议。到了 2017 年第十九届中国上海国际艺术节时，"丝绸之路国际艺术节联盟"在上海正式成立。这是中国首倡的"一带一路"建设在人文合作方面的一个重大收获，也是历史上首次由一百多个国家和地区的艺术机构共同成立的国际艺术节联盟。它经过多次扩容，截至 2019 年，共有来自 44 个国家和地区的163 家艺术机构加盟，包括印度德里艺术节、罗马尼亚锡比乌国际戏剧节等。该联盟以"多样、合作、促进、示范"为宗旨，贯彻联合国倡导的文化多样性的主张，在节目展演、合作制作、共同委约、人才培训等方面展开了富有成效的合作。随着长三角一体化发展的日渐成熟，除了上海、南京和杭州等超大城市和中心大城市，还有更多的大中小城市参与到国际文化产业的合作与竞争中，在多个领域承担起流通枢纽的作用。据统计，长三角的苏浙皖三省共占全国百强县的 47 席⑫，涌现了一大批产业强市（县）和经济强镇。这些中小城市的强劲竞争力和外向型经济为它们进入全球文化贸易链提供了重要基础。

六、结　语

从整体上看，长三角文化产业已经成为全国范围内跨省市的合作机制最为有效、文化产业集群最为强盛、国际文化合作和贸易最为活跃的地区之一。这一充满生机的系统是有效市场、有为政府、有益文化等诸要素协同作用的结果。正如诺贝尔奖获得者赫尔伯特·西蒙（Herbert Simon）指出：社会系统是设计出来的，而非自然命定的。它依赖看问题的新鲜角度，追求更加有价值的理想和更加睿智的策略⑬。从这个角度来看，长三角文化产业的高质量一体化发展，体现了这一重大战略的设计者和建设者所拥有的远见卓识和优秀的执行能力。未来在这方面的研究，将在长三角文化产业高质量发展的研究深度上，在与世界大城市群同类内容的横向比较上，随着实践的发展进一步展开，提炼出它的创新性和引领性的规律和路径，为学术界和产业界提供富有价值的时代启迪和中国经验。

注 释

① Jean Gottmann：Megalopolis，The Urbanized Northeastern Seaboard of the United States. The MIT Press，1961.

② 乔尔·科特金：《新地理：数字经济如何重塑美国地貌》，王玉平译，社会科学文献出版社 2010 年版，第 245 页。

③ [英]查尔斯·兰德勒：《创意城市——如何打造都市创意生活圈》，杨幼兰译，清华大学出版社 2010 年版，第 343 页。

④ 姚士谋、朱英丽、陈振光等：《中国城市群》，中国科学技术大学出版社 2001 年版，第 193 页。

⑤ 朱荣林：《走向长三角：都市圈经济、宏观形势与体制改革视角》，学林出版社 2003 年版，第 21 页。

⑥ 姜卫红、胡亚龙：《世界第六大城市群》，上海社会科学院出版社 2010 年版，第 15 页。

⑦ 吴锋、孟磊：《长三角文化产业发展研究》，上海三联书店 2014 年版，第 194 页。

⑧ 刘士林：《江南文化助力长三角打造"不一样"的世界级大城市群》，《上观新闻》2018 年 11 月 5 日。

⑨ 李思屈：《打造长三角海洋文化创新经济带》，荣跃明、花建：《上海文化产业发展报告 2020 年》，上海人民出版社、上海书店出版社 2020 年版 221 页。

⑩《邓小平鲜为人知的上海情结》，《新浪历史》2015 年 12 月 7 日。

⑪ 邓小平：《视察上海时的谈话》，《邓小平文选》第三卷，人民出版社 1993 年版，第 386 页。

⑫ 中共中央、国务院印发《长江三角洲区域一体化发展规划纲要》，《中新网》2019 年 12 月 2 日。

⑬ 国家发展改革委、住房城乡建设部印发的《长江三角洲城市群发展规划》，2016 年 6 月 1 日，国家发改委官方网站。

⑭ 本文作者根据 One New York：The plan for a Strong and Just City，www.nyc.gov 等资料综合绘制。

⑮ [美]理查德·佛罗里达：《重启——后危机时代如何再现繁荣》，龙志勇、魏蔚译，浙江人民出版社 2014 年版，第 7 页。

⑯ NESTA：Soft innovation — Towards a more complete picture of innovation change，July 2009 ，P.5.

⑰ 中共上海市委宣传部等：《2018 年上海文化产业发展报告》，《中国经济网》2019 年 3 月 14 日。

⑱ 王彦：《向海而生的长三角，共谋文化产业"龙头"起舞》，《文汇报》2018 年 11 月 29 日第三版。

⑲ 参看李炎、胡洪斌：《中国区域文化产业发展报告》，社会科学文献出版社 2018 年 10 月版，第 3 页。

⑳ 本文作者根据各方面数据综合绘制。

㉑ 本文作者根据各方面数据综合绘制。

㉒ 京杭大运河的部分河段从春秋时期就开始建设。至元三十年(1293)元代大运河全线通航，航运可以由杭州直达元大都(今北京)，形成了京杭大运河这一贯通南北的大动脉。

㉓ 王战：《从"仁义礼智信"到"信义仁智礼"，江南文化因何独树一帜?》，《上观新闻》2019 年 11 月 17 日，https：//www.jfdaily.com/news/detail? id＝188995。

㉔ 刘士林：《不能"见物不见人"》，《上观新闻》2018 年 11 月 5 日。

㉕ 《马克思 1844 年经济学哲学手稿》人民出版社 2002 年版。

㉖ 国家发展改革委、住房城乡建设部印发的《长江三角洲城市群发展规划》，2016 年 6 月 1 日，《国家发改委》官方网站。

㉗ 此表参考了姚士谋、朱英丽、陈振广等：《中国城市群》中的"沪宁杭区域重点城市形成过程年表"，中国科学技术大学出版社，2001 年版，第 188 页，并且做了补充。

㉘ UNCTAD & UNDP：Creative Economy Report 2010，P.13.

㉙ 《南京获选科教文组织全球创意城市网络"文学之都"》，大众报业集团海报新闻，2019 年 11 月 1 日 https：//baijiahao.baidu.com/。

㉚ [英]查尔斯·兰德勒：《创意城市》，杨幼兰译，清华大学出版社 2010 年版第 5 页。

㉛ UNDP & UNCTAD：Creative Economy Report 2010 P.5.

㉜ 《中国十大会展名城榜单》，2019 年 7 月 6 日，https：//www.maigoo.com/

news/。

㉝ 本文作者根据新华网颁布的历届"全国文化企业 30 强"名录整理和绘制，http://www.xinhuanet.com/2019 - 05/18/c_1124512454.htm，2019 年 5 月 18 日。

㉞ UNCTAD：Creative Economy Outlook：Trends in international trade in creative industries 2002—2015；Country profiles 2005—1014，Foreword.

㉟ 黄奇帆：《数字化颠覆全球金融生态》，《探索与争鸣》2019 年第 11 期。

㊱ 本文作者根据商务部公布的数据整理和绘制。

㊲ 根据宋城演艺在首届长三角国际文化产业博览会上展示的资料和数据整理。

㊳ 潘圳：《2020：加速赋能中国经济高质量发展》，《社会科学报》2020 年 2 月 27 日第一版。

㊴ 张辉：《一带一路：全球治理之中国方案》，《中国社会科学报》2017 年 12 月 26 日第二版。

㊵ "上海参与建设长江流域经济新支撑带的若干问题研究"课题组：《"π"型战略格局中，上海该怎么做》，《解放日报》2014 年 12 月 25 日。

㊶ 王昀：萨斯基娅·萨森答"全球城市"八问，《观察者》网，2014 年 5 月 14 日。https://www.guancha.cn/Saskia-Sassen/2014_05_14_225411.shtml。

㊷ 京东公共战略研究院曾晨、冯蕾：《发掘城市群消费潜力，促进形成强大国内市场》，《经济日报》2019 年 3 月 31 日。

㊸ ［美］赫尔伯特·西蒙；《管理行为》，詹正茂译，机械工业出版社 2007 年版，第 16 页；靳涛：《诺贝尔殿堂里的管理学大师：赫尔伯特·西蒙》，河北大学出版社 2005 年版，第 25 页。

打造长三角海洋文化创新经济带[*]

李思屈[**]

一、把握长三角的海洋文化属性

打造长三角海洋文化创新经济带，是推动长三角高质量一体化发展的重要内容。提出这一战略目标的依据，就是我们国家的文化强国战略和海洋文化战略，以及长三角文化产业高质量一体化发展的内在需求。

从全世界范围来看，主要国家的文化产业发展到较高水平后，都面临着如何转型升级向更高水平发展的问题。而长三角文化产业向更高水平的发展还需要考虑到它的特殊属性，即海洋文化属性。

文化产业具有很强的文化传承性和外部关联性，其高质量的发展不仅需要以其内在的文化产业的逻辑和动力作为支撑，还需要与相关产业门类相互关联形成的产业生态作为条件。一个地区文化产业的健康可持续发展路径，需要按照这个地方的内在文脉和文化气质去规划。就好比你到不同的城市去居住会感受到不同的情调，这种不同的情调如果跟你个人的情调相吻合，你就会在这儿住得很舒服，发展得

[*] 本文原载于《上海文化产业发展报告（2020）》，上海书店出版社出版。

[**] **作者简介:** 李思屈，本名李杰，浙江大学中国海洋文化传播研究中心主任，浙江大学企业与策略传播研究中心主任，浙江大学文化产业学科带头人，教授，博士生导师。

很顺利。同样，一个城市对文化产业的选择和定位，也需要与当地的文明属性相吻合，才能在精细中见深厚，亲近中见雅致。

什么是长三角特色文化？其内在逻辑和文脉又是什么？从总体上看，由中西方文明交汇而形成的海洋文化，是长三角文化从古至今、从传统向现代演进的重要脉络之一。有鉴于此，深刻认识长三角地区的文化特色和文脉演进，需要有一个海洋文明与世界文化经济交融的高视点。长三角地区拥有世界规模最大的港口集群，是亚太地区海陆联通的枢纽。长三角文化最大的优势之一就是面向海洋的气度，经略海洋的勇气和才能。人类文化精神生产的创新、传播方式，以及社会文化产品的生产和消费方式，因一个时代生产力和生产关系的发展变化而发展变化，同时又为社会的维系和发展提供重要动力。而现代海洋文化产业作为一种文化精神新的创造方式和文化消费的新方式，其地位和作用将会显得越来越突出。

从世界范围看，美、日、英等老牌海洋强国的海洋文化产业发展已经相当成熟，海洋文化产品的生产和输出，大大促进了西方国家海洋战略和海洋文化传播，形成了世界文化流通中的西方海洋文化话语体系，强化了西方国家在全球海洋发展和国际政治中的话语权。海洋文化产业发展已经成为西方国家海洋战略和文化战略的重要组成部分。从历史的角度来看，西方海洋战略思想历经了三个阶段，早期偏重于海权争夺的军事阶段，又经历了重视国家整体实力建设的综合战略阶段，再发展到把文化软实力作为国家海洋战略组成部分的文化战略阶段。

早在 1890 年，美国学者马汉在《海权论》中首次把海权与国家战略、民族兴衰联系在一起，提出了海洋战略的理论，指出控制了海洋就可以控制世界。1911 年，英国学者科贝特出版的《海洋战略的基干原则》一书中，提出要构建国家、海洋、海军三级战略体系，各级战略相互支撑，使得政治、经济、军事、文化各要素形成一个相互关联的有机整体。1982 年《联合国海洋法公约》诞生，确立了"群岛国"、200 海里"专属经济区"、350 海里"大陆架延伸"等新概念,这使得传统的"海权"外延进一步扩大,"战略"这个范畴从军事概念演化为综合性概念,海洋战略成为涉及政治、经济、文化、法律、社会、军事等领域的综合体系。20 世纪末,美国学者约瑟夫·拉皮德提出"文化回归"概念,以约瑟夫·奈、塞缪尔·亨廷顿、温特以及平野健一郎为代表的美日欧学者进一步丰富了海洋战略的文化内涵。

中国的现代化建设必然要求中国迈向世界海洋强国。中国有 300 万平方公里的海洋国土面积,约为陆域面积的三分之一。此外,中国的海岸线长度为 1.8 万公里,居世界第四位;中国的大陆架面积位居世界第五位,200 海里专属经济区的面积为世界第十位。中国不仅有漫长的海岸线、辽阔的海洋面积和极其丰富的海洋自然资源,还有历史悠久、内涵丰富的海洋文化特色资源和海洋文化精神财富。

在繁荣海洋文化、发展海洋文化产业、助推海洋创新经济方面,长三角应该走在前列。长三角的经济、社会和文化从来就是向海而生,以海而兴。以浙江省为例,浙江省的陆域面积和陆地资源在国内不占有明显的优势,但是作为海洋大省,浙江省拥有的海域面积是陆地面积的 2.6 倍,拥有全国最多的海岛和最长的海岸线等,在海域面积和海洋资源方面有得天独厚的优势。发展中国海洋文化产业,长三角有足够的文化自信,长三角拥有中国最大的海洋港口群,拥有中国领土的最东端——舟山群岛,拥有漫长的海岸线和丰富的海洋石油、矿产、渔业等资源,拥有海量的海洋文化宝库。当年的郑和下西洋就是在长三角的太仓建立了基地,并且也是从长三角启航的。在中国海洋科技水平和海洋经济发展水平持续提高的基础上,长三角要充分利用海洋文化资源,发掘中国海洋文化精神内涵,打造中国海洋文化产业创新经济带,走经济、文化融合发展之路,通过"科技+""文化+""互联网+"的方式创新海洋经济形态,对于增强中国的文化自信、推动海洋经济升级发展和"21 世纪海上丝绸之路"建设,将发挥出巨大作用。

二、作为经济动能和文化动能的海洋文化产业

在中国的文化版图中，海洋文化是长三角地区的重要特征。长三角海洋文化创新经济带的打造，不仅有利于长三角文化产业的特色化发展和转型升级，而且也有利于为整个长三角地区的创新文化培育和整体的创新发展提供精神动力。

海洋文化具有自由、开放的创新精神元素。日新月异的海洋科技成果，为当代海洋文化的创造提供了更为广阔的空间和更为有力的手段。做好"文化＋""科技＋"和"互联网＋"，让文化与科技的结合更好地引领人类发展方向，是构建长三角和中国海洋文化产业特色体系，打造中国海洋文化产业创新经济带的必由之路。

许多人在讲文化产业的时候，习惯仅拘泥于农耕的文化观念来思考，如春种秋收、安土重迁、耕读传家、男耕女织等等，认为只有这些才是中国的传统文脉，甚至认为中国的几千年文化就是农耕的文化。应该承认，这样一种依托于农耕的文化传统，的确是中国数千年文化发展的重要部分，是需要我们创造性继承、创新性转化的宝贵文化遗产，但是这并不代表中国的所有地区都是以农耕文化为主体的。事实上，在长三角、珠三角地区同时也存在着历史悠久、内涵丰富的海洋文化，海洋文化也是中国传统文化遗产的重要组成部分，是中国近现代对话世界文明、开启现代化进程、促进传统转变、清扫传统痼疾的重要文化资源和精神动力之一。

中国文化产业的未来发展中，海洋文化是必不可少的精神动力和内容来源。人类历史上的第一次地理大发现，真正发未来现了海洋的整体面貌和巨大财富。可惜中国错过了这一次机会。中国本来有经略海洋的能力，比如中国在明代时航海事业已经很发达了。但是由于统治阶级的短浅目光，实行了禁海锁国的政策，使得中国人后来还是

退回到土地耕作上。历史上的中国人把海角当成天涯，把沿海当作边缘，把依托海洋的跨国贸易看作是离经叛道，这是典型的小农思想。随着中国海洋强国战略的实施，中国进入了一个重新发现海洋的时代，中国的海洋文化建设提到了议事日程上来，我们的文化观念也需要随之重新调整。

今天，人类的海洋精神正在再一次觉醒，世界正在进入一个新的阶段。这一机遇我们要不要抓住？面对文化竞争力和文化市场形成的全球化机遇，我们是不是仍然局限于自己脚下的一亩三分地呢？

文化资源和自然资源是不一样的，许多陆地上的自然资源不可移动，如耕地、树林、矿产等，必然是区域性的，而文化资源可以广泛流动，因而是全球共用的。《山海经》是中国的，日本人也可以用得很好，熊猫是中国的，美国人也可以用得很好。我们要改变一个观念，在全球市场和全球资源大流通的情况下，设计我们自己的文化产业发展。如果我们在观念上落后了，就会输在起跑线上。现在中国提倡：要打造人类命运共同体，这个共同体的建设中，难道只有物质建设吗？当然不是，物质文明的建设中一定会有精神文明建设的方案，人类命运共同体中一定包含了海洋文明的丰富内涵，经略海洋是中国迈向全球大国的必然之举。

海洋文化产业发展是海洋经济转型升级的一种新动能。地球自然资源有四分之三在海里，21 世纪海洋经济的发展和国际竞争是不可避免的。但是目前我们许多地方发展海洋经济还停留在渔业阶段，包括养殖和捕捞，即便是石油和天然气的开发也还在进行之中，普遍的探测还没有完成。现在中国的海洋开发指数是比较低的，普通老百姓不爱海，不了解海的情况普遍存在。外国人有钱了就到海边居住和度假，而中国是许多在海边发了财的人要搬到城里住。中国的绝大多数滨海城市不仅没有美丽的海洋风情，也不去建设海洋文化。滨海城市的人完全不知道这是当地最宝贵的资源。所以，如果说在这种情况下，长三角能够加强海洋文化产业的发展，会有非常大的空间、非常好的前景。

三、以海洋文化产业发展作为中国文化战略的新突破

长三角发展海洋文化产业，打造长三角海洋文化创新经济带，完全有可能推动长三角的文化发展战略获得新的动力，新的突破。

海洋文化产业拥有丰富的内涵。海洋文化产业其实有狭义和广义两种定义，狭义的是依托海洋风光、渔业、海洋民俗、海洋艺术、海洋旅游、自然和文化形成的文化产业门类。比如海洋文化旅游，海洋影视制作，海洋演艺等等。

广义的说，凡是涉及海洋创意和娱乐产业的一切形态，包括涉海产品的设计，海洋产业的营销传播，海洋产业的品牌设计和维护，还有海洋产业的企业文化和营销咨询服务，都属于海洋文化产业。海洋文化产业具有开放性的特点。它具有跨国合作、全球市场的开放性。海洋具有航运交通的便捷性，从西半球到东半球，海洋是人类相互交往的通道。其次，海洋文化具有文化与科技融合的特点。这从文化产业形态变迁中就可以看出。信息文明时代文化产业的流通规模、科技含量、全球营销等，都要大大高于农耕文明和工业文明时代的文化产业，所以海洋文化产业按照人类文明发展的规律，应该是更高水平的文化产业形态；第三，海洋文化产业具有拓展性。生命源于海洋，人类由海洋所孕育，又回归海洋，进而拓展更为广阔的发展空间，这将成为人类文明的新主题。从全球范围看，世界性的文化产业中心城市大多位于海边，如纽约、伦敦、东京、洛杉矶、上海、香港等。世界上六大迪士尼主题乐园中，有五座迪士尼乐园都坐落于滨海城市，即洛杉矶、东京、上海、奥兰多、香港的迪士尼乐园……这些案例表明：向高端发展的现代文化产业与海洋有深刻的内在联系。现代文化产业在升级的过

程中,它的海洋属性将更加明显。

国际海洋元素的时尚、高端、创新风潮已经在文化产业发达的国家风起云涌,呈现出创新性应用海洋元素的新趋势。2012年,香奈儿旗下设计师卡尔·拉格菲尔德专门建造了一座规模宏大的纯白色珊瑚礁,作为春夏季服装展的举办地。歌星佛洛伦丝·韦尔奇站在贝壳里一展歌喉,身上穿着的由流苏点缀的连衣裙酷似海草叶,整个造型酷似波提切利画作中清新可人的"维纳斯"形象。这一别开生面的造型,揭开了海洋文化与高档时尚产业融合发展的创新篇章。香奈儿的时装发布会引领了世界的时尚潮流,我们应该从其中品味位出前瞻的理念。有专家预测:21世纪人类文明的发展,就是从平原文明,走向海洋文明,再走向太空文明。与此同时,亚历山大·麦昆则进一步演绎了这种海洋时尚风格,设计师萨拉·伯顿的创作灵感就包括了"海床、海贝、海葵以及海浪"。他设计的服装除了运用珍珠母与牡蛎色薄纺绸外,还使用"藤壶状提花织物"以及"小颗珍珠点缀的藤壶花边",把高档、时尚的海洋文化元素的运用推向了一个新高度,同时也受到了时尚市场的欢迎。

各个海洋文化产业发达的国家已把对海洋文化资源的开发推进到深挖文化内涵、探索求知领域、渗透人类日常生活的 IP 开发新阶段。神话传说中的阿特兰蒂斯海下世界,著名动画电影《海底总动员》展现的色彩斑斓的奇幻海洋,还有在泰坦尼克号沉没 100 周年纪念日时卡梅伦导演乘坐潜水器进行深海探险,全球气候变暖导致海平面上升的科幻故事,都围绕着海洋元素深挖 IP 价值。国际时装界正在思考从童话小说《美人鱼》到巴拉德的现代小说《被淹没的世界》,对整个时装界的深远影响。《被淹没的世界》设想的场景就是未来世界遭受洪灾,其用水来喻指整个人类的无意识,其海洋文化精神探索的深度与海洋文化产业商业开发的广度,得到了高度的统一。

目前,长三角的海洋文化产业虽然有着可喜的发展,但仍然处于初级阶段。首先，一些海岛、沿海城市对海洋民俗的开发已经初见成效，但海洋文化开发的深度和拓展的广度、海洋文化产业的建设都还不够，大多数是做点节庆、卖点海鲜和贝壳纪念品等，造些渔家乐等休闲设施，缺少重大项目。第二，传统的海洋文化遗产保护受到重视，但是深挖内涵、发挥文化精神引领的作用不够。海洋文化的建设不能仅仅局限在展示现有的风俗或生活习惯上，海洋文化的核心是开放包容、共享生态的精神。第三，海洋文化旅游发展迅速，但是创新发展不够。如何充分利用海洋资源，以科技创新和文化创意为动力，打造长三角文化产业的新增长极的问题，还没有得到认真的研究。长三角面朝大海，拥有港口、群岛、航线、渔村和风车，更有悠久的海洋文化精神，这些都是发展海洋文化产业的重要资源，值得我们充分珍惜，悉心保护，深度挖掘，充分利用。

中国首倡的 21 世纪海上丝绸之路建设和"人类命运共同体"的建设，为打造长三角和中国海洋文化产业创新经济带提供了难得的机遇。因此，要创新海洋文化产业发展理念，抓住这一重大战略机遇，推动长三角海洋文化产业更快更好发展。

创新海洋文化产业发展理念，首先要有海洋综合发展的整体战略新理念。对中国海洋文化产业在"一带一路"建设背景下的独特作用有更深刻的认识，更适当的定位，对中国海洋文化建设和海洋文化产业发展有整体战略规划。海洋文化产业的发展对于不同国家、民族之间的政策沟通、道路联通、贸易畅通、货币流通具有积极推动作用，尤其对民心相通具有不可替代的关键作用。我们不仅应当看到"一带一路"为文化、创意、旅游等产业带来的巨大机遇，更应当注重在共建"一带一路"的过程中，海洋文化产业对不同文化之间的和谐发展和"人类命运共同体"建设的巨大作用。

创新海洋文化产业发展理念，还要树立海洋文化产业新形态的观念，对当今世界科技、文化融合和文化产业新形态的发展大势和规律有更透彻的认识。科技革命进程的加快,不同产业门类之间的融合,是当代海洋文化产业发展的重要背景。人工智能、增强现实等技术已经展现了文化产业中的广泛应用前景,"智慧海洋"工程的实施将通过现代化的手段推进全球海洋贸易和海洋文化交流,通过海洋信息纽带把各国文化市场更加紧密联系在一起。建设中的跨国"互联网+海洋"平台,以"智慧海洋"工程所掌握的沿岸各国海量信息为基础,以大数据和云计算能力为支撑,将为未来海洋文化产业的全球化发展提供一个创意、创新、创业的新平台,为各国海洋产业的发展提供更加广阔的空间。

促进科技与文化融合,发展新型海洋文化产业。打造海洋文化产业创新经济带,中国已经具备了良好的现实基础。随着沿海各省海洋经济发展和海洋文化建设的推进,中国海洋文化产业创新经济带的轮廓已经初步呈现。比如,浙江的海洋强省建设,以推进海洋经济发展示范区和舟山群岛新区建设为重点,统筹推进海洋资源开发、海洋产业发展、海洋科技创新、海洋文化培育,海洋旅游发展,加强岸线资源保护和海洋综合管理,发挥"一带一路"建设大环境下浙江的战略交汇、天下浙商、第一大港、货畅四海、电子商务、平台集成、体制先发和文化底蕴等八大优势,打造海洋建设的人文科教交流枢纽,以文化科技推动海洋经济升级,从而把人文科教交流枢纽建设与国际港航物流枢纽建设、贸易枢纽建设、产能合作枢纽建设和新金融服务枢纽并列为浙江强省建设"五大枢纽"建设工程。可以看出,海洋文化建设和海洋文化产业融合发展,已经成为浙江海洋强省战略的鲜明特色。浙江大学也在2009年成立了海洋系、海洋中心,浙江海洋学院、宁波大学等高校也在海洋研究上形成了一定基础。浙江海洋强省战略的推进,与上海、江苏等省市的海洋建设一道,为打造长三角海洋文化产业创新经济带奠定坚实的基础,让海洋文化成为引领创新发展的动力。

现阶段,长三角海洋文化产业发展的整体水平仍然较低,还有很大的提升空间。目前各省市对海洋文化产业的发展重视程度有了极大提高，但顶层设计、整体规划和科技指导等方面还有大量的工作要做。对传统海洋文化产业强调较多，而对未来新型海洋文化产业发展新趋势的研究不够。海洋文化旅游发展迅速，而促进科技文化融合和产业跨界发展的创新举措不够。对海洋节庆、海洋民风民俗开发初见成效，而重大海洋文化项目培育不够。传统文化保护利用受到重视，而深挖内涵、发挥文化精神引领作用的努力不够。这在一定程度上造成了各地海洋文化产业的低水平发展、浅表性开发和重复性建设。产业特色不突出，产业门类过度集中，经营模式趋同，产品的主题、风格同质化等问题至今没有得到根本解决。要应对好这些问题，除了在指导思想上要有新的理念，还要在具体办法上引入创新元素，探索创新模式，以海洋文化产业创新发展为突破，让海洋文化成为创新发展的动力，使海洋文化产业创新经济带成为长三角创新发展的高地。

四、打造长三角海洋文化创新经济带的九大举措

打造长三角海洋文化创新经济带，需要做好九个方面的工作。

第一是深挖内涵，做实产业，创新业态。现在许多人一说到海洋文化产业，就是简单的玩水。但海洋文明具有更为深刻的精神内涵，它的核心是开放、冒险、进取、全球联通。我们要进一步促进开放和改革，把海洋精神作为最大的动力之源。瞄准这样的内涵挖下去，进一步做实长三角的文化产业。作为拥有五千年文明史的中国，我们是继续固守双目所及之处的古老大陆，还是仰望星空，面对大海，从浩瀚星空中俯瞰和审视我们居住的蓝色星球？其答案是不言而喻的。长三角文化产业要实现进一步的突破，就是要率先实现这种海洋文化视角的转换。

第二，做好顶层设计，优化战略布局。整个长三角地区拥有漫长

的海岸线，诸多的港口、岛屿、滩涂等，还有更加广阔的海域以及从长三角出发的国际航线。对这些宝贵资源，很多都缺乏文化产业角度的整体设计，有的还把它们当作了无用的东西。造成这种情况的原因是缺乏整体布局和顶层设计。一些搞文化的人士不关心海洋，认为这应该归海洋局管；海洋局的人又说我们对文化是外行，应该让文化部门来管。结果各个部门都缺乏对海洋文化产业的关注和投入。这种情况必须从宏观上加以整体的改变，把长三角做成海洋文化产业的发达地区。

第三，推进滨海文化建设，促进"海洋文化＋"的建设。海洋文化产业可以分为三步走，首先是滨海，然后是近海，最后是远海。长三角要从滨海和近海走向远海，把文化和科技结合起来，把符号经济和海洋经济结合起来，开发这一个极为广阔的文化市场。长三角要先做滨海，促进"海洋文化＋"，再驶向更加辽阔的海洋文化产业领域。

第四，建设海洋文化教育，做好海洋文化启蒙教育。海洋文化产业的基础在于向人民普及海洋文明意识，共同开发海洋文化的宝库。我们大学海洋学院的教授跟我交流，说"请你们做文化的人想想海洋文化教育怎么做。因为目前我们的海洋文化教育是很差的。"这个教授说了一个切身体会的案例：他到一个著名的海滨城市去，正好当地人做海洋文化节，结果就是展示如何吃海鲜。他到海南岛的三亚去，当地人联系了一个潜艇带他下去看海——这是多么美丽的海洋空间。结果一个女孩坐在潜艇里大呼小叫：哎哟，这种鱼是我吃过的，那种我还没吃过。她对海洋生物的分类标准就是吃过和没吃过的两大类。这样的海洋观在一定程度上是我们海洋文化教育水平不高的一种表现。

第五，推动全民海洋科普教育工程。经略海洋，必须以科技为基础。海洋文化产业天然地要求加强与科技的融合，海洋文化产业的内容必然有大量的科普要素。我经常跟海滨城市的人们讲：你们要把海洋文化的因素融入到城市的环境中，要让所有人浸润在海洋文化、海洋科技的熏陶之中。比如：滨海城市的指路牌，可否制作成美人鱼和贝壳的形状呢？可否再做些潜艇、水上飞机和远洋航海的符号呢？

第六，建设海洋文化建设，提升城市文化形象。现在许多滨海城市，特别是我们长三角滨海城市的形象，为什么要和内陆城市及中西部地区做成一样？大海是我们长三角滨海城市最大的灵感之源泉。在这方面，长三角城市应该借鉴国际上发达国家滨海城市的经验。比如日本大阪在城市形象的设计方面充满了海洋文化的魅力。大阪海洋博物馆是一幢玻璃半球形的透明建筑物，与南港的 Cosmo Square 相邻。在这座坐落于海滨的漂亮博物馆内，记录着大阪的海运和航海史，从 17 世纪的古老商船（名为菱垣廻船）到未来时代的高科技汽艇，各种仿真的船模和图表应有尽有。参观者也可以在高科技剧场和模拟游船内体验到逼真的虚拟航海乐趣。以后，我们长三角的滨海城市也要有大量的海洋文化元素，形成迷人的海洋文化景观。让人们从长三角海洋城市的文化设计中一看就明白：我们心中有大海，这蓝色的宝库不仅仅在长三角的东面，而且永远在我们长三角人的心中。

第七，打造海洋文化产业培育平台。由于我们海洋文化产业是个全新的东西，需要花更多的工夫培育开发，长三角可以先行动起来，我们的海洋文化产业可以在这个平台上，会聚不同的产业门类，会聚不同的生产链、价值链的环节，做成政产学研一体化的平台，让不同学科和专业的人士，包括文化产业、科技研发、海洋开放、艺术设计等专业的，都汇聚到一个培育和创造的平台上。

第八，实施海洋文化理论研究与调研评估。海洋文化产业的建设需要有理论的指引，要对什么是海洋文化、什么是海洋文化精神、什么是优质的海洋文化 IP、什么是海洋强国的战略、什么是国际上针对海洋资源的激烈竞争等等，都进行深入研究。在这方面，长三角的著名高校、社科院等科研院所应该是责无旁贷的。

第九,开发海洋文化 IP 和海洋元素的时尚化。长三角拥有世界第一大港——上海港,还拥有全世界最大的港口群,包括舟山港、宁波港、南通港、太仓港、连云港、张家港等港口都拥有广阔的海域,应该开发成为世界级规模的临港海洋文化集聚区。海洋文化本身是个大 IP。目前国际文化产业中出现了 IP 开发热,有的项目可以把一个年轻的明星包括虚拟的动画角色炒成一年价值几千万的 IP。而海洋其实也是一个蓝色文化的大 IP,海洋符号成为人们的重要的精神文化资源,给文化创意带来新的灵感。美国、日本、英国等发达国家的文化创作,好多灵感都直接来源于海洋。我在国外买的巧克力,它的造型设计就来源于海洋。各种各样的巧克力采用了大海中贝壳的现状,有夜光螺和扇贝等,让人眼睛一亮。而中国以海洋为主题的优质 IP 却非常少。我们国家领导人提出海洋强国战略后,文化部提出要呼应国家战略,办一台海洋主题的新年音乐会,结果很难找到中国的海洋主题音乐产品,找了很久,才找到了 1970 年代的一首电影插曲"美丽的西沙我的家"。长三角地区面对着海洋这一无限广阔的自然资源和文化资源宝库,面对着这一取之不尽的精神源泉,应该把极为广阔的海洋文化资源开发出来,形成丰富多彩的优质 IP 和具有高科技含量的新业态。

立足长三角,面向全世界,海洋文化产业的发展空间巨大,前景广阔。长三角应该做成海洋文明建设和海洋文化产业建设的排头兵。海洋文化产业既是创新经济发展的新动能,也是文化事业和文化产业发展的新动能,同时还能够为长三角的整体发展提供精神引领和市场拓展。

"一带一路"视域下上海电影产业的空间转型、功能升级与身份重构[*]

赵　宜^{**}

　　上海作为中国电影的发源地和中心之一,为中国电影贡献了大批的影视人才和优秀作品,承载了中国电影辉煌的历史,并在当下持续性地发挥着核心影响力。近年来,无论是在票房贡献、本土出品、院线建设、产业集群搭建乃至影视人才教育层面,上海电影都成绩喜人,但如果要承载更重要的历史使命与文化功能,上海电影依旧需要更加清晰的战略定位,并由此规划未来的战略走向。

　　当下,全球性的产业结构转型与媒介生态革命正深深影响着世界电影工业,越来越多的国家与地区开始寻求差异化的路径以融入全球电影产业链的国际分工当中,并尝试在媒介革命进行时的当下突破既有全球文化产业的"阶层壁垒",抹平与以好莱坞为代表的先发电影工业的发展时间差。全球范围内联动的产业结构转型与秩序协商重塑对于以电影为代表中国文化产业来说无疑是难得机遇,更为十九大以来坚定文化自信、推动文化繁荣、提高国家文化软实力的建设目标提供了历史性的实现条件与发展空间。而"一带一路"倡议的提出及其

　　* 本文为上海市艺术科学规划重大项目"媒介融合语境下的影视艺术发展现状与对策研究"(ZD2016C01)阶段性成果。原载于《电影新作》2018年第2期。
　　** 作者简介:赵宜,上海师范大学影视传媒学院副教授,主要研究领域:媒介文化研究。

在电影领域的初步实践,则进一步明确了上海电影融入全球电影话语体系的战略定位、不仅提升了其战略价值,更为前述空间奠定了明确的演进方向。

"政策沟通、设施联通、贸易畅通、资金融通、民心相通"的"五通"指标体系是构建"丝绸之路经济带"创新合作模式的重要路径,而文化通融则是"五通"实现的基础条件之一。"一带一路"构想在电影领域的落实展开,为电影产业提供了新的历史契机和丰富的文化资源。上海作为国际化大都市、国际金融中心城市以及"一带一路"的关键节点城市,无论是作为中外文化交流汇聚的枢纽还是推动中国电影海外传播的展台,都应借力"一带一路"打开的文化通路,把握历史契机,找到中国电影新的传播路径,发挥文化空间优势,带动区域交流合作,并借此机会完成自身的空间、功能与身份转型。

一、从第一票房市场到文化传播枢纽的空间转型

"引进来"和"走出去"既是中国电影多年以来的发展目标,也是当下中国在面向未来世界格局时的全新思路。尤其是围绕如何"走出去"的讨论,几乎是近二十年来中国电影不曾间断的思考。这一缘起于后 WTO 时代的探索,曾经面向的是经济全球化加速的外部环境,以及中国经济实力全面提升的内部环境下对中国电影提出的全新要求:"全球化的推进,不仅突破了国际贸易壁垒,也推开了国家之间相对封闭的政治与文化的大门"[①]。彼时的中国电影,被指认为是提升中国文化软实力的有力媒介,带着用差异性的文化表达融入世界文化普适性话语之中的目的,开启了一系列创作与生产实践。然而,不论是2000 年前后在"狼来了"的恐慌之下打造"中国式大片"的尝试,还是2010 年前后在媒介融合导向下顺应资本逻辑的泛娱乐布局以及通过跨文化、跨区域,跨国别的电影生产交流形成的合拍片模式,其在意识

形态表达、文化输出乃至艺术审美层面的成效都很难完全满足前述的愿景。这两类景观虽然分属不同的发展时期、市场和文化环境，但其一致的内部逻辑则都以美国好莱坞为标杆，却最终都被卷入了好莱坞式的话语结构之内。前者以好莱坞的叙事方式、故事模式以及电影工业标准嫁接本土故事，在试图消弭国际传播中的文化折扣的同时，也将电影中的民族风格与中国话语简化为了文化符号的堆垒；后者则常常被转换为打开中国内地市场的简单交易，如《钢铁侠3》中国内地明星"离岸外包"式客串的"特供版"、仅作为取景地的低附加值创作参与以及参股式的共同投资。近年来，以实现资本的增值为目的，购买国外知名IP打造中国版本的翻拍模式，往往呈现出"南橘北枳"式的文化隔阂。既没有以本土文化作为土壤对国外故事进行重写的基础，也缺乏历史的眼光对国外经典进行重读的视野，因而无论其外部的审美表征还是内部的叙事核心都显得尤为割裂。

于是，"是以适合中国电影自身特点和发展规律的方式'走出去'，还是以好莱坞的方式'走出去'"②，就成了面对全新世界格局，对近20年来的探索进行重新思考时的首要问题。目前，中国已与"一带一路"沿线16个国家签署了电影合拍协议，也与新西兰和英国签署了电视合拍协议，然而，当下的合拍片模式能够在多大程度上突破原有单一模式的限制，突破好莱坞对全球电影生产与消费的影响力布控，并建构一套全新的电影传播秩序与文化话语结构？这其中，首先要破除的是"唯票房论"的陷阱。正是在这样一种发展主义的迷思下，包括上海在内的中国电影市场整体偏向于好莱坞电影以及由其规定的价值体系与审美逻辑，在资本逐利的电影市场下，这一现状不会马上得到改变，其必然产生的结果便是文化交流的单一化与话语体系的同质化。虽然近几年小成本电影显现出巨大的市场价值，艺术片的市场潜力也持续撬动着原有市场格局，但在资本逐利的局限下，好莱坞"高概念"大片作为市场最推崇的模式长期占据焦点位置。好莱坞的电影套路不仅深深影响了国内的影片制作,更潜在地影响了国内观众的审美方式,主导着文化话语的内在逻辑。而在"一带一路"的新视阈下,上海电影完全有条件率先做出改变,探索由市场空间向文化空间转型的全新路径。

上海国际电影节是目前国内唯一的 A 类国际电影节,经过 20 余年的发展,已经逐渐成长为具有国际效应的电影节品牌,这一难得的优势资源让上海成为了吸引全国、亚洲乃至全球的优秀电影作品汇聚之地,同时更成为了来自全球的电影发行商的聚集地,展示、交易和交流的平台。作为 2015 年"丝绸之路风貌"影展单元和 2016 年首届"一带一路"单元的延续,在 2017 年的第 20 届上海国际电影电视节期间,"一带一路"已经作为电影节展映的常设单元之一出现。这吸引了越来越多的沿线国家电影人提交作品,也逐渐形成了电影市场以外的文化交流新场域。

2016 年,在上海国际电影节的倡议和推动下,参加第 19 届上海国际电影节的"一带一路"沿线国家影人共同签订了《"一带一路"电影节战略合作协议》,这是"一带一路"提出后上海国际电影节的最新成果之一,此项举措对中国电影融入区域文化起到了积极作用,而倾听海外电影市场的声音,也有助于中国故事的有效传播。自 2016 年年底至今,上海国际电影节已与"一带一路"沿线国家的印度孟买电影节、爱沙尼亚"黑色之夜"电影节、印度国际电影节、波兰华沙国际电影节、阿联酋迪拜国际电影节等展开合作,并建立了"人员互访、互荐影片和评委、互办专题影展和论坛、互换展台和市场推广"等机制,在上海汇聚,从上海出发,贯通文化出入的新空间。正是在电影生产发源地历史性地向文化传播枢纽站进行空间转型的全新可能性下,2017 年共计有"一带一路"沿线 47 个国家 1 016 部影片申报参加③上海国际电影节,数量超过往年,且在最终入选的片单中,包括有马来西亚、菲律宾、阿富汗、克罗地亚、塞尔维亚、罗马尼亚、马其顿、伊朗等沿线国家的电影作品,极大地丰富了中国电影"引进来"的文化意义。

上海电影节着眼于挖掘沿线国家的电影艺术资源,寻求更为多元的国际文化交流形式。上海电影节打开了票房市场以外的全新文化空间,大大丰富了文化传播的多样性与可能性,并使上海成为了"一带一路"沿线、乃至全球国家"文化通融"的全新场域。正是在上海电影节实践"一带一路"倡议的启发下,适度将目光转向"一带一路"沿线国家,并建构更为开放与多元的电影市场不失为新的选择。事实上,"一带一路"沿线国家不少新兴电影市场成功崛起的经验都值得中国电影借鉴,其民族文化、历史问题与当下现实也会作为深度话题成为新的电影题材关注点。2017 年,印度电影《摔跤吧! 爸爸》以 12.9 亿人民币的成绩名列中国内地票房榜第 7 位,泰国电影《天才枪手》也获得了2.68 亿的成绩,可见,好莱坞电影并非拉动电影票房的唯一选择,而作为全国第一大票仓城市的上海,既有能力也有义务率先尝试改革,借鉴电影节的经验、合理利用已有的交流平台,完善、引导电影市场,在购买影片的时候考虑到"一带一路"的战略背景、有意识地挖掘、引入相关优质影片,成为中国电影市场由单一向多元价值转型的试验田。

二、从内向型产业到高附加值分工的功能升级

寻求中国电影在全球文化版图中的新方向、新定位,实现对本土电影产业的供给侧改革,首先需要改变的是依赖粗放型增长的电影产业现状,形成规模化、集约化的可持续发展路径。回顾近年来的中国电影生态,在荣登全球第二大电影市场的背后,天价片酬、产能过剩等结构性问题集中爆发,结构性的产业调整迫在眉睫,综合来看,中国电影产业尚处在传统的票房思维以及满足国内市场需求为主的内向型经济,非票房收入以及国际参与能力依旧相对较低。"迄今为止,票房收入依然是电影投资回报的主要渠道,盈利模式仍显陈旧,未能形成

多向面可持续的有机产业链。"①而当下全球范围内的媒介革新与文化生产格局调整,提供给了中国电影突破全球文化生产原有的阶层壁垒、协商国际分工地位的历史机遇,借由"一带一路"的全新文化交流版图,升级本土电影的产业功能、占据全球分工与文化传播的高附加值环节,形成更为完善的产业生态,也同样是中国电影的历史性挑战。这既是中国电影实践"一带一路"布局时急需面对的重要课题,也是上海在对本土电影产业进行创新实践与向上升级的突破口。

在媒介迭代发展的当下技术语境中,银幕绝非电影的终端。在成熟的电影工业中,票房早已不是一部电影的唯一收入,甚至不是主要收入来源。而除了继续拓宽银幕外的收入来源、打造基于扩散性的媒介消费系统的全产业链模式以外,更应该充分认识到在以互联网为代表的新媒介所形成的融合文化结构下,高品质的内容创意才是当下文化产业的核心生产力和真正价值所在。影视与其他艺术形式的跨媒介生产和消费,经由近年来 IP 开发战略的路径实现艺术主体间的融合、互补和有效传播。可以说,IP 开发是网络文艺在当下得以成熟和成型的关键步骤。IP 取自 Intellectual Property 的首字母,意为"知识产权",而 IP 改编即是获得了原创产权后的合法改编行为,然而吊诡的是,当下国内跨媒介艺术生产中面临的最大问题之一恰恰来自于产权的争端。2014 年,琼瑶诉于正改编剧本《宫锁连城》抄袭其作品《梅花烙》一案将跨媒介影视剧改编过程中大量存在的抄袭问题揭露了出来。其后,2015 电视剧《花千骨》被曝出抄袭多部网络小说情节,2016年的电视剧《锦绣未央》的原著被指认与 200 多部小说的内容高度重合,2017 年,电视剧《三生三世十里桃花》热播的同时,原小说作者唐七公子也深陷抄袭指控。此外,《甄嬛传》《如懿传》等原著小说也被重新"挖坟",曝出抄袭嫌疑。可以发现,这些近年来的著名案例都具有相同的鲜明特征:都是经由网络文学改编的热播影视剧,而网络文学原作作为 IP 开发中的知识产权部分,其自身却往往难以摆脱产权争议。

尤其是 2017 年的金庸诉江南一案，彻底将跨媒介改编固有的、普遍性的和结构性的知识产权问题彻底展现了出来：2000 年，尚处于中国网络文学起步阶段和探索时期，网络作家江南的小说《此间的少年》发表后迅速走红，小说中，江南化用了多个金庸小说中的角色名，构建了一个迥异于金庸武侠世界，但也蕴含某种结构性相似的青春校园故事。也就是说，常常作为跨媒介 IP 开发起点的网络文学不仅常常受到抄袭的指控，其"出身"亦带有侵权嫌疑的原罪，而恰同 IP 的字面意义背道而驰。跨媒介改编与传统媒介生产的产权之争当中，一个关键因素被放大了出来——即媒介变革。而当下影视产业的诸多产权问题，事实上正是一种"新旧媒介的冲突地带"⑤的体现。因而，在全面树立版权意识的前提下，如何顺应媒介技术的发展规律，提供适用于当下创作、生产与消费环境的知识产权服务，由此充分利用起 IP 作为创意核心的生产价值，是当下中国电影进行供给侧改革的关键所在，也是上海电影融入国家整体文化产业链，进行功能升级、服务升级的切入点。

事实上，在实行知识产权保护、促进知识产权转化运用与完善知识产权服务方面，上海自贸区走在了全国的前列，并将持续性地产生区域乃至全球影响：2016 年 1 月，中国（上海）自由贸易试验区知识产权综合服务平台在上海启动，提供知识产权代理、托管、运营、金融、维权、中介、国际、项目、培训等九大服务⑥；2 月，上海市委市政府发布《关于加强知识产权运用和保护支撑科技创新中心建设的实施意见》，把将上海建设成亚太知识产权中心城市定位未来发展目标；2017 年 11 月，中国国际贸易促进委员会（上海）自由贸易试验区服务中心揭牌，将在推进上海亚太知识产权中心建设等六大方面与上海自贸区开展深入合作。在这样的现有基础上，以电影为代表的本土文化创意产业应该思考如何对接自贸区的知识产权中心建设，共同打造具有国际影响力的版权服务平台与创意流通平台，使上海不仅仅是一座停留于电影版权买卖的票仓城市，而是辐射整个丝路版图的创意汇聚中心与

IP 交易展台,由此占据全球电影分工体系中的高附加值环节。

三、从电影策源地到改革试验田的身份重构

在知识产权服务方面的发展空间以外,诸如中外影片的译制传播、国际性的电影金融服务平台等都是上海电影可以探索并实现的全新分工领域。文化折扣现象是文化对外传播与交流过程中的重要障碍。相比国内的卖座,《我不是潘金莲》在全球电影市场受到的冷遇难免让人想起曾经国内票房过 6 亿的《让子弹飞》北美票房仅 6 万美元的惨痛经历。而在"一带一路"影片传播的过程中,难免会出现类似因文化差异而导致的问题。调查数据中显示,字幕翻译难懂是国外观众对中国电影的最深印象,由于译制水平存在诸多问题,中国电影在走向海外的过程中无法很好地将片中的精神传达出去,这也难免拉低外国观众对中国电影的兴趣和期待①。而 2016 年 6 月 6 日至 15 日,"中外影视译制合作高级研修班"活动在北京、上海两地成功举办,这是推广译介工作的重要一步,也是"一带一路"倡议提出后电影行业的良好发端。在此基础上,上海可以在现有影视教育的基础上,率先培养符合产业需求的专业人才、在相关院校开设影视译制专业,并以上海译制片厂为品牌核心,同时凝聚来自民间的网络字幕组,形成能够服务于全国的影视译制平台,以区位优势融入国家整体文化战略之中。

此外,电影产业的发展离不开金融服务,其中最主要的两个环节则是融资与保险。1930 年代的美国电影产业就已经与金融业结合。中国电影产业发展至今,金融服务滞后的现象已经愈发显得严重。政府的政策措施往往不够灵活,远不及市场本身的效率,上海作为中国最重要的金融城市之一,拥有足够的条件率先摸索出电影产业与金融服务业的联合,探索如何以专业、有效的方式对影视剧产品进行融资、共同承担风险,如何搭建金融机构与制作人之间的良好交流平台,推

进而面向独立制作人和个人投资者的电影制作基金等。同时，作为全球性的金融大都市，上海也完全有理由和潜力提供国际性的电影金融服务，借此成为"一带一路"沿线中重要的支点，真正以其在中国乃至全球电影产业链中的核心功能，吸引更多国家和地区的电影人、电影机构与电影公司，成为全球电影产业价值链中不可或缺的一环。

上海电影已经深度嵌入了城市文化的脉搏，更深刻地参与到了中国文化发展新局面的开创乃至全球文化产业变革的激浪之中，由此站在了全新的时代起点之上。因而，借力战略构想打开全新传播空间、升级全新服务功能，将是上海电影决胜全新历史发展时期的关键要素。借由"一带一路"倡议的提出，深度地进行本土产业功能、产业模式和产业构成的改革与调整，正是上海文化创意产业在国家战略构想与全新国际形势下的难得机遇。

同时，在这一场牵涉广泛的改革浪潮中，上海电影产业的身份重构也是一项全新的挑战。作为曾经的中国电影策源地，上海有过辉煌的历史，也有过茫然的过去，在经历了从中心到边缘的衰落后，上海电影再次回到了舞台的中央。这一次，不仅仅是因为在 2016 年上海的电影票房首次超越了北京排在全国首位，也不仅仅是 2017 年上海出品的电影累积票房接近 50 亿元人民币，占全国国产片票房的 16.5%，创下历史新高，而是因为在全新的历史时期，上海电影需要承担全新的历史使命与责任。2013 年上海自贸区正式成立，这是全国首家自由贸易试验区，并且在实践成功后在全国范围内复制推广改革试点经验，成为了名副其实的试验田，也承担了积极探索改革的重任。如今，当中国电影在寻求全新的文化传播路径、改革产业结构之时，上海电影也应当义不容辞地承担起探索者的重任，发挥好促进我国文化产业发展转型升级和培育国际文化合作竞争新优势的"试验田"作用。

"一带一路"倡议是一个长远而伟大的国际性构想，上海作为中国电影的发源地、最大电影市场城市与经济中心城市，有责任也有条件去探索"一带一路"倡议,讲好中国故事,在发扬"一带一路"精神的过程中,对中国电影发展起到示范和引领作用,为世界电影发展注入源源不断的中国影响力。

注　释

① 尹鸿,唐建英.走得出去才能站得起来——全球化背景下的中国电影软实力[J].当代电影.2008(2):10.

② 孙佳山.中国电影如何把握"一带一路"历史契机.中国文化报[N].2017-5-22:3.

③ http://www.siff.com/a/2017-05-16/1663.html.

④ 饶曙光.当前中国电影的十大挑战[J].电影新作.2017(3):8.

⑤ 亨利·詹金斯、杜永明.融合文化:新媒体和旧媒体的冲突地带[M].商务印书馆.2012:2.

⑥ http://www.ftzip.org/.

⑦ 黄会林、朱政、方彬、孙振虎、丁宁.中国电影在"一带一路"倡议区域的传播与接受效果——2015年度中国电影国际传播调研报告[J].现代传播.2016(2):20.

自贸区与文化产业发展：上海问题与国际经验[*]

田纪鹏　刘少湃　蔡　萌　姚昆遗^{**}

一、引　　言

　　中国(上海)自由贸易试验区(以下简称上海自贸区)包括外高桥保税区、外高桥保税物流园区、洋山保税港区和浦东国际机场四个区域,总面积28.78平方公里。上海自贸区是狭义的自贸区,尽管属于我国领土,但在这部分区域内运入的任何货物就进口关税及其他各税而言,被认为等同于在国境以外,并免于实施惯常的海关监管制度。随着经济全球化的加快,类似这种区域性安排不仅包括货物贸易自由化,而且涉及服务贸易、投资、政府采购、知识产权保护、标准化等更多领域。自贸区已成为一个国家或地区实施扩大开放与合作战略的重

　　* 本文系上海市教委科研创新项目(14YS101);上海对外经贸大学中央财政支持地方高校发展专项资金(YC-XK-13203)及"十二五"内涵建设项目(Z085GSGL14029、Z085GSGL13064);2012年"上海高校青年教师培养资助计划"阶段性成果。本文原载于《上海对外经贸大学学报》,2015年第3期。
　　** 作者简介:田纪鹏,上海对外经贸大学会展与旅游学院副教授,研究方向:服务贸易。刘少湃,上海对外经贸大学会展与旅游学院副教授,研究方向:服务贸易。蔡萌,上海对外经贸大学会展与旅游学院讲师,研究方向:文化产业。姚昆遗,上海对外经贸大学会展与旅游学院教授,研究方向:文化产业。

要手段。目前,全球不同类型自贸区总数已超过一千个。

自 1980 年 6 月联合国教科文组织将文化产业界定为按照工业标准,生产、再生产、储存以及分配文化产品和服务的一系列活动以来,文化产业在世界各国经济社会发展中的作用越来越突出,许多国家将其定位为国家的支柱产业或者战略产业。

放眼全球,纽约、新加坡、迪拜均是拥有世界知名自贸区的国际大都市,同时它们的文化产业发展势头良好、具有积极示范作用。在过去几十年中,上述国际大都市不断探索与积累了大量利用自贸区发展文化产业的先进经验,并形成了四种特色鲜明的文化产业发展模式。这对上海把握自贸区建设契机,大力发展文化产业,极具启示意义。

二、上海文化产业发展阶段、现状与问题

(一)上海文化产业发展阶段

上海文化产业发展起始于 20 世纪 90 年代,大体经历了下列四个发展阶段。

1. 1997—2004 年萌芽与自发发展阶段

1997 年上海市进行都市型工业产业结构调整,工业园重心从市区开始转移至郊区。市区大量具有历史价值的厂房开始闲置,较低的厂房租金成为大量文化从业者集聚于此从事文化产业创作的原始动力,上海文化产业进入萌芽与自发发展阶段。

2. 2005—2007 年快速发展阶段

经过几年时间的发展,上海市政府开始认识到文化产业对全市经济社会发展的重要意义。2005 年 1 月,专门从事推动上海文化创意产业发展的上海创意产业中心正式挂牌,之后又相继出台了鼓励非公有资本进入文化产业、税收减免等一系列优惠政策,上海文化产业经历了一段快速发展的时期。

　　自 2005 年 4 月上海市政府批准田子坊等第一批文化创意产业园起，至 2007 年，上海市共批准成立了四批 75 家文化创意产业园区，吸引文化创意企业 3 000 余家，从业者超过 2 万人。集聚发展是该阶段上海文化产业发展的主要模式。

　　3. 2008—2012 年政府调控发展阶段

　　上海文化产业园区在快速发展的同时也暴露出一些突出问题，如文化产品与服务市场供给基本饱和，促进文化产业发展的诸多优惠政策成为一些机构和个人牟取私利的手段等。针对这些问题，上海市政府撤消了 4 家创意产业园区的授牌，并开始对文化创意产业进行深层次管理与整顿。

　　在这期间，上海市政府细化并拓展了相关管理办法，使其覆盖整个文化产业。上海文化产业发展速度有所下降，但质量逐步提高。2009 年我国第一个"国家数字出版基地"落户上海，上海文化产业开启了国际化的文化产业模式。2010 年中国上海世博会更是成为国际文化创意展示交流的盛会，标志着上海文化产业发展达到全新的高度。2011 年《上海市文化创意产业发展"十二五"规划》出台，详尽的文化创意产业发展规划与措施，有力地保障了 2015 年上海文化产业发展目标的实现。

　　4. 2013 年至今的后自贸区发展阶段

　　2013 年 9 月 29 日，中国（上海）自由贸易试验区正式挂牌成立，成为我国大陆第一个自贸区。上海自贸区服务业首批扩大开放措施中涉及文化产业的主要有三个方面：一是演出经纪（开放措施是取消外资演出经纪机构的股比限制，允许设立外商独资演出经纪机构，为上海市提供服务）；二是娱乐场所（开放措施是允许设立外商独资的娱乐场所，在试验区内提供服务）；三是游戏机、游艺机销售及服务（开放措施是允许外资企业从事游戏游艺设备的生产和销售，通过文化主管部门内容审查的游戏游艺设备可面向国内市场销售）[①]。《文化部实施上海自贸试验区文化市场管理政策通知》进一步明确了上海自贸区文化产业开放的上述三个领域，并调整了相应的市场管理政策[2]。上海自贸区有关文化服务的开放措施及其他制度创新，必将深刻影响上海的文化产业发展，引领其进入一个全新的后自贸区发展阶段。

截止目前，上海部分文化企业的先行先试已取得成效。由国家对外文化贸易基地建立的，旨在促进文化贸易发展的公共服务平台，先后吸引了佳士得拍卖、华谊兄弟、中国图书进出口公司等170多家国内外知名文化企业入驻，形成了全国范围内规模最大的外向型文化企业集群。百视通与微软在自贸区合资组建公司。中国首个保税艺术品仓库挂牌落成，上海国际艺术品交易中心协助佳士得拍卖行举行了首场拍卖会。[3]

（二）上海文化产业发展现状

上海文化产业经过近20年的发展，规模从无到有，质量由低到高，在上海经济社会发展中的作用日益凸显。根据2014年上海市文化创意产业推进工作会议披露[4]，2013年上海文化创意产业实现快速健康发展，全年完成增加值2 500亿元，同比增长10.1%，占本市GDP的比重约为11.5%。中国工业设计研究院项目等一批国家和市级重大文化创意产业项目稳步推进，大项目带动力进一步增强。全市118家文化创意产业园区建设取得实效，平台的载体功能进一步得到发挥。产业政策持续发力，产业环境不断优化。国内外交流日益频繁，产业影响力日益扩大。把握自贸区建设契机，文化创意开放力度不断提高。

（三）上海文化产业发展主要问题

1. 政府政策灵活性有待提升

文化产业发展离不开政府政策扶持，但在后自贸区时代，文化产业扶持政策必须遵循WTO"绿箱"政策，必须以增强文化产业创新力和竞争力为根本出发点，任何直接干预市场价格及影响市场供需的政策都需尽快废止。目前上海文化产业发展政策还没有达到WTO"绿箱"政策的要求，且政策灵活性不高。

2.市场需求导向不明显

以大项目建设为主导是上海文化产业发展的思路之一。大项目建设对带动上海文化产业全面发展固然具有重大意义，但必须要审视这些大项目对上海城市精神和文化市场需求有无充分考量。目前上海文化产业大项目涉及领域过窄，往往集中于新闻出版、广播影视等传统领域，对广大的市民需求关注不够。大项目以及文化创意产业园区的布局集中在中心城区，没有充分考虑郊区县市场需求，郊区配置较少。

3.发展主体比较单一

目前上海文化产业中的国有资本在产业引领与支撑方面发挥了重要作用，但必须还要看到，文化市场需求的多样性必然要求各类发展主体的共同参与。因此，需要给予其他发展主体如民间资本等，更多参与文化产业发展的空间与支持。

4.缺乏专门人才

文化产业作为智力密集型产业，科技含量较高，对专门人才的需求很大。目前上海文化产业从业人员以原国有文化事业单位人员为主，很难适应现代文化产业发展的需求。上海目前的教育体制和人才引进机制也不利于文化产业专门人才的培养与引进。

5.知识产权保护体系还不健全

与发达国家相比，我国对知识产权的保护起步较晚，立法技术较落后，还未建立起一套完善的知识产权保护体系，特别是尚未对文化产业中的文化服务进行有效保护。司法、执法方面存在的周期长、多头管理等问题，使得文化产品与服务的交易成本居高不下。

6. 对文化产业创新的重视不足

上海文化产业创新重视不足体现在三个方面：一是对民族文化创新的重视不足。与引进百老汇的著名歌剧相比，对沪剧等传统民族文化的保护、开发与传承不够。二是对文化企业核心竞争力培育的重视不足。目前上海尚无具有国际影响力和竞争力的文化企业。三是对文化品牌建设重要性的重视不足。目前上海尚未形成国际知名的文化产品与服务品牌，屈指可数的几个文化节庆品牌影响力有限。

三、中国（上海）自由贸易试验区建设给上海文化产业发展带来的机遇与挑战

上海自贸区建设给上海文化产业发展带来的重大历史机遇体现在下列七个方面：一是自贸区产业发展环境优良，将为文化产业发展提供广阔空间；二是自贸区负面清单管理模式，将为文化产业国际贸易创造便利；三是自贸区知识产权制度创新，将引导文化产业健康有序发展；四是自贸区金融服务扩大开放，将为文化产业发展提供融资平台；五是自贸区人才中介、教育培训领域开放，将有助于高端人才队伍建设；六是自贸区游戏机领域开放，将为游戏机产业发展带来难得的契机；七是自贸区建设使商旅活动频繁，将带动旅游产业快速发展。

上海自贸区建设同样给上海文化产业发展带来严峻挑战，主要体现在下列三个方面：一是外资文化企业的强势进驻，有可能冲击本土文化企业发展；二是文化产业的不断开放，有可能影响文化产业自主创新；三是制度的完善需要一定时间，有可能导致投机企业乘机侵扰。

四、国际大都市利用自贸区发展文化产业基本经验

(一) 纽约利用自贸区发展文化产业的经验

1. 纽约港自贸区概况

纽约港自贸区设立于 1979 年,是全美第 49 个自贸区。尽管名称为纽约港自贸区,但其大部分位于新泽西州,小部分位于纽约州,由地跨两州的统一的纽约—新泽西港务局管理。2010 年,纽约港自贸区商品进出口额为 226 亿美元,其中普通区为 66 亿美元,子区域为 160 亿美元。

纽约港自贸区企业包括汽车和果汁进口商和加工商、多用途仓库运营商等,目前有 5 家制造商和 9 家仓库运营商,其中 3 家制造商主要针对海外市场。纽约港自贸区还包括 9 个活跃的子区域。纽约港自贸区地块包括:纽瓦克—伊丽莎白港内港务局海事码头、伊丽莎白市工业园区、新泽西港港口管理局海运码头和格林维尔堆场、爱迪生市海勒工业园区、南不伦瑞克海勒工业园区、伊丽莎白市北港工业中心、卡特里特 I—12 工业园区、珀斯安波 I—440 港工业园、里德港商业园区、伊丽莎白市伊丽莎白港商务园区、力登中心商务园区、科尔尼市南科尔尼工业园区。

2. 纽约文化产业发展现状

纽约在 2009 年首次确定了"文化创意核心产业部门"的九大核心产业:广告、电影和电视、广播、出版、建筑、设计、音乐、视觉艺术、表演艺术。

纽约文化创意核心行业雇主以个体业主为主,企业和非盈利机构为辅。目前纽约从事文化创意产业的个体业主约为 7.9 万个,而企业和非营利机构仅为 1.2 万个。

2000 年以来,尽管纽约逐渐丧失了某些产业部门在全美的部分市

场份额，但仍是美国首屈一指的文化创意产业中心。2005 年纽约文化创意产业汇聚了全美 8.3%（约 23 万人）的相关人才，部门收入为244.81 亿美元。

3. 纽约文化产业集聚发展模式的基本经验

第一，以市场需求为导向。以市场需求为导向是纽约文化产业集聚发展的基本特征，催生了两大文化产业集聚区——SOHO 文化集聚区（South of Houston Street）和"百老汇"文化集聚区（Broadway）。纽约居民生活方式早已文化创意化，这也促使了创作者面向市场需求不断推陈出新，从而加快了文化创意产业欣欣向荣局面的形成。

第二，投资主体多元化。纽约文化产业发展投资主体除政府以外，还包括各种经济机构与团体、非营利机构与团体。以纽约两个文化产业集聚区为例，政府以外的投资主体的投资规模接近总投资规模的一半。

第三，文化产业运作高度企业化。纽约文化产业发展采取企业化与多元化发展模式，形成分工明确的四级孵化器：项目孵化器、企业孵化器、"大孵化"器（即二级孵化器的企业升级孵化），以及跨国孵化器。同时，纽约文化产业发展采取园区化，园区的主办者包括政府、私人、学术机构等。

第四，营造良好的文化产业发展环境。纽约市人文与生态环境优良、基础设施便利，吸引了世界各国的顶级文化创意人才，为促进文化创意产业发展集聚了人力资源优势。

第五，注重品牌塑造与保护。纽约创造了"SOHO""百老汇"等世界顶级文化产业品牌，同时不断加大品牌营销，在国际上始终保持着很高的关注度。纽约文化产业品牌强调版权保护，自 1790 年制定第一部版权法以来，美国已建立起比较完善的知识产权保护体系，形成了保护与激励原创的机制，从制度上保证了纽约成为世界文化创意创作中心。

（二）新加坡利用自贸区发展文化产业的经验

1. 新加坡自贸区概况

新加坡根据《自由贸易区法令》于 1969 年成立了第一个自贸区——裕廊自贸区。目前，新加坡共有 7 个自贸区，除樟宜机场自贸区负责空运货物外，其余 6 个自贸区均负责海运货物。2012 年新加坡国际港务集团净利增长 10.7% 至 12.57 亿新元（约 10.13 亿美元），集装箱码头吞吐量增长 5.2% 至 6 006 万标箱。

新加坡自贸区为散货进出口提供 72 小时免费储存服务，为等待复运出口或转口的货物提供 28 天免费储存服务。货物可以在同一自贸区内自由转运，跨自贸区则需要在海关的监管下进行。自贸区具有极高的运转效率，卸货时间约为 4 至 6 小时，大型快递公司（比如 UPS、FedEx 等）从卸货至运出自贸区只需大约 1 小时。

在 2013 年 5 月举行的"第 27 届亚洲货运业及供应链奖"颁奖典礼上，新加坡海港连续第 25 次获得"亚洲最佳海港"的称号，樟宜机场则连续第 27 年被选为"亚洲最佳机场"。

2. 新加坡文化产业发展现状

新加坡文化产业同样被定义为"创意产业"。新加坡文化产业共分为文化艺术、设计、传媒三个领域。自 20 世纪 80 年代至今，新加坡文化产业取得了巨大的发展成就，主要表现在下列几个方面：

首先，文化产业地位愈发重要。2010 年，新加坡文化产业增加值为 118 亿美元，占 GDP 比重 3.8%；从业人员达到 14 万，占总就业人数的 4.8%。其次，文化产业集群化日益显著。文化产业三个领域集群化发展取得新成就，如 2011 年文化艺术演出场所达到 856 个，各类演出活动 3.18 万场。再次，文化产业基础设施一流。新加坡拥有世界顶级的城市基础设施，因此成为国际知名的个人和团体亚太巡回演出的必经之地。同时，新加坡还是亚太地区著名的旅游目的地，酒店、餐饮、商贸等配套设施也居世界先进水平。最后，文化产业国际竞争力居世界前列。总体来看,新加坡全球竞争力仅次于瑞士,居世界第二。在文化产业国际竞争力方面,以动漫和游戏产业为代表的新加坡传媒业已处于世界一流水平。

3. 新加坡文化产业举国发展模式的基本经验

第一,将文化产业定位为核心战略产业。新加坡是亚洲第一个将发展文化产业上升为国家战略的国家。由此,新加坡制定了一系列文化产业规划,设定了阶段性发展目标和相应的发展政策,全面系统地确立了文化产业的战略核心地位。

第二,政府大力扶持。新加坡政府高度重视对文化产业的扶持,例如,在 2011 年新加坡财政预算中,政府计划每年投入 3.65 亿新加坡元到文化艺术产业,该计划一直持续到了 2015 年。

第三,重视文化创意人才的引进和培养。新加坡已经建立起了从小学教育开始的渐进式文化创意产业教育体系,同时还与伦敦皇家艺术学院等国际顶尖学术研究机构进行广泛合作,在新加坡国立大学开设文化创意产业相关课程,培养文化创意人才。此外,新加坡还采取提高奖学金金额、降低税收等手段,大力吸引国际优秀文化创意人才。

第四,将文化资源有效转化为文化产品。得益于多元化社会,新加坡文化兼容了不同的文化传统和一系列的文化节事活动,如华人新年、佛诞日、开斋节、哈芝节、圣诞节等,这些宝贵的文化财富均被发掘整理为新加坡的文化产品,每年吸引大量游客前往体验。

(三) 迪拜利用自贸区发展文化产业的经验

1. 迪拜自贸区概况

1985 年,杰拜勒·阿里自由贸易区(JAFZA)揭幕成立,为阿拉伯地区建设自贸区提供了成功范例,并促使迪拜以其为参考模型建立自贸区,鼓励外商贸易与投资。在迪拜自贸区注册的企业可由外商100%控股,甚至还可享受免关税的待遇。此外,这些企业在雇工与赞助等方面也不受限制。迪拜作为中东地区的一座重要城市,因为能够提供自由的市场环境、先进的基础设施、稳定的政治环境、蓬勃发展的经济和各种免税政策等,成为跨国企业落户中东地区的首选。

迪拜现有近 20 个自贸区,包括迪拜机场自贸区、迪拜珠宝城、迪拜网络城、迪拜知识村、迪拜硅谷、迪拜健康城、迪拜国际金融中心、迪拜体育城、迪拜棕榈岛工程、海关与自贸区公司、迪拜汽车城、迪拜五金城、迪拜纺织城、迪拜花卉中心、迪拜物流城等。而且迪拜还在计划建设更多的自贸区。

2.迪拜文化产业发展现状

迪拜的发展始于 20 世纪 60 年代末的石油发现,迪拜利用石油所带来的收入迅速发展城市基础建设。此后迪拜利用国际贸易市场地位,在发展经济的同时大力发展旅游业,在短短的二三十年间,迪拜从一个普通的海滨城市,发展成一个国际大都会。

迪拜的酒店文化和旅游文化举世闻名。"金帆船酒店"是迪拜的骄傲,这座建在人工岛上的酒店,是世界唯一的七星级酒店。2009 年完工的"迪拜塔"高达 828 米,更是全球写字楼的巅峰。迪拜还具有其他伊斯兰国家所不具有的特色活动,包括每年在 1 月 24 日至 2 月 24 日期间举行的全世界规模最大的购物盛会——迪拜购物节、迪拜电影节、艺术博览会等。

3.迪拜文化产业融合发展模式的基本经验

第一,发展国际现代服务业推进文化产业发展。目前石油开采与交易只占迪拜 GDP 的 6% 左右,国际现代服务业才是迪拜经济异军突起的关键因素。在迪拜的产业结构中,服务业占迪拜 GDP 的 68% 左右,处于主导地位。迪拜国际现代服务业为发展文化产业提供了诸如市场开拓、产品推广等诸多方面的便利条件,极大促进了文化产业发展。

第二,移民给城市注入文化发展的多样性元素。迪拜移民人口比例在 80%以上。迪拜以开放的姿态广纳不同文化的移民，使得迪拜成为东西方文化、现代与传统文化交相呼应的中东地区文化之都。

第三，政府大力支持。首先，迪拜施行宽松的土地政策，允许外籍公民购买地产，促进了迪拜酒店建筑等各类文化基础设施的兴建，使迪拜成为中东地区重要的会展与旅游目的地和文化圣地。其次，迪拜施行免税政策，吸引了全球各类文化创意企业纷至沓来，目前迪拜已经成为包括电影取景地、特效制作等在内的文化产业重地。

第四，各类自贸区的设立，为文化产业发展提供了便利。迪拜已建立及即将建立的自贸区达 20 多个，同时这些自贸区均有相对明确的主题。迪拜自贸区为文化产业集聚发展、统一管理以及制定优惠政策等，提供了极大便利。

五、国际经验对上海的启示

利用自贸区发展文化产业的纽约集聚发展模式、新加坡举国发展模式和迪拜融合发展模式尽管各具特点，但彼此有诸多共同之处，对上海利用自贸区建设发展文化产业具有深刻启示。自贸区建设的核心是制度创新，上述国际经验体现制度创新的重要方面包括下列五点：

（一）多层次的政府大力支持

无论是以经济自由发展著称的纽约，还是政府主导特征明显的新加坡和迪拜，在发展文化创意产业方面，政府均给予了基于 WTO"绿箱"政策标准的大力支持。政府支持具有多层次性，包括纽约间接的营造良好产业发展环境、提供公共服务等战略层面支持，也包括新加坡和迪拜直接的政府投入、文化产业发展规划、税收政策优惠等具体层面支持。这对上海的启示是，政府要建立至少包括战略层面和具体层面在内的多层次的文化产业发展支持体系。

（二）完善的知识产权保护体系

文化产品与服务很容易被模仿，因此以版权法为代表的知识产权保护体系对文化产业健康发展具有重要意义。美国早在 1790 年就制定了第一部版权法。自贸区建设加快了上海与世界先进版权保护体系接轨，倒逼上海构建完善的知识产权保护体系。这对上海的启示是，应尽快构建与世界接轨的知识产权保护体系及其他法律基础，促进文化产业不断推陈出新，永葆创作生机。

（三）先进的人才培养与引进机制

人才是文化产业发展的关键。纽约拥有众多著名的文化艺术学院；新加坡则早已建立了从小学开始的文化创意产业教育体系。此外上述城市还采取各种激励政策，吸引全球文化创意人才。这对上海的启示是，发展文化产业人才是关键，必须立足长远，构建系统的文化产业人才培养体系，引导社会更加关注文化产业人才培养。而构建科学的文化产业人才引进机制，可以在很大程度上满足短期文化创意人才需求。

（四）明确的市场需求为根本指引

文化产业作为经济产业门类之一，其产出必须要有市场。纽约两大文化产业集聚区的不少文化产出早已成为历久弥新的经典；新加坡和迪拜充分发挥多元文化优势，打造丰富多彩的文化产品与服务。这对上海的启示是，文化产业的产出必须以市场需求为导向，坚持事后监管，而不是替市场做决策，以防产出无市场、产业发展不可持续等问题发生。

（五）鲜明的文化产业发展特色

纽约文化产业发展特色是集聚发展,充分发挥了规模经济;新加坡鉴于自身特点,将发展文化产业超前确定为国家战略;迪拜则将文化产业发展融入到主题明确的各大自贸区之中。这对上海的启示是,上海需要深刻剖析自身优劣势,结合自贸区建设找准发展文化产业的抓手,因地制宜地发展文化产业。例如上海文化产业发展在空间布局上,需坚持集聚发展的原则;在资源配置上,需坚持市场自由主导的原则;在产业定位上,需坚持举全市之力办成的原则;在与城市和其他产业协调上,需坚持融合发展的原则。

注 释

① 中国(上海)自由贸易试验区服务业扩大开放措施[EB/OL].http://www.gov. cn/xxgk/pub/govpublic/mrlm/201309/t20130927_66429.html,2014-7-20.

② 文化部实施上海自贸试验区文化市场管理政策通知[EB/OL].http://www. gov.cn/gzdt/2013-09/30/content_2498473.htm,2014-7-20.

③ 上海市文化创意产业 2013 年工作总结和 2014 年工作要点[EB/OL].http:// shcci.eastday.com/c/20140410/u1a8024904.html,2014-7-20.

④ 2014 年上海市文化创意产业推进工作会议召开[EB/OL].http://sh.people. com.cn/n/2014/0410/c134768-20962520.html,2014-7-20.

参考文献

[1] 上海对外经贸大学 211 办公室,上海对外经贸大学科研处.2014 年中国(上海)自由贸易试验区研究蓝皮书[M].上海:格致出版社,2014.

[2] 厉无畏,于雪梅.关于上海文化创意产业基地发展的思考[J].上海经济研究, 2005(8):48—53.

[3] 王如忠.上海文化创意产业发展的战略思路与对策研究[J].上海经济研究, 2007(10):76—83.

[4] 顾肖荣,徐澜波,张明坤.上海文化立法规划和文化法律思想研究[J].政治与

法律,2003(1):77—87.

[5] 王慧敏.创新上海文化创意产业的发展路径[J].上海经济,2014(1):39—41.

[6] 丛立先,卢洋.论我国文化产业的知识产权保护[J].社会科学辑刊,2008(1):
56—59.

[7] 上海文化活力靠什么来激发[N].解放日报,2014-02-01004.

[8] 陈国权.上海文化产业发展的几点思考[J].上海商业,2012(5):10—11.

[9] 王晖.北京市与纽约市文化创意产业集聚区比较研究[J].北京社会科学,
2010(6):32—37.

[10] 陆军荣,杨建文.中国保税港区:创新与发展[M],上海:上海社会科学院出
版社,2008.

[11] 胥会云,蔡锟淏.自由贸易区之新加坡经验[N].第一财经日报,2003-08-02.

[12] 庞英姿.新加坡文化产业发展的经验及启示[J].东南亚南亚研究,2013(4):
75—79.

第 四 部 分

全 球 前 沿

近年国外文化产业研究综述

戴伊璇[*]

一、关于文化产业的基础理论研究

（一）文化产业与文化

在文化创意产业的相关研究中，文化产业中的文化被认为是理所当然的，文化生产研究有着一种"文化从文化经济学术中消失"的症状，即如同 Cooper 指出的那样，文化的问题在文化产业研究中"很少出现，而且不引人注意。"[①] 近年来，越来越多的学者注意到文化的生产消费与文化经济的研究方法之间仍有很大的学术空白，L Richardson 就是其中之一，他认为文化化作为一种文化经济的方法，是解决文化产业中相关研究困境的一种手段，文化化将文化经济的现实作为一个定义的问题，包含一个将文化和文化生产放入"现实的操作"中结合的过程，他在《文化化与装置：文化经济中的文化是什么?》(Culturalisation and devices：what is culture in cultural economy?)[②] 一文中提出，利用文化装置可以审视文化定义的过程与文化经济方法之间的概念联系，作者围绕英国布里斯托尔某项文化表演中的工作坊、项目和活动等文化装置进行调查研究，并以此为例说明了以下两点。首先文化化

* 作者简介：戴伊璇，上海社会科学院文学研究所助理研究员。

是如何在一个指定的文化部门发生的,从而偶然地实现了文化生产;其次,文化经济作为文化化过程中的隐含逻辑,是可以由文化装置体现出来。这项研究打破了文化和文化生产两个本体论之间的分离状态,从而提供了一种进入文化问题和特定文化方法的合理研究途径。

《文化差异是否影响文化产品的贸易? 以音乐贸易为例》(Do cultural differences affect the trade of cultural goods? A study in trade of music)[③]利用音乐光盘(CD)的贸易数据,研究了文化差异对文化产品贸易决策和贸易量的影响。实验根据民族音乐学和文明的分类,把各国分为若干组,并制定了适当代表文化差异的新变量,然后使用 Helpman 等人提出的贸易引力模型,利用它来避免模糊的选择和内生性偏差,此外还利用了对消费者类型的识别性假设,该研究中实证假设是,文化熟悉度较高的两个国家之间的音乐贸易量较大。实证结果显示,除了传统的贸易决定因素外,文化差异对贸易决策和音乐贸易量有显著影响。这一发现支持了研究者的假设,即较高的文化熟悉度会促进文化产品贸易。

(二) 文化产业与创新

文化创意产业与一般产业不同,创新活动是其产业内驱力的根本来源,因此创新因素在文化产业中有着极高的地位。通常认为创新是经济生活中的一个具有普遍性的积极因素,然而,一个明显的悖论是,并非所有的创新都是好的,它们也不一定是对它们所取代的某种旧事物的改进,比如很快就被遗忘的"新奇"小工具,或者是票房惨淡的重磅特效大片,这是由于无论是技术还是艺术上的优势,都与经济或文化的成功没有简单的直接关联。文化产业领域的情况则更为严峻,在文化经济中,创新的"价值"在于产品或实践,在从设计到使用的整个生产过程中的任何阶段,社会或文化价值一旦发生变化,都会起到"重估"物体或实践的作用。Andy C Pratt 的《创新与文化经济》(Innovation and the cultural economy）④一文将创新"价值"的不稳定性和变化作为研究重点，试图拓展我们对"创新"的理解，特别是借科学话语进行理解。作者提出一个假设，假定所有行业在成本、售价等方面的市场运作方式基本相同，那么"创新"对于文化产业的影响与其他行业相比，是否有所不同？在这一假设的基础上，文章首先论证人们对创新的期望受到了工业转型中部分特定经验的限制，比如大规模生产和特定分工，并指出文化经济应该是"新常态"。其次，文章也反对一概而论，说明所有行业都有经验上的差异，创新的情境性对于我们理解它至关重要。最后，作者提出了关于"什么是知识"的基本问题。

该研究的结论是：正是对"创新"一词的概念化，导致我们将文化产业视为特殊的产业，其核心在于我们是如何构想知识和创新的。文章大部分内容都是在说明现有的分析是如何掩盖对创新的分析的，通常的经济学和管理学的规范性研究路径将创新表现为线性的、原子化的、非社会的、技术的概念，作者意在点明这些分析模式的局限性与单一性，并从根本上挑战这些传统研究模式，为文化产业的创意性研究提供了新的分析角度，不仅有助于重新定位对文化产业的分析，而且同样适用于其他经济领域的研究。

（三）文化产业与国际贸易

自从 Hirsch 在 1972 年提出文化产业和文化产品的独特性以来，学者们已经采用这种研究背景来研究各种问题，发展新的理论，并扩展现有的理论。例如，社会学、文化经济学、经济地理学等学科以文化产业为背景进行了大量研究，近年来文化产业的流行性、刺激性和复杂性引发了国际经济与贸易相关学者越来越多的关注，产生了丰富的见解和激烈的争论，目前国际经贸领域关于文化产业的研究在理论发展方面存在两个主要不足：一是对多语境分析的应用有限，二是跨学科的联系不足。

《国际商业研究中的文化产业：成果与前景》(Cultural industries in international business research：Progress and prospect)[5]一文对于近年来国际经贸研究中文化产业部分的理论研究情况做了一个完整的梳理，分析了文化产业的特征及它的演变是如何为扩展现有理论或建立新理论提供机会的。特别是在国际经济研究方面，文章针对"如何加强文化产业背景在国际经济研究中的应用"这一核心问题，分为四大主题，(1)文化产业特有的国际化战略；(2)跨境创新研究；(3)全球经济中的社会包容；(4)新兴市场研究。

总而言之，这份研究回顾认为文化产业研究不仅可以催生经典的国际经济研究课题的复兴，如国际化战略和跨境创新，还可以为解决一些富有开创性的国际经济研究议题提供一个天然的"实验室"。

(四) 文化产业与金融资本

由于文化生产与销售的不确定性和风险性，融资难一直是文化产业中的一大问题，和金融资本的融合不足会制约产业的快速发展。

虽然艺术产业中的规模经济已经被研究得比较透彻，但范围经济却没有得到应有的重视。然而，近年来，在技术发展的背景之下，范围经济在艺术家孵化器中开始体现出自身的重要性。Amy Whitaker 的《艺术家孵化器项目中的范围经济》(Economies of scope in artists' incubator projects)[6]一文中提出了一个合作战略的概念框架，所谓战略，是指在联合生产的经济意义上和风险共担的财务意义上都采用了范围经济的概念，这个框架瞄准美国和欧洲的合作组织战略这一大背景，同时借鉴了创意产业的空间集聚的研究成果，通过对两个美国艺术家孵化机构 ArtBuilt 和 REC(Resources for Every Creator)的案例研究，区分了特许经营、联盟和资源共享的组织结构。作者通过基金会的信贷支持引出了"资产负债表慈善事业"的猜测性想法，以及可以在一系列组织中试行的新型投资信托，包括基金会、资助者、艺术家居住项目,甚至从事再保险的营利性公司,这一研究为创造性地参与艺术组织的能力建设提供了管理工具和策略。

《金融发展是否有利于公开交易的文化创意公司的业绩? 来自中国的证据》(Has financial development benefited the performance of publicly traded cultural and creative firms? Evidence from China)[⑦]则利用2008—2015年期间的数据,研究了金融发展对中国公开交易的文化创意企业绩效的影响。研究结果显示,金融发展,尤其是信贷市场的增长,与上市文化创意企业的业绩改善息息相关。文章还指出了金融发展在中国各地区表现出不同的影响,在融资渠道中,东部地区的银行贷款和中西部地区的民间借贷对促进公开交易的文化创意公司的业绩更有成效。该项研究对金融家和文化创意产业的筹资和融资行为都有重要的政策意义,作者提出为实现文化创意产业的可持续发展,应采取促进金融产品创新、使融资渠道多样化和缓解金融困难的政策措施。

二、数字化背景下的文化产业

(一) 回顾与展望

从20世纪90年代开始,数字化对于文化创意产业的影响可以分为前后两轮,第一轮以负面影响为主,数字化带来的后果是收入的急剧减少和持续下降,其中最主要的原因自然是盗版的猖獗,数字化使得无偿消费成为可能,这对音乐、电影、图书等产业造成了重创。第二轮数字化发生在2010年之后,数字化的另一些优势开始在文化创意产业中崭露头角,其中最重要的是降低了成本,数字化使得文化产品的制作、发行、推广等环节的成本大幅下降。现在,一个艺术家可以通过智能手机上的软件来制作音乐或者是视频,推广则可以通过在线媒体或者网站的评论获得,甚至中介的费用也被省去,比如作者可以直接利用网络平台出版自己的作品，而无需经过代理、编辑或是出版商，在这一轮数字化中，很明显文化产业是获利了。越来越多的学者开始针对文化产业与数字化携手共进的这段历史进行全面的回顾、总结与展望。

F Colombo 的《回顾文化产业：从创意产业到数字平台》(Reviewing the cultural industry：From creative industries to digital platform)⑧一文回顾了文化创意产业作为一个概念被研究的学术历程，并着重探讨了大型数字平台之于文化创意产业研究的意义以及其中的新趋势。他指出，苹果、亚马逊这样大型数字平台的出现，本身就为 1970 年代对于文化创意产业的一些解释提供了新的可能性，比如文化创意产业中新情景与新方案带来的新颖体验的重要性，以及对于传统文化产业的延续性等方面，这些数字平台给传统理论提供了新的例证。同时，对数字平台的演变及其与传统文化产业的联系提出了一些新的设想，比如类似谷歌、脸书这类巨型公司拥有传统文化产业难以企及的规模，因此这类巨型公司也能发挥自身的经济优势从而形成垄断，比如利用数据算法监控文化产品的消费，最终造成不可预计的结果等等。

J Waldfogel 的《数字化如何创造了一个音乐、电影、书籍和电视的黄金时代》⑨同样是一篇从宏观角度进行研究的文章。作者在分析数字化的影响时，并没有只将目光投向行业利润或是产品数量这些可以轻松量化的结果上。文章提出的核心观点在于，"降低文创产品上市的成本，就可能为新产品带来实质性的改善，并最终造福消费者"这一结论，并且在统计的基础上还提出了一个值得注意的新观点：那些原本预期会成为"失败者"的产品，也就是在数字时代之前根本不可能生产出来的产品，实际上大多数都获得了成功，并且这个份额仍在不断扩大，以出版为例，过去被出版商拒绝的书稿大多没有了下文，而现在，在亚马逊等在线平台上自行出版的书籍在畅销书中所占的比例越来越大。从"长尾理论"来看,在线零售业让消费者能够获得基本上所有现存的产品,而不是在当地的实体店中获得少量的书籍、电影或音乐,这显然给消费者带来了巨大的利益,尤其是那些面临有限的线下选择的消费者,他们将会获得更多的"随机长尾"。

即使数字媒体被认为是提高艺术和文化参与度和多样性的重要工具,也并非所有人都对数字化与文化体验的结合叫好,《数字化文化:文化参与、多样性与数字鸿沟》(Culture is Digital: Cultural Participation, Diversity and the Digital Divide)[⑩]一文借鉴了两个未曾被联系在一起的研究主题:关于文化参与的研究和关于数字鸿沟的研究。以2005年至2016年间英国数字媒体和文化参与的调查数据为基础,重点关注博物馆和美术馆。结果证实数字媒体虽然提供了吸引新观众的重要手段,但在线和离线参与博物馆和画廊的情况仍然非常不平等。最令人担忧的是,富人和穷人之间的差距在网上比实际参观时还要大。在线访问非但没有帮助增加观众的多样性,反而似乎坐实甚至扩大了现有的不平等现象。

C Peukert 的《数字技术变革的下一个浪潮与文化产业》(The next wave of digital technological change and the cultural industries)[⑪]一文讨论了下一波数字技术变革的供应方经济学,对数字时代的文化产业前景进行了展望。作者首先提出,数字化和互联网平台,加上用户生成内容的自动许可,已经大大降低了个人层面的文化参与成本,在此基础上讨论了对广告收入的依赖会如何影响这一动态,并强调了对版权经济学的一些影响。其次由于收集更精细市场数据的成本已经大大降低,因此作者分析了在何种背景之下能够引发文化产品的差异化。最后,文章推测了人工智能在文化参与、版权和文化产业组织方面对人类创造力的补充或替代作用,以及可能产生的经济影响。

(二) 流媒体与文化创意产业

近些年以来,随着科技的迅速发展与迭代,如前文所述,数字化带来的优势逐渐盖过了劣势,尤其是近年来热门的流媒体技术,给音乐、视频、游戏等行业带来了天翻地覆的变革,因此越来越多的学者也将视线投向流媒体技术及其背后的文化效应,在这方面的成果不仅有行业案例研究,也有综合研究。

对于流媒体的文化实践及其意义的追溯,《流媒体的文化脉络》(A cultural lineage of streaming)[12]一文是这方面研究的代表,作者Benjamin Burroughs 的研究旨在追溯流媒体技术的文化脉络,研究范畴从早期的互联网流媒体和编解码器带给大众的文化想象开始,一直到当代流媒体数字平台给带来的变革性文化体验为止,更包括广播、视频和互联网广播历史中的流媒体和反流媒体的时刻。通过剖析,文章不仅勾勒出流媒体的技术谱系和它的前身,而且还指明了流媒体发展史的文化意义。

Timothy King《从舞台到屏幕:流媒体在文化市场上的地位和对英国艺术政策的影响》(Streaming from stage to screen: its place in the cultural marketplace and the implication for UK arts policy)[13]一文浅谈了流媒体对于舞台表演的影响。歌剧和戏剧等舞台表演通过流媒体进入了越来越多的家庭,然而观众听到和看到的东西在质量上与剧院里看到的并不完全相同,而且随着对流媒体表演的新鲜感的消失,流媒体表演的吸引力可能会减弱。制作公司是否能提供"身临其境"的体验至关重要。虽然有人认为流媒体可能会吞并传统剧院的现场观众,但没有证据表明这一点,相反流媒体应该受到欢迎和重视,因为它扩大了可以从艺术补贴中受益的消费者的数量。

音乐产业也是同样,音乐流媒体服务正在改变音乐消费的社会动态,数字平台让人们可以随时随地以较低的费用甚至免费获得大量的授权音乐,使来自不同阶层的人们都能鉴赏音乐。不仅如此,音乐流媒体服务正在使音乐消费的体验个性化,通过借鉴音乐推荐技术,提取和预测用户的音乐品味的相似性,这些平台有可能以前所未有的速度加强音乐品味的阶级分化。然而,关于音乐流媒体服务是否能够塑造音乐品味和消费,相关研究甚少。Jack Webster《数字平台时代的品味:音乐流媒体服务和阶级区分的新形式》(Taste in the platform age:music streaming services and new forms of class distinction)[14]一文通过对音乐流媒体关键信息提供者和日常用户的 42 次采访,证明了音乐流媒体服务正在创造机会,以实现"平台上"和"平台下"的区分。首先,音乐流媒体平台的技术支持和播放列表的策划实践需要调动技术和音乐专业知识,这种知识会对消费人群进行区分。其次文章指出,以线下的实体形式进行音乐消费,如黑胶唱片,是部分人群通过挑战音乐流媒体服务来实现区分的一种方式。

游戏文化中,流媒体直播已经变得无处不在,先前研究主要集中在流媒体平台的技术考量上,但对于如何进入这个行业、获得技能,并作为内容生产者经营运作,却知之甚少。Anthony J. Pellicone 与 June Ahn 合撰的《表演的游戏:理解作为文化生产的流媒体》(The Game of Performing Play:Understanding streaming as cultural production)[15]对一个专业的流媒体在线论坛进行了定性研究,通过观察老手和新人之间的对话,对流媒体行业从业者如何将技术、社会和游戏技能结合在一起、并制作出吸引人的游戏进行了研究,研究发现,流媒体的一个关键技能就是打造游戏者的风格标签和人设,这一点已渗透到流媒体表演的每个元素中,个人身份在流媒体实践中变得越来越重要,未来对流媒体平台功能的设计,如社区管理和流媒体数据指标等,应当考虑游戏文化的这一方面。

(三) 版权保护研究

由于文创商品一旦被转化为数字形式,它就可以以接近零边际成本的方式被复制和传播,因此数字化曾经扰乱过一些受版权保护的媒体行业,包括图书、音乐、广播、电视和电影等。它导致了一些行业的盗版行为，这反过来又使商业销售商难以继续以传统方式将产品推向市场而获得同样的收入水平。大多数学者都认为，数字化使无偿消费成为可能，而这正是音乐产业收入减少的绝大部分原因。近十年以来，由于数字版权保护的发展，音乐、电视、电影、广播等行业开始反其道而行之，这些行业利用数字科技的红利，为版权保护设下更严格的壁垒，因此也有学者开始关注这一领域。

《数字盗版和价格公平的感知：来自区域实验的证据》(Digital piracy and the perception of price fairness: evidence from a field experiment)[16]一文关注消费者感知中的价格公平性和数字盗版之间的关系，研究者们设计了一个实验，在波兰最大的在线电子书商店的一大批客户中进行了在线调查，构建了三种价格公平性的衡量标准：个人愿意支付的最高价格、消费者认为公平的价格和财务自由环境下愿意支付的价格，并考察了这三种价格与实际支付价格之间的差异。研究团队发现，过度支付的经历与购买数字盗版产品的频率之间有一种稳健的关联性。简单来说，即获得"盗版"的意愿与个人经历过的主观定价过高有关，研究结果表明，较为公平的定价政策可以有效减少数字盗版。

从历史上看，文化产业模式一直是建立在人为的稀缺性模式基础上的，这种模式强调的是获取商品的排他权利。在文化产业逐渐金融化的今天，艺术品不再仅仅是一种可以买卖的商品，而是变成了为对冲基金和私募基金制造的交易货币，艺术品区块链的兴起正是数字艺术金融化转变的一部分，这种从商品到金融资产的转变，凸显了知识产权的新运作。区块链技术的出现表明未来可能会出现更强大的数字版权管理形式，可以说这暗示了一种关于文化产品的稀缺性的新操作。但是 R O'Dwyer 的研究却提出了相反的意见，他的《限量版：区块链上数字艺术生产中的人工稀缺性及其对文化产业的影响》(Limited edition: Producing artificial scarcity for digital art on the blockchain and its implications for the cultural industries)⑰一文探讨了如何利用区块链创建数字艺术限量版的问题,作者认为,区块链技术的重要性在于,将作品框定为独一无二的、与其他作品区分开来,但并不试图限制作品的复制或流通。如果说之前的文化产业是基于人为的稀缺性,限制艺术品等商品的流通,但是在目前的技术之下,未经授权的复制品的流通与区块链上的艺术商业模式并不冲突,稀缺性对作为资产的商品价值并不构成威胁。事实上,未授权商品的自由流通可以积极地促进商品的金融和投资价值或"网络效应",使商品的价值增加而不是减少。文章提出,区块链技术下生产限量版艺术商品的目的通常不在于更严格的数字版权管理,而在于创造可交易数字资产的新类型。

四、东亚的文化产业与国家政策

相比欧美,东亚地区的文化经济起步较晚,1990 年以后,随着文化商品在国际市场上的大规模流通,亚洲少数国家才开始有计划地输出文化产品,过去二十多年里,东亚的文化创意产业奋起直追,生产并出口了包括电影、流行音乐和动画在内的多种文化产品。过去,东亚国家一度被认为是文化产业输出的边缘国家,虽然现在欧美仍在主导全球文化产业资本中的权力结构和等级制度,但东亚已经成功地为自己开辟了新的市场,其文化产品进入欧美,一跃而起成为全球文化生产和消费中心之一,其强劲的发展势头已经引起全世界的瞩目。

东亚各国政府也逐渐认识到文化产业的商业优势,中日韩三国开始重视文化产业的经济组合,将其视为提升经济水平和提升"软实力"的途径,这一点引发学者们的关注,意识到有必要对这一现象进入深入研究,过往已有不少研究注意到了以中日韩三国为代表的东亚文化产业,从 21 世纪初期开始,就陆陆续续有文章介绍这三国文化产业的飞跃式发展。现如今，如果我们把视线拉长，视野扩大，将这种革命性的转变放在新自由主义全球化的背景下进行审视，就会注意到东亚"文化经济"在过去二十年中的迅猛发展涉及四个重要的变化维度，即东亚文化产业在生产规模与出口方面的增长态势；东亚文化生产链的跨国化分布；消费主义兴盛时代的文化经济；东亚文化经济与国家政策之间的紧密联系。这些新的社会问题值得研究者深思。

（一）新自由主义全球化背景下东亚文化政策的转向

文化产业的跨国经营日益增多，本国文化产品在世界市场上的知名度不断提高，这些对国家政策产生了深远的影响。随着艺术文化的商品化和出口型经济的发展，迫使东亚国家政府在产业政策和文化政策之间建立一种相对较新的联系，即将艺术文化本身与通过出口文化产品来积累国家财富的经济理念联系起来，这里涉及两方面，一方面是刺激文化产品的生产与出口，另一方面是对外资的引入。

在刺激生产与出口方面，东亚各国政府通常侧重于提供文化产业所需的基础设施，包括支持文化内容的传播和消费所需的技术，如互联网、有线电视等，并由政府担保，为电影、电视、动画和游戏行业提供风险投资。2011 年 7 月，日本经济产业省（METI）成立了创意产业处，负责监管促进"COOL"系列文化产品的海外推广，并且协助日本中小型文化创意企业实施全球战略。中国香港自 20 世纪 90 年代末就开始着手制定电影业的重组计划，1999 年 4 月，香港政府成立了"电影发展基金"，为电影人提供可观的资金支持，并用于电影行业的基础设施建设。泰国，前他信政府提供税收优惠政策，以鼓励当地电影和电视节目的制作与出口，近年来，泰国政府还在计划建设一个具有出口能力的独立动画产业。

20 世纪 90 年代中期以来，东亚部分国家政府开始放宽了文化产业里对外资所有权的限制。韩国政府于 1998 年开始放宽对广播公司的外资所有权限制,根据 1999 年韩国通过的《综合广播法》,允许外国资本拥有有线电视公司最高 33% 的股份。在中国,自从 2001 年加入世界贸易组织(WTO)后,国家允许外资拥有电影公司最高 49% 的股份,不难看出,跨国公司正通过与当地文化产业合作,向亚洲文化产业进军。

(二) 中日韩的案例

1. 韩国

自 20 世纪 90 年代末以来,韩国已成为跨国流行文化生产输出的中心之一,并开发出很多知名文化产品,如早期的电视节目、电影、游戏和韩国流行音乐(K-pop),并渗透到世界其他地区,包括欧洲和北美。Dal Yong Jin 在《The Power of the Nation-state amid Neoliberal Reform: Shifting Cultural Politics in the New Korean Wave》[18]中指出,过去三十年中,以"韩流"为代表的韩国文化商品输出经历了两个过程,1997—2007 这十年是韩流 1.0 时代,而 2007 之后是韩流 2.0 时代,其输出的文化类型、利用的传媒技术、政府对文化产业政策等方面都有所不同。先前"韩流"的代表性文化商品是韩剧、电影与流行音乐,近期则转为了游戏与新生代偶像音乐团体为主的音乐。这种转变的根本原因是韩国政府在新自由主义全球化背景下转变了其文化政策的重点。根据作者的分析,在新自由主义全球化时代之前,民族传统艺术维度中的文化认同一直是其文化政策的主要目标。进入 21 世纪后,文化政策的重点从艺术转向商业文化产业,尤其是加强了大众文化的商品化,这一切是按照新自由主义的逻辑在运作。作者同时指出,尽管新自由主义在韩国文化产业政策中逐渐占据主导地位,强调创意产业的市场机制和以消费者为基础的特质,但这些并没有完全改变韩国作为民族国家在"韩流"中的角色的基本轮廓,"韩流"作为一个典型的案例,表明全球化并没有完全取代或凌驾于民族国家之上。

研究者们同时注意到,近年来韩国的电影产业取得了令人瞩目的巨大成就,在过去的十年中,韩国电影平均占有 54%的国内市场份额,而且在国际上的竞争力也越来越强,韩国电影产业已经成为超越韩流的一个额外文化维度。Jimmyn Parc 撰写的《The effects of protection in cultural industries: the case of the Korean film policies》[19] 从韩国电影政策演变入手,作者发现虽然韩国政府自 20 世纪 60 年代以来就开始实行保护主义措施,在 1986 年之前实行进口电影配额制度,1987 年后变为银幕配额制度,但这些措施未能改变韩国电影产业的低迷状态。相反,这些严格的保护主义政策严重阻碍了韩国电影界(如制片人、进口商、院线)的市场能动性和商业活动。直到 20 世纪 90 年代开始,韩国的经济改革开始偏重消除这些制约因素,放开商业环境,强调市场竞争,在这一套组合拳下出现了不少资本巨头企业,它们为韩国电影产业带来了巨大的投资,并成功地挑战了好莱坞大片,尽管银幕配额削减和其他商业环境发生了变化,但韩国电影产业秉持竞争意识,追求利益最大化,最终往往能提供具有竞争力的文化产品。显而易见,韩国电影产业成功的核心要素是企业在动态商业环境中发挥的市场能动性,与纯粹的保护主义政策相比,有利于竞争与市场导向的文化政策才真正对韩国电影产业的腾飞起到了至关重要的作用。

2. 日本

从 20 世纪 60 年代开始,日本经济实现了高速增长,日本也随之成为了仅次于美国的第二大经济体,这极大地提高了日本社会对于本民族文化的认同感与自豪感,因此在学者的呼吁下,日本政府开始策划把本国文化推向世界舞台,从而改变以往单向吸收外国文化的状态,同时,经济的快速发展也给民众的内心也蒙上了一层空虚的阴影,为了达到自然环境与人文环境的双重和谐,日本政府开始实施文化立国战略，制定了大量扶持、推广文化产业的策略。

根据日本贸易振兴会前期公布的数据，2003 年，销往美国的日本动漫片以及相关产品的总收入为 43.59 亿美元，是日本出口到美国的钢铁总收入的四倍。广义的动漫产业实际上已占日本 GDP 10% 以上，已经成为超过汽车工业的盈利产业。日本动漫产业的出口也引起了学术界的广泛关注，Nissim Otmazgin 的《Anime in the US: The Entrepreneurial Dimensions of Globalized Culture》①一文考察了日本动漫产业对美国市场的渗透和影响，以往关于日本动漫产业输出的相关研究多将目光投射于作品粉丝作为文化代理人的作用、全球化的威慑效应、日本动漫在欧美市场的在地化措施等方面，而 Nissim Otmazgin 的文章着重于如何看待企业家在这个过程中的作用，以及日美双方所开发的新型生产营销模式，这两点被视为弥合日美之间文化差异、改善组织结构僵化的必要条件，其核心论点是：动漫生产者的主观能动性是文化商品的跨国渗透、分销、再生产和消费过程中的一个核心特征，由此产生了更加复杂的经济与文化秩序。

动漫作为一种文化艺术创业，本质上是发现潜在的成功市场机会以及产品和类型，将其本地化以适应当地的口味和需求，并将其推销给特定的潜在消费者群体的过程，动漫生产者现在不仅仅是发起新的动漫作品，整个动漫产品的生产——出口链的完成最终取决于对文化创意的认可、合作和在地化，这需要将文化创新"嵌入"到本地制作中，并形成新的组织（如外包）来支持和管理这些业务，最后将其转化为商业化的动漫系列、电影或相关配件和商品。而企业作为中介，在连接文化和市场方面也发挥着举足轻重的作用，企业的工作不仅仅是在经济意义上生产价值，更通过生产新的形象、感受和信息对消费者产生更广泛的社会和文化影响。作者强调日本的动漫出口到美国，并不是一个单向的输出流程，而是在全球化背景中，在企业家、或者说动漫商品生产者的介入之下，成为了两国之间流行文化长期双向交流的一部分。

3. 中国

中国作为东亚三巨头之一，在文化产业上起步虽然较韩国、日本稍晚，但在进入 21 世纪以后取得了举世瞩目的进展。其中，中国的电影产业最富代表性。在这巨大成就的背后，有两个因素至关重要，一是中国国内电影业改革的不懈努力，另一个则是改革开放以来与好莱坞的接触交流。以往研究主要从好莱坞的全球扩张角度立论，倾向于论证好莱坞的主导地位，而对好莱坞和中国电影产业之间的辩证互动研究甚少，Wendy Su《Cultural Policy and Film Industry as Negotiation of Power：The Chinese State's Role and Strategies in its Engagement with Global Hollywood 1994—2012》[②]一文恰好弥补了这一空白，作者考察了 1994 年至 2012 年中国对面对好莱坞和自身的全球角色不断变化的文化政策，以及这些政策对中国电影产业形成的影响。

中国采用的策略是利用好莱坞资源优势，打造国内电影产业，以提升中国软实力。自 1994 年以来，每年进口约 10 部外国电影，其中绝大部分是好莱坞大片，2011 年，17 部好莱坞进口片在中国国内市场的票房收入均超过 1 亿元人民币，中国取代日本成为了好莱坞海外票房收入的第一大贡献国。作者提出，谁会在这场全球与本土的战争中获胜？中国面对无所不在的全球好莱坞的同时，应该如何保持国内电影产业的发展？这种全球与本土的互动又是如何影响并持续塑造中国电影产业的？文章指出，在对文化产业的治理中，中国政府在将市场力量和全球资本纳入电影基础设施和国家机制方面表现出了极大的灵活性，并显示出它将国家领导力与全球资本相结合的出色能力。中国政府通过战略和技巧性的运作，既能防止国内电影市场被全球传媒资本所主导，又能利用跨国合作关系为本国电影产业服务。作者判断，中国在与以好莱坞为首的全球电影资本的交流与较量中，是自身文化政策的最大受益者，也是比好莱坞更大的赢家，不仅如此，中国通过其文化政策成功地扭转了全球文化传播中的权力关系，重塑了全球文化格局。

从以上研究中可以看到，文化产业研究中有三个重点研究领域。

首先是文化产业基础研究，该领域的研究主要从两个角度出发，一是对于"文化"概念性的研究。研究者试图辨析包括文化的定义、技术与艺术在产业中的表现与特征、创新在产业中的价值与地位等在内的多个概念问题，这些研究或从实地调研出发、或追溯某一概念在文本与观念中的被理解与阐释的过程，提出了具有启发性的研究视角。二是对于"产业"经济性的研究，文化产业与国际贸易之间固然有着紧密联系，但研究者将思路放在如何在两者的交界处开拓出新的研究课题。另外研究者也注意到，随着各种金融工具的诞生与应用，金融创新与文化产业之间的交集逐渐增多。因此，研究者试图分析投资信托或者融资借贷等金融手段是如何对文化产业进行干预与影响的，这对于未来文化产业资本结构的更新有着重要意义。

其次是数码时代对于文化产业的影响，数码科技自兴起至今已有三十多年，因此，也有了不少回顾式的研究成果。数码科技之于文化产业是有利有弊的，从文化生产上来说，虽然数码化最初带来了盗版的弊端，但是同样降低了这个行业的准入门槛，因而出现了更多数量、更多类型的文化生产者。另一方面，从文化消费来看，数码科技提供了多样化的文化参与与文化鉴赏模式，但同时也带来了算法监控、线上线下文化体验不平等之类的新问题。另外，近年来飞速发展的科技也为文化产业带来了许多新的生产——消费模式。譬如，引发研究者大量关注的流媒体，音乐、游戏、表演等代表性文化行业几乎都受到了流媒体技术的影响，研究者聚焦于流媒体平台的服务与运营模式，及其如何改变传统的艺术生产与消费生态。此外，版权保护一直是文化产业研究中的一个重点，而在新的科技背景下，研究者更关心数字商品的版权问题，譬如如何合理定价，如何保证艺术品的稀缺性等。

最后是东亚文化产业研究，其中又有三个重要的关注点，一是研究者试图厘清东亚文化产业领域各层级参与者、生产和销售地点、发展情况以及新态势和新机会，这些因素不仅会对东亚的国家与区域经济产生重大影响，也可能改变全球文化市场的结构。二是研究者对文化生产和出口与经济变化之间的关系产生全新的认识，他们的调查着眼于两点，一是以往被忽视的东亚文化产业的参与者们，二是东亚文化生产与经营的完整过程，这为研究全球化引入了一种综合文化与经济两方面的新方法。第三，研究者们重视东亚文化产业向亚洲乃至西方市场的扩张，并据此剖析民族国家和企业如何制定新的全球化经营战略，旨在为亚洲政府如何应对文化产业的跨国经营献计献策。

注 释

① Cooper，M and L. Mcfall. "Ten years after: it's the economy and culture, stupid!" *Journal of Cultural Economy*，Vol.10，No.1，2017.

② Richardson，L. "Culturalisation and devices: what is culture in cultural economy?." *Journal of Cultural Economy*，Vol.1，No.4，2018.

③ Takara Yuki. "Do cultural differences affect the trade of cultural goods? A study in trade of music." *Journal of Cultural Economics*，2017.

④ Pratt A C. "Innovation and the cultural economy," *Chapters*，2017.

⑤ Wang S L，Gu Q，Glinow M and Hirsch P. "Cultural industries in international business research: Progress and prospect," *Journal of International Business Studies*，Feb.2020.

⑥ Whitaker A. "Economies of scope in artists' incubator projects," *Journal of Cultural Economics*，Apr.2021.

⑦ Yan L，Uddin MM，and Ye A. "Has financial development benefited the performance of publicly traded cultural and creative firms? Evidence from China," *Journal of Cultural Economics*，Vol3，2019.

⑧ Colombo F. "Reviewing the cultural industry: From creative industries to digital platforms," *Mass Communication & Society*, Vol31, No.4, 2018.

⑨ Waldfogel J. "How Digitization Has Created a Golden Age of Music, Movies, Books, and Television," *Journal of Economic Perspectives*, Vol31, No. 3, 2017.

⑩ Mihelj S, Leguina A and Downey J. "Culture is Digital: Cultural Participation, Diversity and the Digital Divide." *New Media & Society*, Vol21, 2019.

⑪ Peukert C. "The next wave of digital technological change and the cultural industries," *Journal of Cultural Economics*, Vol43 No.2, 2019.

⑫ Benjamin Burroughs. "A cultural lineage of streaming" *Internet Histories*, Vol3, No.2, 2019.

⑬ King, Timothy. "Streaming from stage to screen: its place in the cultural marketplace and the implication for UK arts policy," *International Journal of Cultural Policy*, Vol24, 2018.

⑭ Webster J. "Taste in the platform age: music streaming services and new forms of class distinction," *Information, Communication & Society*, Vol23, 2020.

⑮ Anthony J. Pellicone and June Ahn, "The Game of Performing Play: Understanding streaming as cultural production," *CHI '17: Proceedings of the 2017 CHI Conference on Human Factors in Computing Systems*, May, 2017.

⑯ Kukla-Gryz A, Tyrowicz J and Krawczyk M. "Digital piracy and the perception of price fairness: evidence from a field experiment," *Journal of Cultural Economics*, Jun, 2020.

⑰ O'Dwyer R. "Limited edition: Producing artificial scarcity for digital art on the blockchain and its implications for the cultural industries," *Convergence*, Nov, 2018.

⑱ Jin D Y. "The Power of the Nation-state amid Neoliberal Reform: Shifting

Cultural Politics in the New Korean Wave," *Pacific Affairs*, Vol87,2014.

⑲ Jimmyn Parc, "The effects of protection in cultural industries: the case of the Korean film policies," *International Journal of Cultural Policy*, Vol23,2017.

⑳ Otmazgin N. "Anime in the US: The Entrepreneurial Dimensions of Globalized Culture," *Pacific Affairs*, Vol87, 2014.

㉑ Su. w. "Cultural Policy and Film Industry as Negotiation of Power: The Chinese State's Role and Strategies in its Engagement with Global Hollywood 1994—2012," [J]. *Pacific Affairs*, Vol87, 2014.

国外文化产业研究前沿案例[*]

戴伊璇（编译）^{**}

一、商标的价值——文化创意产业的案例研究

根据 WIPO 的定义，商标是"使给定企业的商品个性化并将其与竞争对手的商品区分开的任何标志。"[①]放眼全球，过去十年中商标申请始终处于上升的态势，这一态势是经济增长与产品种类增多的必然结果，就服务业与创意文化产业而言，竞争压力进一步促进了除专利以外的知识产权（IPR）的使用，以保护非技术形式的创新，尤其是在信息技术革命的影响下，供需双方距离越来越远，创意文化产业的卖家们有必要借助声誉价值的建立以求得数字市场上的一席之地。有越来越多的研究聚焦于创新企业的商标使用情况，不过，关于商标用于制造业或特定服务行业以外的理解，存在较大的分歧与研究空白。

2018 年《*Research Policy*》发表了 Carolina Castaldi[②]《商标的分量：创意文化产业的案例》（*To trademark or not to trademark：The*

---

* 本文由 3 篇文献编译而成，分别为：To trademark or not to trademark：The case of the creative and cultural industries（作者 Carolina Castaldi）、COVID-19，inclusion and workforce diversity in the cultural economy：what now，what next?（作者 Doris Ruth Eikhof）、Creative Toronto：Harnessing the Economic Development Power of Arts & Culture（作者 Shoshanah B. D. Goldberg-Miller）。

** 译者简介：戴伊璇，上海社会科学院文学研究所助理研究员。

case of the creative and cultural industries)③一文,这一研究成果着眼于创意文化产业,并认为这些产业代表了推进商标研究的一个突出案例。该研究以欧洲的五大文化创意行业中的 486 家公司为样本,通过实证统计与分析,对该产业中的公司是否注册商标的不同动机进行分类,并在此基础上构建一个理论框架,进一步围绕"商标使用对于创意文化行业带来的影响"这一问题进行讨论,旨在为制定产品多样性与创新性方面的新经济指标提供基础。

(一)调查设计与统计方法

文章开篇先梳理了关于商标和创意文化产业的前期理论和已有实证研究,总共可以分为两类:第一类是关于公司商标使用情况的研究,这类研究多集中于制造业与特定服务行业,尤其是 IT 行业,而且着重关注使用商标在市场策略中的获利点。第二类是对于创意文化产业的研究,这类新型研究聚焦在其产品的创新特征与"软实力"上,尚无研究把商标作为探讨整个产业创新特征的标准。而在全球化趋势下,增加精心挑选的品牌的重要性不言而喻,基于此,作者设计了专门的调查方案。

首先是数据收集与样本选择,数据是在 2015 年 10 月通过对欧洲一家大型在线市场研究机构的业务受访者在线小组的调查收集的,被调查者的年龄在 19 岁至 74 岁之间,平均 44.12 岁,男性占 52%,女性占 48%。该调查旨在对三个国家(即英国,德国和荷兰)按其人口规模成比例抽样,以提高结果的外部有效性,最终样本中来自英国的一共357 份,德国 92 份,荷兰 37 份,且样本既包括一人公司,也包括超大型公司,该调查使用欧盟公认的以全职当量为基础的四个规模等级的定义对象公司的规模,最终获得一人公司(1fte)样本数 98 份,微型公司(2—10fte)样本数106 份,小型公司(11—50fte)样本数 80 份,中型公司(51—250fte)样本数 72 份,大公司(>250fte)样本数 123 份,未知规模样本 7 份。在样本选择的过程中,作者认为"如何判断是否来自创意文化产业"是一个至关重要的问题,在这次的实验里,作者采用 NACE 代码作为其选择行业分类的方法,最终从五个创意文化行业中选取样本,分别是电影/电视/广播(70 份),传播(126 份)、广告(95 份)、表演艺术(97 份)和休闲娱乐(90 份)。

其次是在设计调查问卷时着重于以下几个方面:1. 内容的真实有效;2. 对样本进行甄选以确保受访者属于该研究的特定对象;3. 以随机顺序提问以防止受访者识别出调查意图,导致结果出现偏差;4. 为避免受访者被迫回答而撒谎,加入"我不能说"的选项;5. 受访者需确认商标的正确性;6. 为了增加回应率,调查时间控制在 15 分钟以内。

问卷的设计大致如下:在几个一般介绍性问题之后,受访者将被问及他们所工作的公司是否在各自的国家办事处、欧洲办事处(EUIPO)或美国办事处(USPTO)拥有商标。如果答案是"拥有",那么接下来的问题就是关于商标的动机和影响。否则,受访者被要求说明不拥有商标的动机。最后一组问题与被调查者的公司所处的市场特点有关。

(二) 数据解读

最终的调查结果显示出样本主要来自微型公司(42.5%),但有四分之一的受访者在大公司工作。受访者工作的公司中有约一半是1999 年以前成立的老公司,19.9%的公司是 2010 年以后成立的新公司,不过这一比例在不同行业中差别很大。作者这样总结他的调查数据:

> 在商标所有权方面,大多数企业首先拥有本国商标,这是因为服务业的公司通常为本地市场服务,或根据本地需求定制产

品，而商标是受地理限制的，所以很好理解，只有约 10% 的公司还拥有欧洲或美国的国际通用商标，这 10% 中大多为电影/电视/广播行业与传播行业，这两个行业显然更倾向于国际化。

从整体的商标拥有比例来看，样本中不同行业的公司拥有注册商标的比例大致相当，介于四分之一至三分之一之间。但广告业是一个明显的例外，其拥有商标的比例最高，这个行业的公司处于知识密集型服务业与创意文化产业的交汇点上，它们虽然提供专业服务，但非常依赖创意，与其他几个创意文化行业相比，可以说它们的定位更接近"艺术——商业"的"商业"端。表演艺术行业显然处于相反的一端，它们拥有商标的公司比例在样本中最低。

这个调查问卷意在考察创意文化企业注册商标的比例及其动机，作者将受访者按照是否注册商标分为两大类，一类是已注册商标的公司，另一类是未注册商标的公司。

已注册商标的公司及其注册动机主要由 Q5（如贵公司已拥有商标请说明原因）的答案统计分析得来，作者援引 Flikkema 与 Block 等人的已有研究，将注册商标动机分为保护、营销、利益交换三种，分别对应商标的三种经济功能：

第一种经济功能与产品/服务的来源相关，包含以保护为目的的防御性动机。

第二种经济功能涉及差异化的作用，在营销策略中，商标成为质量与信誉的标志。

第三种经济功能，也是最近的一种功能，是将商标与其所涵盖的商品和服务"脱钩"，这意味着商标成为可以被估价、货币化和交易的公司资产。

根据这三种分类，作者将 Q5 的调查结果整理为表格：

	注册商标的动机	类型	数量	均值	标准差	保位动机	扩张动机
1	保障营收	保护	130	5.40	1.65	0.784	0.247
2	商标是保护产品/服务的唯一途径	保护	128	5.23	1.68	排除	
3	防止仿冒	保护	132	5.83	1.49	0.801	0.122
4	帮助产品或服务的市场推广	营销	133	5.77	1.45	0.833	0.293
5	加强公司形象	营销	129	5.88	1.41	0.754	0.314
6	提高客户忠诚度	营销	131	5.38	1.54	0.701	0.276
7	展示新意	营销	131	4.99	1.90	0.321	0.627
8	增加与潜在投资者的谈判资本	利益交换	126	4.94	1.81	0.52	0.603
9	增强对潜在经销商的吸引力	利益交换	128	4.93	1.79	0.259	0.809
10	可向第三方出售商标	利益交换	128	3.80	2.14	0.12	0.881
11	跟风或抢注	利益交换	128	4.75	1.98	排除	

　　从表上可以看出,"加强公司形象"与"帮助产品或服务的市场推广"两种营销动机和"防止仿冒"这一种保护动机的得分最高,利益交换动机的得分最低。总体样本中的大部分方差可以归结为两个组成部分,第一个部分紧扣保护与营销两个动机,可以理解为是希望维护现有的市场地位,即保位动机。第二个部分主要来自利益交换动机与营销动机中的创新部分,因为发出创新信号是与外部合作对象建立起联系的一种努力,这些都与企业利用商标进一步扩张的意图有关,即

扩张动机。可以看出,公司在考虑注册商标时,营销动机与保护动机往往紧密相联,利益交换动机则关联性较小,而出于"保位动机"注册商标的公司与出于"扩张动机"的公司之间存在着明显的鸿沟。

未注册商标的公司及其原因主要由Q8(如果贵公司未注册商标,请说明您在多大程度上同意以下说法)的答案统计分析得来,未注册商标的绝大多数是一人或微型公司,缺乏注册任何知识产权的经验和资源,大型公司往往有专门的资源用于知识产权注册和管理,因此公司规模与注册商标的比例呈正相关。因此作者将未注册商标的理由分为短视原因(与缺乏商标意识或信息有关),理性原因(与经济因素有关),并将数据整理为下表:

	未注册商标的理由	类型	数量	均值	标准差	缺乏认知	使用设计权/专利权
1	没有想过	短视	266	3.88	1.86	0.737	− 0.107
2	没有商标注册的相关知识	短视	271	3.88	1.89	排除	
3	与公司战略不符	短视	266	4.26	1.96	0.817	− 0.018
4	公司业务包括仿冒	短视	284	3.05	1.97	排除	
5	该领域公司都没有商标	短视	272	4.35	2.08	0.779	− 0.054
6	成本太高	理性	257	4.16	1.78	排除	
7	仿冒对我们影响不大	理性	278	4.13	1.99	排除	
8	使用版权	理性	279	4.55	2.27	排除	
9	使用设计权	理性	271	3.64	2.12	− 0.131	0.820
10	使用专利权	理性	262	2.44	1.80	− 0.001	0.845

　　需要解释一下的是,版权主要保护文学、艺术作品,设计权主要保护外观设计,专利权主要保护技术,范畴不同。从上表可以看出"使用版权"是最重要的原因,而"使用专利权"则是最不相干的原因。总而言之,大多数被抽样调查的公司选择不注册商标的原因是他们依靠的是版权,证明这些创意文化公司的知识产权战略具有替代性而非互补性,另外,对商标的战略价值重视程度不高也是显而易见的,虽然很少有受访者承认他们对商标缺乏兴趣或专业知识,但这是一个选择不注册商标的关键原因。

　　整体而言,创意文化行业还是以不注册商标为主流,对这些企业来说,版权是常规选择,这也说明创意文化行业是版权密集型行业。作者在文章的最后一部分提出了一些结论性意见,并其中也包含了对政策和创新研究的启示,比如:

　　　　商标管理局可以通过宣传活动,帮助企业更多地了解商标所提供的可能性,这类宣传活动可以专门针对创意文化企业,重点介绍商标如何补充版权,将艺术和商业联系起来,而不是取而代之。信息化运动已经在大多数欧洲国家开展,它们仍然是旨在增加商标知情使用的相关政策的基石。

　　商标可以有助于挖掘"软创新实力",这在基于"符号学斗争"的现代市场竞争中越来越重要,与创意文化产业的创新潜力同时增长的还有它的经济意义,其生产过程势必日趋合理,因此知识产权对于这一行业的重要性不言而喻,这项研究提供了使用商标作为这一行业中衡量产品多样性和创新性的新型经济指标的可能性,其调查方法与角度都有创新性,尤其是对于动机的分类归纳,为整个创意文化产业知识产权的规范建立提供了理论与实证的双重基础。当然,该项研究作为创意文化产业中的商标学研究仅仅是一个开端,仍有许多值得完善补充之处，比如进一步的研究可以将本文所提出的分类法用于更大的样本中进行验证，尝试测试分类法中群体频率差异的重要性，测试部门差异等等，再比如这项调查以英国企业为主，未来有待对更多国家进行研究。

二、新冠疫情与文化产业的劳动力问题

谈到前沿研究主题，就不得不提到 2020 年影响全球的新冠疫情。疫情期间，各国的文化活动大多处于停滞状态，虽然未来几年中，各种封闭性保护措施会慢慢解禁，文化生产与相应的劳动力需求也会逐渐恢复，但这是一个漫长的过程，文化经济的短期衰退与就业人数减少将是不可改变的事实，文化工作者对未来的谋生前景仍持怀疑态度，分析新冠疫情对文化行业从业人员的影响，探讨如何通过政策的修正来保障就业与文化经济的长期发展，在此时有着高度的现实意义。2020 年《*Cultural Trends*》刊载了 Doris Ruth Eikhof[④]《新冠病毒，文化经济中的包容性与劳动力多样性：现状与未来》(*COVID-19, inclusion and workforce diversity in the cultural economy：what now，what next？*)[⑤]一文，将之前的文化产业劳动力研究与疫情及其对应政策相结合，考察新冠疫情如何对劳动力的参与和晋升产生影响，研究从与文化产业包容性和劳动力多样性相关的四个领域出发，文化经济的典型商业模式在特殊时期遇到哪些瓶颈，并对后疫情时代的文化产业政策提出了建设性意见。

（一）新冠疫情对文化产业固有商业模式的影响

作者注意到，新冠疫情导致公共文化生活几乎完全封锁，虽然各国政府都为文化经济制定了实质性的拯救计划，但是这些举措的重点是在于文化产业从业机构与企业，而不是工人，疫情之下，工作岗位的

减少与就业不稳定性的增加,会对不同的就业群体产生不同的影响。事实上,文化产业存在着一个包容性和劳动力多样性的问题:女性、亚裔和少数族裔、工人阶级背景的就业者、残障人士和老年工人以及护理岗位工人的人数明显偏少,他们建立并维持职业生涯的挑战性更大。本来提升文化产业的包容性,增加这些人的就业机会应当是战略重点,然而,由于新冠疫情的影响,这些战略优先事项有可能被搁置。

在探讨新冠疫情带来的负面影响之前,作者先从文化经济的商业模式入手,分析文化产业中具有代表性的就业模式。文化经济生产是围绕某一具体项目展开的,因此通常使用短期合同,就业者往往是自雇或以准自由职业者的身份进行,这需要较长的非社会性的工作时间和相当大的地域流动性,而且往往被高绩效且高承诺的行业文化所笼罩。为了降低招聘风险,企业会极度依赖个人交际网络与内部推荐。这种商业模式有极强的排他性,对于就业机会有限、较难接触到有力的网络的工人来说,职业生涯会更为艰难。

目前,新冠疫情已经在三个层面上影响了文化产业的固有商业模式,进而也影响了就业实践。首先立竿见影的是大量文化场馆关闭,产业链的中断使得在线工作与远程合作也受到了影响,营业额也大幅下降;从短期来看,文化行业会逐步走出封锁,复工会带来大量就业机会,但由于支援政策的取消,部分企业仍将关闭或裁员;从中长期来看,新冠将导致通过公共资金流向文化经济的投入大大减少,未来文化产业发展所需要的资源可能不足。

作者预计这些可以预期的负面影响将给文化产业的固有商业模式带来巨大的压力,各类机构和企业需削减成本,以便在资金和委托预算减少的情况下保持行业竞争力,因而它们可能会想方设法减少成本,尤其是沉没成本,以便能够灵活地应对任何新的发展并尽可能减少投资损失。可以预见的是,各机构和企业在节约人力成本方面将采取以下措施:

　　弹性用工（如短期 PAYE、自雇、外包），而非签订长期合同；

　　签订尽可能短期的劳动合同；

　　削减工资、日薪或时薪；

　　要求或鼓励无偿工作，以换取未来的回报；

　　通过现有的联系人进行招聘，而不是采用成本更高的正式招聘流程；

　　削减员工福利，如带薪实习、旅行支持或提供儿童保育服务等；

　　增加单个员工的工作强度。

（二）文化产业劳动力市场面临的问题

　　很明显，以上这些措施会影响到弱势群体参与劳动以及晋升。还需注意的是，部分工人在疫情之下将需要额外的措施来保障工作安全，例如额外的空间、物理隔离的工作场所或额外的清洁，以及更深入的个人咨询，这些措施使他们成为"成本较高"的人力资源。而从雇主角度出发，在雇佣劳动力时将会更加谨慎，偏爱没有潜在"风险"特征的工人，这种做法也会对少数群体带来就业的不利因素。很明显，如果不进行干预，文化产业的固有商业模式在新冠疫情的压力之下，将加重其工作与就业惯例的排斥性。目前对于新冠影响的预测，多聚焦于文化工作者谋生的机会减少一事上，事实上，最新调查数据表明，财政支持的匮乏将导致劳动者退出文化产业劳动力队伍，转向其他行业寻找更有保障的工作。在疫情发生之前，文化产业劳动力正如 Banks 所说的那样，"已经是一个'低免疫力'——易受几乎任何经济冲击的脆弱群体"。[①] 有数据表明，这种"低免疫力"与经济上无法维持文化创意事业的情况可能在工人阶级和少数族裔背景的工人、需要照顾家庭的工人和残疾工人中更为普遍。因此，如果没有政策干预，弱势劳动力群体将更多地退出文化产业劳动力队伍。就中长期而言，这将影响到进入文化产业劳动力队伍的人员多样性。

(三) 针对新冠疫情负面影响的建议

在分析了新冠疫情给文化产业的劳动力结构带来的负面影响后，作者直接针对中长期如何应对新冠疫情对文化产业的影响、如何从研究角度来协助政府保护文化产业劳动力队伍的包容性与多样性提出了看法与建议，这些建议涉及四个领域。

首先，除了直接提供财政援助之外，推进劳动力队伍的包容性与多样性，更需要的是"变革性干预"措施，作者强调：

> 这种干预不仅仅是帮助具体的个人，而是要改变整个行业的做法。

例如，这种"变革性干预"措施可能会引入带薪实习和培训、照顾者友好型工作安排、无障碍工作场所或包容性招聘做法。从中长期来看，由于新冠给文化产业的固有商业模式带来了成本上的压力，所以更不能仅仅依靠机构和企业自愿主动地增强就业的包容性与多样性，尤其是当这样做可能会带来竞争劣势时。因此，重点是将这些做法变为行业习惯，而非一次性举措，从这个角度来看，新冠既是灾难也是契机，作者建议借此机会推动更彻底的变革性干预措施，如艺术领域的全民基本收入（UBI）计划，即当文化产业工作者从其他来源获得的收入达不到某个最低水平时，UBI 计划可以保证最低限度的财政支持，UBI 计划将打破文化项目生产和基于项目的就业收入之间的联系，并使弱势劳动力群体更易获得文化产业领域的工作机会与经济上的可持续性，为文化产业在商业模式的压力与产业包容性、劳动力多样性之间提供某些缓冲要素。

其次，将文化产业劳动力的多样性作为一种常态，这目前在政府和行业的指导与应对措施中是缺失的。以残疾劳动者为例,社会普遍缺乏对残疾的了解,给机构和企业与残疾劳动者的接触造成障碍,更不用说与残疾劳动者签订合同了。因此政府和部门组织应提供并积极推广以下信息：为什么需要评估企业的抗新冠措施对于劳动参与和晋升的影响,如何评估企业在人力工作中的变化以及如何营造非排他性人力工作环境。此外,为了避免对部分弱势群体的劳动歧视,应当明确指导企业和劳动者双方,企业可以从劳动力那里获得哪些信息,以及又该如何处理及储存企业所获得的个人信息。

再次,目前针对新冠疫情应对政策的讨论暴露了一个长期存在的普遍问题,即如何设计有效的就业干预措施,这牵涉到调查数据收集的问题,传统的就业统计和雇主调查所能提供的关于文化产业劳动力规模和多样性构成的信息十分有限,缺少全面的和高质量的数据,研究者应扩大现有的,并开发新的方法论,以获得文化产业劳动力的全面信息。

最后,研究者和政策制定者应该努力捕捉、评估和推广那些在新冠疫情中有助于包容性与多样性的行业实践。最显著的是,封锁状态下文化产业生产已经证明,在文化产业里,远程工作与协作的可能性要比从业者预计的大得多,这不仅是文化生产单方面的机会,还可以大大降低求职成本,从而为那些接触成本增加(如长途旅行)或经济条件有限的人增加机会,以支持文化经济领域的事业,政府应大力推广,帮助在线交流成为一种更广泛的行业实践,这种政策干预可能不像 UBI 计划那样直接,但更容易被推广。

新冠疫情对全球文化经济的影响是深远的,然而,比起病毒本身,如何应对病毒带来的挑战则更为重要,文化产业就业市场本身的结构性不平等有可能因疫情而进一步加剧和变形。因此,当下无论是研究还是政策都需要改革,从而及时应对新冠疫情对文化产业包容性和劳动力多样性的影响。这篇文章为完成这一任务提供了大量的思考与论证,以最快的速度应对新冠疫情下文化创意产业中的新问题新困难,尤其是从研究者的角度出发指出现有研究的不平衡与不足之处,为后续策略的制定提供了基础。

三、多伦多的文化经济之路

如果要考察文化创意产业与城市文化与城市规划开发之间的关系,多伦多无疑是一个最具有代表性的例子,因为经济发展中的文化艺术是城市通过发展创意经济品牌来刺激消费和使自己与众不同的有效手段。多伦多的做法是通过培育具有凝聚力的战略规划来达成文化与经济的双赢。从 2000 年起,出于经济发展的需要以及市政对于资本结构改善的倡导,多伦多启动了一个打造创意城市的计划,并将其纳入经济发展议程,将重点转向培育"创造性竞争力"。其结果是成功的,在过去的十几年中,多伦多逐渐成为全球的创意中心,在成功的背后,多伦多市的文化政策设计、经济发展带来的配套资源、政府与私人的支持等因素都发挥了非常明显的作用。为了将多伦多打造成一个创意与文化的中心地,多伦多市的文化创意产业的利益相关者,包括城市规划者、企业家、官员和学者等等,在市政框架内为文化产业的一些关键问题提供了解决方案,这一强大的联盟及其带来的具体举措是多伦多创意城市计划获得成功的重要原因。

2015 年《Artivate》发表了 Shoshanah B.D. Goldberg-Miller[7] 的《创意多伦多:以文化艺术助力经济发展》(Creative Toronto: Harnessing the Economic Development Power of Arts & Culture)[8] 一文,围绕"多伦多这十几年来的文化创意成功案例带来哪些经验?"这一问题,作者从政策理论、利益同盟、经济与公益的结合等视角出发,探讨了多伦多的文化创意产业的利益相关者是如何运用规划、伙伴关系和拓展经济发展的定义,以创造一个良好的环境,进而提升文化竞争力,推动经济发展的。

作者在多伦多对 21 人进行了深入访谈,并进行了全面的档案和历史研究,涉及收集和分析书籍、学术文章、市政政策文件、报告、政府文件、新闻文章和委托调查研究。完成材料收集之后,作者将其运用的政策理论——"议程设置理论"(Agenda Setting Theory),放置于更大的"多流框架"(Multiple Streams Framework)中,作为一种工具来研究多伦多市的案例。该理论可以用来分析包括公共、私人和非营利部门在内的一群行为者如何在经济发展议程上利用艺术和文化,以实现在这十年间将多伦多转变为国际知名创意城市的目标。

多伦多的成功实例背后有 3 条重要的经验,分别是 1. 建立健全的研究和规划;2. 发展和维持利益相关者的伙伴关系;3. 在经济发展项目中融入公益效益,作者根据这三大支柱的创新和综合内容,分章节讨论其不同特点与功效。

(一)建立健全的研究和规划并使之成为城市的共同愿景

1998 年,多伦多市的联邦区合并给城市发展带来了一个重新审视自我并制定新目标的机会,新城市开始了制定战略计划的进程,以增强其在全球市场上的竞争力。合并后新成立的市政府有意进入知识经济领域,文化创意产业被确定为进入这一领域的途径,并采用了以文化复兴为重点的文化政策工具。这一过程中,科学的研究与战略规划、市政部门的指导、媒体的宣传辅助缺一不可。

首先,有针对性的研究可以为战略计划提供有效的信息,从而指导政府制定和实施包含艺术和文化的政策。多伦多市针对文化艺术产业和创意城市进行了大量细致的研究,为市政部门提供了所需的理论与数据支持,使省、联邦政府和私营企业、学者等都能了解情况并参与到制定文化复兴战略的工作中来。这些报告与简报同时也是一种工具,帮助多伦多市通过省和联邦政府以及私营企业为其寻求资金与支持。最终的战略计划书展望了多伦多未来30年的发展，人们意识到多伦多市必须以新的眼光审视未来的发展问题，重点不是扩大用地，而是以新的方式看待已经城市化的地区。该计划书提出了新多伦多的概念，其关键主题有二，一是城市的包容性，这也是对多伦多多元文化主导下的街区模式的一种认可，其优势不局限于经济发展和金融增长，还包括对环境、社会和生活质量问题的多重考量。另一个反复出现的主题是竞争，其中既包括多伦多市在加拿大、北美和全球的竞争战略，具备竞争力意味着关注知识资本、融资、基础设施和提供有吸引力的商业环境，与此同时，该经济发展战略还考虑到了通过生活质量、人际网络和城市共同愿景进行竞争的方法，这就为前一种竞争奠定了基础，它将经济发展目标和切身问题结合起来，其远景是建立一个能够吸引和留住企业和居民的城市，并提供一个人人引以为豪的文化繁荣大都市。

其次，在这十年中，多伦多的市政任务首先是争取支持，然后是实施"创意多伦多"这一愿景，在这个过程中，多伦多的市政部门一直扮演召集者和促进者的角色，在多个层面上开展工作，先由主要文化机构的领导人牵头，对文化友好的市长和市政工作人员等汇聚在一起开展了全面的研究，指出文化政策与经济发展相结合的有效性，代表市政决策者真正点燃"创意城市"的倡议。市政厅新成立了经济发展部门和文化部门，其优先事项之一就是将艺术和文化作为一种手段，以促进城市的发展，实施社会方案，将打造文化创意城市并参与全球知识经济这一新愿景，有意识地投放于公众视野中，使之成为城市领导人与民众沟通的重要方式。

为了确保必要的资本，市政府和文化界都需要吸引人们的支持，此时公众舆论发挥了重要的宣传作用，事实上，在针对文化创意产业进行改造和振兴计划形成之后，市政政策制定者、私营企业、学者等建立了一个宣传联盟，由于媒体可以将有效的信息通过多种渠道放大，文化创意产业的利益相关者会利用有针对性的信息传递，使公众的关注点与自身的利益趋于一致。这些信息可以通过演讲、书面材料和媒体采访来传达出去，政策形象的建立非常重要，实现变革的过程包括将一种设想转化为有效的形象、故事或口号。政策制定者努力将信息提炼成容易接受的"妙语"，以获得公众的关注和对其建议的支持，使得目标群体能够更快更准确地领会到政策愿景以及风气的转变。

（二）多层面建立和培养伙伴关系

作者指出，本次调查的所有受访者都认为领导层和利益相关者的伙伴关系在战略实施中发挥了重要作用，这其中包括联邦、省政府以及文化艺术界，他们是在文化企业建设中发挥作用的关键人物。这个联盟贯彻了他们的理念，即把文化政策和计划融入城市经济发展之中。前市长大卫·米勒是艺术和文化的倡导者，他和市政文化领导层是强有力的盟友，在他的政府中，文化部执行主任戴维斯是其中的佼佼者，她称得上是多伦多文化艺术的代言人和倡导者。

而新设立的经济发展部门与文化部门使得通常分属两个领域的政策目标得到了融合，在多伦多市，文化政策被嵌入经济发展中，二者共享优势与资源，并以友好和开放的姿态向公众展示这种共生关系。事实上，这两个部门在市政厅共享同一个办公场所，无论是地理上的接近还是创建文化都市的共同目标，都使得这两个职能部门形成了紧密联系，形成一支精明而有竞争力的团队，也有了在公共、私人和非营利部门寻求利益相关合作伙伴的动力，并对此进行战略规划。

在规划和实施文化复兴的过程中，多伦多市政府，特别是经济发展部门与文化部门，认为其主要职责之一是将利益相关者聚集在一起并建立共识。盟友关系的建立在多伦多的案例中极为重要，是整个十年文化复兴的一个组成部分，多伦多市与私营部门之间围绕文化创意产业建立的紧密联系极富开创性，是市政府发起的合作文化的一部分,持续发展的伙伴关系不仅包括吸引联邦和省政府、企业和个人,还获得了文化界学者和艺术家的宝贵意见,这两个部门携手成为这个计划的平台,并设立了一个开放的政策窗口,这个窗口为文化创意产业的相关人士提供了机会,让他们可以就"如何打造创意城市并在全球知识经济中占有一席之地"这一问题畅所欲言,此窗口让众多的利益相关者都参与了战略的制定和表达。

来自市政厅的资料数据显示,城市管理者之间以及各部门之间的合作意识是通过艺术和文化助力经济软实力的重要工具,而私营单位和公共部门之间的公开对话、实施协商进程和征求专家的意见都是文化创意经济建设的标志,而且这种由政府牵头的联盟还为企业之间的伙伴关系带来了意想不到的榜样作用,如加拿大丰业银行对"不眠夜艺术节"活动的赞助,以及企业家 Michael Chin 对安大略皇家博物馆改造的重大贡献,诸多受访者认为多伦多的商业界是在效仿政府实体的做法,这个多层面的联盟将多伦多的文化经济实力凝聚起来了。

(三) 打造一个包含文化和经济的双极框架

在多伦多的案例中,艺术文化所产生的社会效益与其在商业和经济中发挥的作用之间存在着非常明显的联系。多伦多的战略框架中,经济方面的目标在于帮助资本结构转型,提高城市的财政收入,增强自身在全球经济中的竞争力,社会效益方面则希望借助文化创意产业带来多样性的城市文化氛围,增加社区的创新意识,提高城市居民的自豪感。再具体一点的话,发展文化创意产业的项目可以提高企业税收、开拓劳动者的收入来源,软实力方面包括成为知名的文化产业中心,如发展出版、电影和电视制作,抑或利用艺术文化进行公益干预,加强城市文化对于公民的凝聚力并吸引文化旅游等等。文化和经济看似处于不同的领域,有着不同的目标和立场,但双方也互为依存,而且这种依存关系为城市带来了新的发展潜力。

　　多伦多在这十年中的文化产业战略包括发展全市范围的文化活动，并从艺术和文化的角度重新定义并利用城市拥有的财产。其中比较有代表性的是创办"多伦多电影节"，多伦多市一直在研究如何通过提供激励措施和便于使用的设施来吸引并留住那些和银幕相关的产业，并帮助这些公司开展业务。"多伦多国际电影节"（TIFF）是一个以银幕为基础发展文化经济活动的优秀案例，它利用相对较少的年度预算，每年产出近7 000万加元的经济影响，而且不仅限于电影节的短短一周，TIFF已经是一个全年可以使用的文化地标。又如"不眠夜艺术节活动"（Nuit Blanche），这个24小时艺术节于2006年启动，向公众展现当代艺术，吸引了多达一百万人在城市街道上参加这个以社区参与和与艺术互动为主题的流行节日，期间许多文化机构、画廊和创意空间都敞开大门迎接居民和游客。

　　其次是投资文化建筑，比如对安大略省皇家博物馆和安大略省艺术馆的翻新，除此之外，多伦多在努力打造旨在吸引游客和居民参观其文化创意产品的文化经济区域，在这些区域中，增加社会价值和促进经济增长的双重目标被融合在一起。这方面有代表性的是酒厂区和松林制片厂项目，酒厂区中的一组酒业建筑被重新利用，打造一个提供文化产品和娱乐的区域，松林制片厂项目包含了一个规划中的社区和电影制作中心。

　　还有对社区文化资源的再利用与开发，比如Wychwood Barns原本是一个公共停车区域，非营利机构Artscape与多伦多市共同对其进行重新开发，并在2008年开放，为艺术家提供了生活工作设施，一个公共公园和一个社区画廊空间。现在，Wychwood Barns提供各种文化活动，如画廊参观、艺术课程、音乐节目和艺术节，已经成为市民的热门活动场所。

　　通过以上这些例子不难看出，文化战略为多伦多市带来了文化活动、绿色空间和社区意识。此外，收益也体现在经济领域，公共艺术、节日和集市都是文化干预经济的一种手段,这些手段拓宽了文化旅游的维度,不仅仅增加了经济收入,还增强市民的自豪感与认同感,从而加强了多伦多对全球商业界的吸引力,促进了城市的财政发展。

这份案例研究体现了在经济发展和城市建设举措中实施文化干预的重要性,也展现了多伦多的市政决策者们如何抓住了新城合并后的政策窗口期,是问题、政策、政治三流结合的典范。问题是如何进入知识经济时代;政策方面包括艺术与经济发展的融合成果;而政治则是以战略为中心,通过建设文化环境,致力于公益事业,促进多伦多的文化经济健康发展,使地方、省和联邦的目标相一致,最终这三者共同为实现创意多伦多的文化创意经济愿景提供了机会。

注　释

① WIPO, "Intellectual Property Handbook", 2004, p. 54.

② 作者荷兰埃因霍温理工大学创新科技学院教授,主要关注商标学、创意产业,有《商标在创新、创业和产业组织中的作用》(*Trademarks and their role in innovation, entrepreneurship and industrial organization*)、《相关品种、不相关品种与技术突破:对美国州级专利申请的分析》(*Related variety, unrelated variety and technological breakthroughs: an analysis of US state-level patenting*)等著作。

③ Carolina Castaldi, "To trademark or not to trademark: The case of the creative and cultural industries." *Research Policy*, no. 47, 2018.

④ 作者就职于格拉斯哥大学文化与创意艺术学院,研究方向报括文化产业、创意职业、文化多样性等领域,代表性研究成果有《为艺术!创意生产中的艺术和经济逻辑》(*For art's sake! Artistic and economic logics in creative production*)、《生活方式遇见市场:创意产业中的波西米亚风》(*Lifestyle meets market: Bohemian entrepreneurs in creative industries*)等等。

⑤ Doris Ruth Eikhof, "COVID-19, inclusion and workforce diversity in the cultural economy: what now, what next?" *Cultural Trends*, vol. 29.

no3. 2020.

⑥ Banks，M.，"The work of culture and C-19." *European Journal of Cultural Studies* ，Vol23，No.4，2020.

⑦ 作者就职于美国俄亥俄州立大学，关注文化经济与创意场所建设，著有《文化之城的规划：多伦多与纽约的创意都市主义》(Planning for a city of culture：Creative urbanism in Toronto and New York)一书。

⑧ SBD. Goldberg-Miller，"Creative Toronto：Harnessing the Economic Development Power of Arts & Culture." *Artivate* ，Vol.4，no.1，2015.